Heidelberger Taschen

Arnold Heertje

Grundbegriffe der Volkswirtschaftslehre

Zweite Auflage

Übersetzt von Peter Huber

Mit 45 Abbildungen

Springer-Verlag
Berlin Heidelberg New York 1975

Arnold Heertje
Laegieskampweg 17, Naarden/Holland

Übersetzung der holländischen Ausgabe
„De kern van de economie“
Vijfde Herziene Druk 1970 · H. E. Stenfert Kroese N. V., Leiden

AMS Subject Classifications (1970): 90–01

ISBN 3–540–07058–3 Springer-Verlag Berlin Heidelberg New York
ISBN 0–387–07058–3 Springer-Verlag New York Heidelberg Berlin

ISBN 3–540–05152–X 1. Auflage Springer-Verlag Berlin Heidelberg New York
ISBN 0–387–05152–X 1st edition Springer-Verlag New York Heidelberg Berlin

 Satz: Zechnersche Buchdruckerei, Speyer. Druck und Bindearbeiten: Wilhelm Weihert KG, Darmstadt.
Library of Congress Cataloging in Publication Data. Heertje, Arnold, 1934 – Grundbegriffe der Volkswirtschaftslehre. (Heidelberger Taschenbücher; Bd. 78) Translation of De kern van de economie. Bibliography: p. Includes index. 1. Economics. I. Title. HB 179. D8H4415. 1975. 330. 74-26884. 2142/3140-5432

Vorwort zur zweiten Auflage

In dieser Auflage wurde der Inhalt erneut durchgesehen und verbessert. Neben der Aktualisierung statistischer Daten und wirtschaftspolitischer Fakten haben wir durch den Einbau mathematischer Problemformulierungen versucht, die Verbindung zu Teil II (HTB, Bd. 90) enger zu knüpfen. Zur Vertiefung des Grundlagen- und Übungscharakters des Lehrbuches ist die Veröffentlichung eines Übungsbuches geplant, in dem Musterlösungen zu den in beiden Bänden enthaltenen Aufgaben vorgesehen sind. Wir hoffen, daß das Buch nicht zuletzt durch diese vorgesehene Erweiterung auch für den Unterricht an Wirtschaftsgymnasien und Fachhochschulen an Interesse gewinnt.

Nützliche Hinweise und Verbesserungsvorschläge verdanken wir vor allem Herrn Prof. Dr. KURT W. ROTHSCHILD (Linz) und Herrn Prof. Dr. TYCHO SEITZ (Bochum). Herrn Dr. PETER HUBER möchte ich für seine Arbeit bei der Vorbereitung der zweiten Auflage herzlich danken.

Naarden, im Oktober 1974 A. HEERTJE

Vorwort zur ersten Auflage

Das vorliegende Lehrbuch verfolgt die Absicht, dem Studierenden der Volkswirtschaftslehre auf moderne Weise eine Einführung in Grundgedanken der Nationalökonomie zu geben. Ich habe versucht, analytische Urteile von solchen politisch-normativer Natur sorgfältig zu trennen. Großen Wert habe ich darauf gelegt, den Leser in das moderne, vor allem in der angelsächsischen Literatur gepflegte Denken in Modellen einzuführen. Ich meine, daß insbesondere für den heutigen Studierenden der Wirtschaftswissenschaften die Erkenntnis der Relativität der Ergebnisse einer wissenschaftlichen Analyse von den zugrundeliegenden Annahmen von großer Bedeutung ist. Insofern kann das Lehrbuch auch als ein Beitrag zur Demokratisierung der wissenschaftlichen Diskussion verstanden werden.

Der erste Teil ist als Einführung recht einfach gehalten, bereitet jedoch auf die nuancierte Problematik des zweiten Teiles vor; besonders geeignet erscheint uns dieser erste Teil als Studienhilfe für Studierende der ersten Semester sowie für Juristen und andere Studierende, die die Wirtschaftswissenschaften nur im Nebenfach betreiben.

Es ist mir ein Bedürfnis, an dieser Stelle den Professoren R. Richter, H. Scherf, E. Schneider, A. Stobbe, W. Vogt und H. J. Vosgerau zu danken, die mir während einiger Studienaufenthalte in Deutschland Anregungen bzw. Hilfen gegeben haben. Insbesondere möchte ich an dieser Stelle Herrn Professor A.E. Ott herzlich für hilfreiche Vorschläge danken. Ebenfalls danke ich Herrn Dr. Seitz für sein Interesse an meiner Arbeit.

Das Buch wurde von Herrn Diplom-Volkswirt P. Huber ins Deutsche übertragen; er hat außerdem einige Abschnitte deutschen Verhältnissen angepaßt. Ich möchte zum Ausdruck bringen, daß dies m. E. in ansprechender Weise gelungen ist.

Diese deutsche Ausgabe entspricht in etwa der fünften Auflage des holländischen Originaltextes. Meinen holländischen Kollegen und Freunden danke ich an dieser Stelle für Kritik und Ratschläge, die mir bei der Verbesserung der einzelnen Auflagen sehr zustatten kamen. Ich hoffe, daß das Buch in Deutschland einer ebenso nützlichen Diskussion ausgesetzt sein wird.

Naarden, im November 1970 A. Heertje

Inhaltsverzeichnis

I. Einleitung

1. Die Aufgabe der Wirtschaftswissenschaft

Der Mensch kommt mit verschiedenen Phänomenen in Berührung, deren Wesen er nicht ohne weiteres ergründen kann. Die Wissenschaften versuchen gemeinsam die verschiedenen Ereignisse zu erklären. Dies bedeutet, daß versucht wird, die Erscheinungen logisch zu ordnen und Zusammenhänge zwischen den einzelnen Fakten offenzulegen.

Jede einzelne Wissenschaft betrachtet gewisse Gegenstände und Erscheinungen aus einem besonderen Blickwinkel. So untersucht die Biologie z.B. das Phänomen „Mensch" auf andere Weise als etwa die Psychologie. Die Beiträge, die einzelne Wissenschaften zu unserem Weltbild leisten, sind deswegen immer insoweit begrenzt, als die Einblicke, die eine Wissenschaft zu geben imstande ist, nicht zugleich ein totales Verständnis der Erscheinung sein können. Stets wird derjenige Aspekt schlecht beleuchtet, der im Gebiete der tangierten Wissenschaft liegt.

Wissenschaft treiben bedeutet, immer und immer wieder die Frage ‚Warum?' zu wiederholen. Wenn jemand, ausgehend von einem willkürlichen Problem, fortwährend diese Frage stellen würde, müßte er alsbald die Gebiete einer ganzen Anzahl von Wissenschaften betreten. Aus dieser Tatsache ergibt sich, daß jede einzelne Wissenschaft sich auf die Analyse spezieller Probleme beschränkt. Außerdem ist von einem gewissen Punkt ab jede Wissenschaft mit dem Erreichten zufrieden und verfeinert die möglichen Erklärungen nicht durch weiteres Formulieren der Frage ‚Warum'.

Es ist selbstverständlich, daß diese selbstgewählte Begrenzung im Interesse des wissenschaftlichen Arbeitens auch notwendig ist. Obwohl man sich eben wie in einem Examen fortwährend mit der Frage ‚Warum' auseinanderzusetzen hat, wissen wir alle, welch unangenehme Situationen hieraus erwachsen können, so daß es ganz gut zu verstehen ist, daß jede Wissenschaft nach ihrem Beitrag zur Forschung geneigt ist, die Fackel mit dem flammenden Wort ‚Warum' an einen anderen Zweig der Wissenschaft weiterzureichen.

Auch die Aufgabe der Volkswirtschaftslehre ist es, Erscheinungen aus einem bestimmten Gesichtswinkel erklären zu können. Für die Wirtschaftswissenschaft ist die Knappheit der Güter Ausgangspunkt des wissenschaftlichen Vorgehens. Es besteht eine Spannung zwischen den Bedürfnissen des Menschens an Nahrungsmitteln, Kleidung, Automobilen, Theatervorstellungen und alkoholischen Getränken einerseits und dem Grad bis zu dem diese Bedürfnisse andererseits befriedigt werden können. Das Wort ‚knapp' muß genau vom Begriff ‚selten' unterschieden werden. ‚Weniges' ist selten, da es nur in beschränktem Maße vorhanden ist. So sind faule Eier im allgemeinen selten. Da unter normalen Umständen kein Bedürfnis nach eben solchen Eiern vorhanden ist, sind diese Produkte nicht knapp. Knapp werden diese Eier erst, wenn das Auftreten eines schlechten Redners ein spontanes Bedürfnis nach faulen Eiern entstehen läßt.

Je besser jemand seine Bedürfnisse befriedigen kann, desto höher ist seine persönliche Wohlfahrt.

Knappheit an sich ist noch kein hinreichender Grund für das Entstehen einer Wissenschaft von der Wirtschaft. Ein brachliegendes Stück Land kann etwa für den Wohnungsbau verwendet werden, ebenso aber zur landwirtschaftlichen Nutzung oder zu Erholungszwecken. Wir müssen also zusätzlich berücksichtigen, daß, abhängig vom Grad ihrer Bearbeitung, die Güter noch in unterschiedlicher Weise verwendet werden können. Wir sagen, sie sind alternativ verwendbar. Die Knappheit und alternative Verwendbarkeit der Mittel zwingt die Wirtschaftssubjekte dazu, eine Wahl zu treffen.

Résumé

Das Ziel der Wirtschaftswissenschaft ist es, Erscheinungen zu erklären, die aus der Knappheit der Güter erwachsen und darin bestehen, aus verschiedenen Möglichkeiten zur Bedürfnisbefriedigung auswählen zu können. Die Volkswirtschaftslehre ist deshalb keine Sammlung von Merkregeln, wie man möglichst schnell reich wird.

2. Die Bedürfnisse und die Mittel zu ihrer Befriedigung

Im 1. Paragraphen war von einer Anzahl an Bedürfnissen die Rede. Aus der Aufstellung ist ersichtlich, daß die Volkswirtschaftslehre der Natur der Bedürfnisse neutral gegenüber steht. Wenn jemand die Ansicht vertreten würde, alkoholische Getränke seien ungesund und deshalb nicht knapp, dann beruht ein derartiges Urteil auf medizinischen Überlegungen. Ohne es zu bemerken, haben wir die Grenzen der Wirtschaftswissenschaft überschritten. Warum jemand lieber ein rotes als ein weißes Auto sein eigen nennt, und ein anderer französische Chansons englischen Schlagern vorzieht, ist im wesentlichen eine psychologische Frage, mit der sich die Volkswirtschaftslehre nicht auseinanderzusetzen hat. Diese Präferenzen werden von der Wirtschaftswissenschaft nicht näher untersucht.

In der Wirtschaftstheorie gehen wir davon aus, daß die Konsumenten ihre Bedürfnisse kongruent zu ihren Präferenzen anordnen. Dies darf man sich jedoch nicht so vorstellen, daß man die Befriedigung des Nahrungsmittelbedarfs zuerst völlig vornimmt und nachfolgend mit der Anschaffung von Kleidung beginnt. Im Gegenteil, wenn der erste Hunger gestillt ist, steht die Bedeckung des Körpers an erster Stelle der Bedürfnisskala. Wenn ein höheres Niveau der Bedürfnisbefriedigung erreicht wird, treten die sekundären Lebensbedürfnisse immer stärker in den Vordergrund.

Gegenwärtig ist die Bedürfnisskala der meisten Menschen denn auch sehr differenziert, u.a. weil sie sich zusätzlich auch in der Zeit ändern kann. Es ist bereits deutlich geworden, daß der Begriff Bedürfnis nicht allein materielle Bedürfnisse umschreibt. Theater- und Kinobesuch stehen hier auf einer Ebene mit Bratkartoffeln. Unterschiede, die man zwischen diesen Bedürfniskategorien vermeint wahrnehmen zu können, beruhen stets auf in anderen Wissenschaften getroffenen Einteilungen.

Der Unbegrenztheit der Bedürfnisse steht die begrenzte Zahl von Mitteln zur Bedürfnisbefriedigung gegenüber. Ein Mittel zur Bedürfnisbefriedigung ist zugleich jedes, das ein Bedürfnis hervorrufen kann. Meist werden die Mittel zur Bedürfnisbefriedigung Güter genannt. Unter Gütern versteht man demzufolge stoffliche als auch nichtstoffliche Dinge. Das Vermögen eines Gutes, ein Bedürfnis hervorzurufen, heißt Nutzen des Gutes. Die Volkswirtschaftslehre befaßt sich mit den Gütern, die sowohl Nutzen stiften als auch knapp sind, den sogen. wirtschaftlichen Gütern. Freie Güter wie die Luft, die wir atmen, sind wohl nützlich doch nicht knapp und daher auch nicht Gegenstand ökonomischer Überlegungen.

Résumé

Die Volkswirtschaftslehre enthält sich eines Urteils über die Art der Bedürfnisse. Der Begriff ‚Nutzen‘ hat denn auch ausschließlich Bezug zum Vermögen der Güter, ein Bedürfnis hervorzurufen. Die Reihenfolge der Bedürfnisse nach aufsteigendem Dringlichkeitsgrad bildet für die Volkswirtschaftslehre einen Ausgangspunkt der Analyse. Der Begriff ‚Gut‘ ist weitgefaßt in dem Sinne, daß er nicht eingeschränkt ist auf stoffliche Dinge wie etwa Butter, Käse und Eier.

3. Die Produktionsfaktoren

Man kann die Güter in Konsumgüter und Kapital- bzw. Produktionsgüter unterteilen. Die Menge an Kapitalgütern in einer Gesellschaft nennt man ihren Kapitalstock. Im Sprachgebrauch versteht man unter Kapital einfach eine Summe Geldes. Um abzugrenzen, ob es sich um eine Geldsumme oder um Produktionskapital handelt, fügt man einfach das Wort ‚Real' hinzu. Realkapital, d.h. alle Maschinen, Gebäude, Telefone und dergl. mehr, spielt eine wichtige Rolle bei der Produktion. Kapital ist einer der drei Produktionsfaktoren.

Die beiden anderen Produktionsfaktoren sind die Natur und die menschliche Arbeit. Auch diese beiden spielen bei der Erzeugung eines Gutes eine wichtige Rolle. Die Natur liefert u.a. den Grund und Boden ohne den Produktion undenkbar ist. Arbeit, sowohl körperliche als auch geistige, ist ebenfalls ein notwendiges Glied im Produktionsprozeß.

Natur und Arbeit werden zusammen originäre Produktionsfaktoren genannt. Sie waren sozusagen von Anbeginn des menschlichen Lebens an auf der Erde. Kapital hingegen ist ein abgeleiteter Produktionsfaktor. Kapital ist nicht schon vorhanden, sondern muß erst erzeugt werden. In einer primitiven Wirtschaft fängt der Fischer die Fische mit seinen Händen. Doch sobald er zeitweilig seinen Konsum einschränken kann, erübrigt er genügend Zeit, um ein Netz (d.h. ein Kapitalgut!) zu knüpfen. Mit diesem kann er pro Zeiteinheit mehr Fische aus dem Wasser ziehen. Die dabei freigesetzte Zeit kann für andere Zwecke genutzt werden.

Einige Ökonomen sehen die Aktivität der Unternehmer als weiteren Produktionsfaktor an. Der Unternehmer kombiniert im Produktionsprozeß Arbeit, Kapital und Natur mit der Absicht, ein Gut oder eine Anzahl von Gütern zu erzeugen. Obwohl der Unternehmer hierbei besondere Risiken auf sich nimmt, meinen wir, daß es richtig ist, die Unternehmeraktivität zum Produktionsfaktor Arbeit zu rechnen.

Résumé

Es gibt drei Produktionsfaktoren: Natur, Arbeit und Kapital.

4. Konsum und Produktion

Unter Produktion verstehen wir die Kombination der Produktionsfaktoren in den Produktionsstätten. Der Kauf der produzierten Güter durch die Konsumenten wird hier Konsum oder Konsumtion genannt. Diese Art der Definition versteht also unter einem Brot in der Speisekammer ein Konsumgut. Dasselbe Brot in der Auslage eines Bäckers ist noch Produktionsmittel oder Kapitalgut. Produktionsmittel müssen noch kombiniert werden, um das Brot auf den Eßtisch einer Haushaltung zu bringen. Wenn man von ‚Produktion' spricht, darf man also nicht ausschließlich an technische Formveränderungen denken, sondern z.B. auch an Transport, Lagerung und Verpackung. Jede Handlung, durch die der Nutzen eines Gutes erhöht wird, ist produktiv.

Letzten Endes ist jede Produktion auf Konsumtion gerichtet. Durch lange Umwege, die bei der Produktion eingeschlagen werden, wird die Aufmerksamkeit von dieser Tatsache etwas abgelenkt, aber schließlich gewinnt doch der Fabrikant von Teigmaschinen seine Bedeutung ebenso aus der Konsumtion wie der Bäcker, der das Brot bäckt und unter die Leute bringt.

Der Konsum in den Familien oder Haushaltungen geht simultan mit dem Ausgeben der verdienten Einkommen vonstatten. Die Produktion in den Betrieben verläuft parallel zu der Einnahme eben dieser Einkommen.

Résumé

Das Kombinieren der Produktionsfaktoren in den Unternehmungen heißt ‚produzieren'. Der Ankauf der Güter durch die Haushalte heißt ‚konsumieren'.

5. Arbeitsteilung und Tausch

Die Arbeitsproduktivität, d.i. die Produktion pro Arbeiterstunde, nimmt nicht allein durch Kapitalbildung zu, sondern auch durch die sogenannte Arbeitsteilung. Die Menschheit hat frühzeitig erkannt, daß es sinnvoll ist, wenn jeder Einzelne sich auf einen kleinen Teil des gesellschaftlichen Produktionsprozesses spezialisiert. Die Gesamtproduktion kann gesteigert werden, wenn jeder seine eigene Kapazität so weit wie möglich ausnutzt. Durch die Arbeitsteilung bekommt man eine besondere Fertigkeit in den auszuführenden Arbeiten, wodurch die Berufstauglichkeit erhöht werden kann. Außerdem ist mit einer entsprechenden Spezialisierung zu rechnen.

Ein besonderer Aspekt der Arbeitsteilung, nämlich jene, welche betriebsintern stattfindet, wird bereits von ADAM SMITH (1723–1790) – dem Begründer der klassischen Schule – beleuchtet. In seinem Buch aus dem Jahre 1776 „An Inquiry into the Nature and Causes of the Wealth of Nations" beschreibt er die Arbeitsteilung in einer Nadelfabrik.

Eine weitgetriebene Arbeitsteilung ist indessen nur unter der Voraussetzung einer gut entwickelten Tauschwirtschaft möglich. Wenn jeder sich auf einen kleinen Teil des Produktionsprozesses spezialisiert, muß die Sicherheit gegeben sein, daß Konsumgüter durch Tausch erworben werden können. Ein Buchbinder oder ein Sänger kann ruhig arbeiten, wenn er weiß, daß andere für seine Nahrung und Kleidung sorgen. Diese Güter kann er kaufen. Man sollte folglich erwarten, daß in einer Gesellschaft, in der die Arbeitsteilung noch nicht so weit fortgeschritten ist wie in unserer heutigen, auch der Tauschverkehr primitiver abläuft. Dies ist auch in der Tat der Fall. Güter werden noch gegen Güter getauscht (sogen. Realtausch) und erst langsam werden bestimmte Wertgegenstände als Zwischenlösung anerkannt, bis schließlich Geld als allgemeines Tauschmittel eingeführt wird. Arbeiten in der Produktion, Empfangen von Lohn, Übereignen von Geld und Kaufen von Konsumgütern im Laden ist an die Stelle des Tausches von Bärenfellen gegen Fische getreten.

Résumé

Die Arbeitsproduktivität nimmt u. a. durch Kapitalbildung und Arbeitsteilung zu. Eine wichtige Folge der Arbeitsteilung ist der Tausch.

6. Güterknappheit und Wohlfahrt

Wir haben bereits im Abschnitt 1 den Begriff 'Wohlfahrt' eingeführt. Die Antwort auf die Frage, was wir unter Wohlfahrt verstehen, ist für das Verständnis des Wesens der Volkswirtschaftslehre so bedeutsam, daß wir an dieser Stelle das Thema nochmals aufgreifen. Oft wird nämlich in oberflächlichen Überlegungen der Inhalt des Begriffs 'Wohlfahrt' eingegrenzt auf die Verfügbarkeit stofflicher Güter. Nicht selten liegt die Ansicht vor, daß eine hohe individuelle Wohlfahrt gegeben ist, wenn jemand Besitzer eines Autos, eines Fernsehapparates oder einer Spülmaschine ist. Ebenso spricht man davon, daß in einem Land, in dem große Mengen an langlebigen Konsumgütern zur Verfügung stehen, große Wohlfahrt herrscht.

Nun darf nicht verkannt werden, daß all diese Güter der Bedürfnisbefriedigung dienen und aus diesem Grunde ihren Beitrag zur Wohlfahrt leisten. Der Umkehrschluß, daß die Wohlfahrt ausschließlich von stofflichen Dingen abhängt, ist jedoch nicht zulässig. So hängt die Bedürfnisbefriedigung auch davon ab, welche Opfer für den Erwerb eben dieser Güter erbracht werden müssen. Wenn es jemand vorzieht, lieber einen Tag lang dem Müßiggang nachzuhängen als 100,— DM zu verdienen, für die er Güter kaufen könnte, dann ist seine persönliche Wohlfahrt größer, wenn er die Freizeit genießt, als wenn er an diesem Tag arbeitete. Der ökonomische Aspekt dieser Alternative ist in der Tatsache zu sehen, daß eine Wahl zu treffen ist unter knappen Dingen, nämlich Arbeitszeit – oder wenn man will – Freizeit. Derartige Überlegungen, die die individuelle Wohlfahrt beeinflussen, werden auch von Kollektiven angestellt. Die Arbeitnehmer können in den Tarifauseinandersetzungen mit den Arbeitgebern neben Lohnerhöhungen auch zusätzliche Urlaubstage fordern. Offenbar sind sie in diesem Fall der Ansicht, daß ihrer Wohlfahrt nicht allein durch das zusätzliche Einkommen gedient ist, sondern auch durch die zusätzliche Freizeit.

Daß Wohlfahrt im Sinne von Bedürfnisbefriedigung mehr umfaßt als allein materielle Güter und Geld, wird auch ersichtlich, wenn wir daran denken, daß neuerdings saubere Luft, reines Wasser und Ruhe knapp werden, alles Güter, die der Mensch zum Leben braucht. Die Einsicht, daß mit diesen Dingen Bedürfnisse des Menschen gestillt werden, bedeutet, daß mit den knappen Gütern gewirtschaftet werden muß. Somit folgt aus der Erkenntnis eines Bedarfs an sauberer Luft, daß bestimmte Produktionsprozesse künftig zu unterbleiben haben. In anderen Fällen müssen spezielle Techniken entwickelt und angewandt werden, um der Luftverunreinigung entgegenzuwirken. Wenn die Gesellschaft zu dem Schluß kommt, daß ein Naturschutzgebiet auf Kosten einer Neuansiedlung von Industrie bestehen bleiben soll, dann ist *ein* ökonomischer Aspekt in der Tatsache zu sehen, daß mit knappen Gütern gewirtschaftet wird. Die Wahlhandlungen in der Nationalökonomie beschränken sich deshalb nicht auf diejenigen, bei denen Vor- und Nachteile in Geldeinheiten ausgedrückt werden können. Der Begriff 'Wohlfahrt' hat Bezug zur Bedürfnisbefriedigung und diese ist insoweit abhängig vom Wirtschaften mit knappen, alternativ verwendbaren Gütern.

Résumé

Der Wohlfahrtsbegriff der Volkswirtschaftslehre bezieht sich auf das individuelle oder gemeinschaftliche Niveau der Bedürfnisbefriedigung, wobei dieses wiederum vom Wirtschaften mit knappen, alternativ verwendbaren Gütern abhängig ist.

7. Die Organisation des Wirtschaftslebens

Man kann sich fragen wie es kommt, daß jedermann seiner eigenen bescheidenen Aufgabe im Produktionsprozeß nachkommt und nicht statt dessen seine für den Lebensunterhalt nötigen Güter selbst herstellt. Sowohl das Problem der Kapitalbildung als auch die Frage der Arbeitsteilung ist ausreichend, uns zu fragen, ob hier nicht gewaltige Organisationsprobleme verborgen liegen. Die Organisation eines Festes z.B. bietet – vor allem wenn man es zu einem guten Ende bringen will – besondere Schwierigkeiten, obwohl die Zahl der Teilnehmer begrenzt ist, und der Veranstalter des Festes meistens mit genügend Spaßvögeln bekannt ist. Wie werden nun in unserer Gesellschaft die großen organisatorischen Probleme gelöst?

Im Prinzip existieren zwei Möglichkeiten, die ihrerseits ziemlich weit voneinander entfernt liegen. Entweder man versucht alles von oben bis ins kleinste Detail zu regeln oder man läßt den Dingen freien Lauf. Der Gastgeber des Festes kann alles bis aufs i-Tüpfelchen organisieren oder aber er tut gar nichts und hofft, daß eine Art spontane Ordnung entsteht. Im ersten Fall sprechen wir von einer Zentralverwaltungswirtschaft und im zweiten von einer freien Marktwirtschaft. Im letzten Fall reagieren die Unternehmer auf Wünsche der Konsumenten. Die Unternehmer verlegen sich vor allem auf die Güterproduktion, wohingegen die Konsumenten eben Bedarf entwickeln, woraus die Nachfrage auf den Märkten entsteht. In der Wirklichkeit kommen ausschließlich Mischformen dieser Idealtypen vor. Die westlichen Volkswirtschaften sehen freien Marktwirtschaften ähnlich, doch nimmt auch der Staat gegenwärtig einen großen Einfluß auf das Wirtschaftsleben. In der UdSSR gleicht die Organisation der Wirtschaft eher dem Typ einer Zentralverwaltungswirtschaft, obgleich in den letzten Jahren die Neigung festzustellen ist, den einzelnen Unternehmen mehr Initiative zu überlassen.

In Deutschland liegen seit dem 2. Weltkrieg zwei ordnungspolitische Konzeptionen vor. In der Deutschen Demokratischen Republik wurde versucht, den Typ einer Zentralverwaltungswirtschaft zu verwirklichen, während seit 1948 in der Bundesrepublik Deutschland von ERHARD und MÜLLER-ARMACK die soziale Marktwirtschaft eingeführt wurde. Bei dieser Wirtschaftsordnung handelt es sich um ein marktwirtschaftliches Mischsystem. Zentrales Element ist der Markt, auf dem möglichst frei bewegliche Preise Angebot und Nachfrage zum Ausgleich bringen sollen. Der Markt wird allerdings nur unter der Voraussetzung ausreichenden Wettbewerbs unter Produzenten und unter Nachfragern geräumt. Folgerichtig ist der Wettbewerb institutionell durch Wettbewerbsaufsicht des Bundeskartellamtes (Kontrolle von Monopolen, Oligopolen und Kartellen) gesichert. Da in einem derartigen System Löhne und Gewinne Äquivalente einer entsprechenden Leistung sind, wird es als notwendig erachtet, leistungsunfähigen bzw. geminderten Personen, wie etwa Rentnern und Invaliden, ein angemessenes Einkommen zu garantieren. Zur *sozialen* Markwirtschaft wird das Wirtschaftssystem der BRD daher durch staatliche Einkommensumverteilungspolitik mittels Fürsorgeleistungen, Renten- u. Lastenausgleichszahlungen, Wohnungsbauzuschüssen, Subventionen usw.

Die soziale Marktwirtschaft wurde im Jahre 1967 um Planungs- und Lenkungselemente zentralplanwirtschaftlicher Art durch das *Gesetz zur Förderung der Stabilität und des Wachstums der Wirtschaft* erweitert. Die Bundesregierung besitzt seither in erweitertem Maße die Möglichkeit, in das freie Spiel der Kräfte durch wirtschaftspolitische Maßnahmen einzugreifen, um störungsfreies Wachstum, Stabilität des Geldwertes (im Verein mit der Bundesbank) und Zahlungsbilanzausgleich zu erreichen.

Résumé

In der Bundesrepublik Deutschland heißt die Mischform zwischen Zentralverwaltungswirtschaft und freier Marktwirtschaft ‚soziale Marktwirtschaft'. Diese Wirtschaftsordnung wurde 1967 um Plan- und Lenkungselemente zentralplanwirtschaftlicher Art erweitert.

8. Der Datenkranz der Volkswirtschaftslehre

Es wurde bereits festgestellt, daß die Volkswirtschaftslehre, genau wie andere Wissenschaften, Beschränkungen unterliegt. Die Erklärung bestimmter Erscheinungen wird soweit getrieben, bis eine bestimmte Grenze erreicht worden ist. Wenn etwa der Preis für Sahnebutter gestiegen ist, weil die Nachfrage nach Sahnebutter zugenommen hat, dann untersucht der Ökonom außerdem, welcher Ursache die Nachfragesteigerung zugeschrieben werden kann. Stellt er bei seiner Untersuchung ein gestiegenes Bedürfnis an Sahnebutter fest, dann ist für ihn eine Grenze erreicht, denn er wendet sich nicht der Frage zu, warum das Bedürfnis nach Sahnebutter gestiegen ist. Die Grenzen der Volkswirtschaftslehre werden auch ihre Daten genannt. Es handelt sich um Fakten, die wohl einen Einfluß auf ökonomische Tatbestände haben, deren Erklärung aber anderen Wissenschaften überlassen wird. Die Daten grenzen das Gebiet ab, in dem sich die Wirtschaftswissenschaft betätigt. Ein Ökonom erachtet einen Tatbestand als erklärt, wenn er ihn von den Daten herleiten kann. Die Frage ‚Warum' wird dann nicht mehr gestellt.

Über die Frage, was zu den Daten gerechnet werden soll, besteht in der Volkswirtschaftslehre große Einigkeit. Dies bedeutet aber nicht, daß sich im Laufe der Entwicklung der Nationalökonomie keine Verschiebungen in den Auffassungen über die Grenzen dieser Wissenschaft vollziehen. Gerade in unserer Zeit ist die Neigung groß, die Grenzen der Volkswirtschaftslehre eher als Grenzstreifen denn als exakte Linie zu verstehen. Wir illustrieren dies anhand der Vorstellung, wie man sich bis jetzt die Volkswirtschaftslehre abgegrenzt denkt.

Man unterscheidet vier Daten, nämlich:

1. Die Bedürfnisskalen der Konsumenten;
2. Die verfügbaren Mengen und Qualitäten an Produktionsfaktoren;
3. Die juristische und soziale Struktur der Gesellschaft;
4. Den Stand des technischen Wissens.

Das erste Datum betrifft die Bedürfnisse der Konsumenten nach Gütern wie Kleidung, Theatervorstellungen und Nahrungsmitteln. Wie wir bereits oben (Paragraph 2) festgestellt haben, geht die Volkswirtschaftslehre meist nicht auf die Frage ein, warum jemand lieber einen Minirock trägt als einen Hosenanzug. Dennoch verdient festgestellt zu werden, daß die Präferenzen in zunehmendem Maße von der Werbung beeinflußt werden, so daß die Wechselwirkung mit diesem Tatbestand, der derartig viele ökonomische Aspekte besitzt, so intensiv ist, daß auf seiten der Ökonomie die Neigung besteht, näher auf das Entstehen von Bedürfnissen und ihre Veränderungen einzugehen.

Was die Mengen an Produktionsfaktoren anbelangt, kann festgestellt werden, daß die verfügbaren Mengen an natürlichen Hilfsmitteln und Arbeit nahezu immer als Datum verstanden werden, auch wenn bisweilen versucht wird, im Rahmen der Wirtschaftstheorie die Größe der Bevölkerung zu erklären. Die Menge des dritten Produktionsfaktors, des Kapitals, wird überwiegend durch die Theorie erklärt, und man kann dann auch das verfügbare Kapital nicht zu den Daten der Volkswirtschaftslehre rechnen. Was die Qualität der Produktionsfaktoren anbelangt, ist man ebenfalls in zunehmendem Maße geneigt, nach ökonomischen Erklärungen zu suchen. So wird z.B. eine Verbindung hergestellt zwischen der Qualität des Produktionsfaktors Arbeit und Art und Umfang der Ausgaben für Bildung und Unterricht.

Die Erklärung der juristischen und sozialen Struktur der Gesellschaft überläßt die Volkswirtschaftslehre überwiegend anderen Wissenschaften. Warum in der Sowjetunion die Wirtschaft zentral gelenkt wird, ist in dieser Hinsicht keine ökonomische Fragestellung. Doch gilt auch in diesem Fall. daß im Rahmen marxistischer Theorien versucht wird, Veränderungen gesellschaftlicher Strukturen aus ökonomischen Tatbeständen zu erklären.

Das vierte Datum, der Stand des technischen Wissens, ist vielleicht das zweifelhafteste Beispiel für eine Berührung der Grenzen der Volkswirtschaftslehre. Bis vor kurzem war es kaum umstritten, daß die Entwicklung der Technik zu den Daten gerechnet werden könne. Die Einsicht reift jedoch, daß die Richtung, in der die Technik voranschreitet, u.a. durch Art und Umfang der Ausgaben für Unterricht und Bildung beeinflußt wird, wohingegen die Anwendung verfügbarer Techniken in hohem Maße abhängig ist von wirtschaftlichen Erwägungen. Die Entwicklung der Raumfahrt ist ein Beispiel dafür, wie sehr eine bestimmte Technik durch gezielte Ausgabe größerer finanzieller Mittel gefördert wird.

Zusammenfassend kann festgestellt werden, daß die Grenzen, d.h. die Daten der Volkswirtschaftslehre sich verschieben, ohne daß bis jetzt präzise angegeben werden könnte, wo die neuen Grenzen liegen. Die Nationalökonomie ist in Bewegung, so daß momentan ein Unbestimmtheitsbereich anstelle fester Grenzen mit anderen, insbesondere sozialen Wissenschaften besteht.

Résumé

Die Grenzen der Volkswirtschaftslehre verschieben sich fortwährend.

9. Vergleich mit anderen Wissenschaften

Wenn man die Volkswirtschaftslehre mit z.B. der Geographie, der Chemie, der Physik und der Biologie vergleicht, fällt auf, daß in diesen Wissenschaften das Experiment eine wesentlich größere Rolle spielt. In den Laboratorien werden Versuche unternommen und alle Phänomene unter nahezu idealen Bedingungen untersucht. Das ‚Ideale' liegt dann vor allem in dem Umstand begründet, daß man bestimmte Faktoren zumindest in erster Näherung konstant halten kann. So wurde auf dem Wege des Experimentes entdeckt, daß das Produkt aus Druck und Volumen eines Gases konstant ist, vorausgesetzt, der Druck ist nicht zu hoch.

Dieses sogenannte Boyle'sche Gesetz gilt allerdings nur unter der Bedingung, daß man bei der Volumenänderung die Temperatur des Gases nicht ändert. Tut man dies dennoch, dann ist das Verhalten des Gases schwieriger zu beschreiben.

Das Experiment ist für die Naturwissenschaften ein außerordentlich wichtiges Hilfsmittel, weil auf diese Weise schwierige Probleme vereinfacht werden können. In der Volkswirtschaftslehre sind derartige Experimente nicht möglich. Wenn man z.B. wissen will, was passiert, wenn die Löhne der Arbeiter erhöht werden, kann man schwerlich erst hundert Arbeiter für einige Zeit in einen abgeschlossenen Raum bringen, um unter isolierten Bedingungen ihr ökonomisches Verhalten zu studieren. Man kann die lebendige Wirklichkeit nicht durch Drehen an einem Schalter einfrieren.

Wiewohl es der Volkswirtschaftslehre unmöglich ist, bestimmte Faktoren konstant zu halten, ist es doch möglich, *gedanklich* ökonomische Zusammenhänge zu analysieren. In unserem Beispiel mit der Lohnerhöhung für die Arbeiter kann man z.B. vorläufig von der Tatsache eines zusätzlichen Einkommens aus dem Ausland absehen. Außerdem nehmen wir der Einfachheit halber an, daß durch diese Arbeiter ebensoviel im Ausland gekauft wird wie vor der Lohnerhöhung. Die Geldmenge, die ins Ausland fließt, wird als konstant angenommen. Das Abstrahieren von bestimmten Dingen, respektive das Konstanthalten bestimmter Faktoren, wird Arbeiten mit der ceteris paribus-Klausel genannt. Um Einblick in komplizierte ökonomische Tatbestände zu bekommen, macht man bei theoretischen Arbeiten von dieser Methode viel Gebrauch.

Bevor man die gezogenen Schlüsse auf die Realität überträgt, muß gründlich geprüft werden, ob der ceteris paribus-Klausel Genüge getan ist. Da in der Realität die Arbeiter ihre Lohnerhöhung u.a. dazu benutzen, im Ausland einzukaufen, hat das theoretisch erarbeitete Ergebnis eine andere wirtschaftliche Bedeutung, als wenn das extra verdiente Geld ausschließlich im Inland verausgabt worden wäre. Abweichungen zwischen Theorie und Wirklichkeit müssen aus der Tatsache erklärt werden, daß einige aus der Menge der konstant gehaltenen Faktoren in der Realität sich doch ändern.

Résumé

Während die Naturwissenschaften die ceteris paribus-Klausel im Experiment im Laboratorium anwenden, ist die Nationalökonomie gezwungen, die Klausel beim abstrakten Denken über ökonomische Zusammenhänge anzuwenden.

10. Deduktion und Induktion

Das Beweisen geometrischer Sätze ist ein typisches Beispiel für Deduktion. Ausgehend von bestimmten Axiomen, werden neue Ergebnisse abgeleitet. So kann man auch in der Volkswirtschaftslehre mittels der deduktiven Methode ans Werk gehen. Man geht von bestimmten Annahmen aus, leitet ab und zieht Schlüsse. Nehmen wir z. B. an, daß die Konsumenten danach streben, so gut als irgend möglich ihre Bedürfnisse zu stillen. Wir sagen dann, daß sie eine maximale Bedürfnisbefriedigung anstreben. Eines der Güter in der Bedürfnisskala ist Butter. Auf Grund der Annahme, die Konsumenten strebten nach maximaler Bedürfnisbefriedigung, kann man eine Beziehung zwischen der Nachfrage nach Butter und dem Butterpreis ableiten. Geht man auf diese Weise vor, spricht man von der deduktiven Methode.

Der Deduktion gegenüber steht die Induktion. Bei dieser Methode sammelt man zuallererst eine große Anzahl von Fakten. Bei der Materialsammlung bewegt man sich auf dem Gebiete der deskriptiven Statistik. Statistik ist nützlich bei der Auswertung des Materials. Es kann untersucht werden, was und wieviel es in einem bestimmten Zusammenhang in diesem Material zu entdecken gibt. Wenn man z. B. den Butterpreis in der Zeit betrachtet und feststellt, wieviel Butter bei einem bestimmten Preis nachgefragt wurde, wird auf dem Wege der Induktion eine Beziehung zwischen Butterpreis und der Nachfrage nach Butter festgestellt.

Die Alternative induktive-deduktive Methode war ein Teil des sogenannten Methodenstreites, an dem Gustav von Schmoller (1838–1917) auf seiten der historischen Schule und Carl Menger (1840–1921) teilgenommen haben. Die Schärfe, mit der dieser Streit geführt wurde, ist längst geschwunden, weil man zur Einsicht gelangt ist, daß Induktion und Deduktion einander nicht ausschließen sondern ergänzen. Wissenschaft treiben ist ohne Deduktion undenkbar, während es ebenso undenkbar ist, in keiner Phase der wissenschaftlichen Ableitung zu den Fakten der Realität zurückzukehren.

Résumé

In der Volkswirtschaftslehre bedient man sich sowohl der induktiven als auch der deduktiven Methode; beide Methoden ergänzen sich gegenseitig.

11. Schlußbemerkungen

Die Wirtschaftswissenschaft versucht verschiedene Phänomene zu erklären, die aus der Knappheit, d. h. aus der Spannung zwischen Bedürfnissen und den verfügbaren Mitteln zu ihrer Befriedigung entstehen. Die Menschen versuchen diese Spannung durch die Produktion möglichst vieler Güter zu lösen. Es scheint so, als würden sich die Bedürfnisse stets weiter entwickeln und verfeinern, abhängig von den Präferenzen und Wertungen der Individuen. Die Güterproduktion ihrerseits kann die Umwelt auf eine Weise beeinflussen, die neue Knappheit an reiner Luft und klaren Gewässern entstehen läßt. Das

Streben nach Wohlfahrt im Sinne einer subjektiven Bedürfnisbefriedigung kann den Entschluß reifen lassen, die Produktion einzuschränken, umweltfreundlicher zu gestalten oder gar vollständig einzustellen. Die wirtschaftliche Bedeutung einer solchen Entscheidung liegt in der Tatsache begründet, daß mit knappen Gütern gewirtschaftet wird, die auch auf andere Weise eingesetzt werden können. Auf dem Hintergrund dieser Überlegungen kann auch eine Verlangsamung des wirtschaftlichen Wachstums zugunsten einer intakten Umwelt zielkonform mit dem Wunsch nach höherer Wohlfahrt sein. Die Umwelt ist nicht allein Produktionsfaktor sondern auch Konsumgut.

Die wirtschaftliche Bedeutung des Zielkonfliktes zwischen Wachstum der Produktion und der Sehnsucht nach natürlichen Lebensverhältnissen ist im Wirtschaften mit knappen Gütern zu sehen, wobei die Vor- und Nachteile immer nur teilweise in Geldeinheiten ausgedrückt werden können. Die Wirtschaftswissenschaft beschränkt sich nicht auf Fragestellungen, die in monetären Größen formuliert werden können. Sie umfaßt sämtliche Wahlhandlungen, die die Verwendung knapper Güter zum Inhalt haben. In welcher Weise die Wahl getroffen werden muß, kann die Nationalökonomie als Wissenschaft nicht vorschreiben. Die Entscheidung beruht auf Überlegungen, die in politischer und religiöser Lebensanschauung wurzeln und ihren Ursprung nicht in der Wirtschaftswissenschaft besitzen.

Werturteile, die zum Inhalt haben in welcher Weise knappe Güter verwendet werden *müssen*, sollten peinlich genau von kausalen Feststellungen unterschieden werden, die ausdrücken, in welcher Weise knappe Güter verwendet werden.

Fragen:

1. *Was versteht man in der Wirtschaftswissenschaft unter Knappheit?*
2. *Was meint man mit alternativen Verwendungsmöglichkeiten von Gütern?*
3. *Nennen Sie die Produktionsfaktoren.*
   Was heißt Kombinieren der Produktionsfaktoren?
4. *Was versteht man unter Arbeitsteilung? Wie hängt die Arbeitsteilung mit dem Tausch zusammen?*
5. *Welche ökonomischen Aspekte werden beim Bau eines Verkehrsweges durch ein Naturschutzgebiet berührt?*
6. *Welches ist der Unterschied zwischen einer Zentralverwaltungswirtschaft und einer freien Marktwirtschaft?*
7. *Was versteht man unter den Daten der Volkswirtschaftslehre?*
   Geben Sie einige Beispiele.
8. *Welches ist der Unterschied zwischen der induktiven und der deduktiven Methode?*
9. *Nennen Sie ein Beispiel, in dem der Faktor ‚Natur' ein Konsumgut ist.*

Aufgaben:

1. *Kritisieren Sie die folgende Schlußfolgerung: Brot ist nicht knapp, da wir es im Überfluß bekommen können!*
2. *Ist ein Auto Kapital- oder Konsumgut?*
3. *Geben Sie an, in welchen der folgenden Fälle die Waschmaschine ein Konsumgut ist:*
   a) die Haushaltswaschmaschine,
   b) die Waschmaschine im Schaufenster,
   c) die Waschmaschine in einer Wäscherei.
4. *Jemand sagt, Aufgabe der Volkswirtschaftslehre sei es, das Wissen bereitzustellen, auf welche Weise Daimler-Benz den maximalen Gewinn erwirtschaften kann. Stimmt dies?*
5. *Ist Luft knapp?*
6. *Welche der folgenden Tatbestände muß die Volkswirtschaftslehre erklären, welche nicht:*
   a) der Butterpreis steigt um 0,50 DM pro Pfund,
   b) jemand möchte in Zukunft anstelle von Butter Margarine konsumieren,
   c) durch technischen Fortschritt steigt der Fettgehalt der Butter,
   d) durch Maul- und Klauenseuche bei einigen Kühen vermindert sich täglich die Milchproduktion,
   e) wegen einer indirekten Steuer auf Butter wird weniger Butter nachgefragt.
7. *Kann man sagen, daß die Wohlfahrt einer Person groß ist, wenn sie über ein hohes Einkommen verfügt?*
8. *Die Arbeitsteilung in einem Betrieb nennen wir interne Arbeitsteilung. Geben Sie einige Beispiele für externe Arbeitsteilung.*
9. *Vergleichen Sie die beiden folgenden Aussagen:*
   a) Die Steuern müssen zugunsten von Bildungsaufgaben erhöht werden.
   b) Die Steuererträge nehmen zu, wenn das Volkseinkommen wächst.
   In welchen von beiden Fällen liegt ein Werturteil vor? Kann dieses Urteil aus der Wirtschaftswissenschaft hergeleitet werden?
10. *Durch Förderung der Automobilindustrie werden 5000 Arbeitsplätze geschaffen; die volkswirtschaftliche Produktion steigt um 100000 Automobile; ein Naturschutzgebiet, in dem seltene Vögel vorkommen, wird dafür geopfert. Welche Wohlfahrtseffekte müssen gegeneinander abgewogen werden? Welche dieser Effekte lassen sich in Geldeinheiten quantifizieren?*

II. Makroökonomische Größen

1. Makroökonomische Aggregate

Im Paragraphen 4 des vorhergehenden Kapitels verwendeten wir bereits die Begriffe „Haushalt" und „Unternehmung". Obwohl wir unser Augenmerk speziell auf die Transaktionen zwischen diesen Aggregaten legen wollen, weisen wir darauf hin, daß bereits eine flüchtige Betrachtung des Wirtschaftsprozesses eines Landes neben diesen beiden Aggregaten die Existenz der Staatswirtschaft, der Banken und des Auslandes aufzeigt. Der Einfachheit halber lassen wir diese drei Sektoren vorläufig außeracht; wir abstrahieren von ihnen. Dies bedeutet mit anderen Worten, daß wir unsere Aufmerksamkeit zuallererst auf eine geschlossene Volkswirtschaft ohne staatliche Aktivität richten werden. Dadurch, daß wir das Bankensystem unberücksichtigt lassen, betonen wir in unserer Darstellung vor allem die realwirtschaftliche Seite der Volkswirtschaft. Wir betrachten also insbesondere die Güterströme. Die Volkswirtschaftslehre versucht, die Problemkreise, die mit Knappheit und alternativ verwendbaren Gütern zusammenhängen, zu erklären. Diese Tatbestände sind u.a. zwischen Haushalten und Unternehmungen anzutreffen. Es dreht sich z.B. in dieser Hinsicht um die Erklärung der durch eine bestimmte Familie nachgefragten Menge nach einem bestimmten Gut. Die Analyse der ganzen Gruppe ähnlicher Tatbestände ist Aufgabe der Makroökonomie.

Im Rahmen der Makroökonomie richtet sich die Aufmerksamkeit nicht auf einen einzelnen Haushalt. Es wird vielmehr das Güterpaket untersucht, das die Volkswirtschaft produziert und konsumiert. Die Erklärung der Höhe des Volkseinkommens, des gesamtwirtschaftlichen Produktionswertes und anderer aggregierter ökonomischer Größen wie Sparen und Investieren gehört ins Gebiet der Makroökonomie.

Résumé

Der Einfachheit halber werden ausschließlich die Beziehungen zwischen den Haushalten und den Unternehmungen untersucht.

2. Der volkswirtschaftliche Kreislauf

Das erklärte Ziel aller Produktion ist der Konsum. Diese Feststellung kann nicht anders interpretiert werden, als daß die in den Unternehmungen produzierten Güter auf die eine oder andere Weise in die Hände der Konsumenten gelangen. Wir unterstellen, daß alle Produktionsfaktoren aus den Haushalten stammen und daß sie den Unternehmungen zur Produktion zur Verfügung gestellt werden.

Es existiert also einerseits ein Güterstrom von den Produzenten zu den Konsumenten, andererseits ein Strom Produktionsfaktoren von den Konsumenten zu den Produzenten. Man nennt diese Erscheinung einen Güterkreislauf. Die Idee eines Kreislaufs im Wirtschaftsprozeß stammt von FRANCOIS QUESNAY (1694–1774), Arzt der Madame DE POMPADOUR und Hofarzt LUDWIG XV.

Weiter unten ist der Kreislauf schematisch wiedergegeben. In dieser Figur ist einmal der Strom von Konsumgütern und Produktionsfaktoren (durchgezogene Linie), zum anderen ein zweiter Strom (unterbrochene Linie) eingezeichnet. Dieser zweite Strom – der Geldstrom – läuft entgegengesetzt zum Güterstrom. Wenn A ein Gut von B kauft, wechselt das Gut von B zu A, während das Geld – der Preis des Gutes – von A an B übergeben wird.

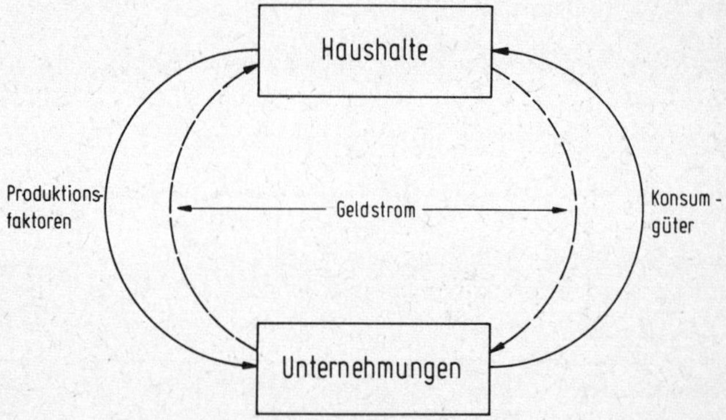

Figur 1. Wirtschaftskreislauf

Es ist also nicht verwunderlich, daß der Geldstrom dem Güterstrom entgegengerichtet ist. Da es sich an dieser Stelle um das Gesamtbild der wirtschaftlichen Transaktionen dreht, ist es wichtig, beide Ströme im Auge zu behalten.

Résumé

Selbst im einfachen Fall, in dem ausschließlich Unternehmungen und Haushalte in die Betrachtung einbezogen werden, sind intensive Beziehungen zwischen diesen beiden makroökonomischen Aggregaten zu beobachten. Die Unternehmungen liefern Güter an die Haushalte und lösen Geld dafür, während umgekehrt die Haushalte Einkommen für die bei der Produktion erbrachten Leistungen empfangen.

3. Stromdiagramme

Der in Paragraph 2 gezeichnete Kreislauf ist sehr einfacher Art. Im Schaubild haben wir nur die Haushalte und Unternehmungen aufgeführt. Der Einfluß des Staates und des Auslandes wird außeracht gelassen. Wie verwickelt die Wirklichkeit auch sein mag, der oben wiedergegebene Kreislaufprozeß ist stets wiederzufinden.

Mit Rücksicht auf die Übersichtlichkeit wird oft ausschließlich der Geldstrom gezeichnet. Um den Umfang der Transaktionen in der Figur anzudeuten, stellt man einen bestimmten Strom nicht durch eine einfache Linie dar, sondern durch ein Band, dessen Breite Maß für den Umfang der Transaktionen ist. Schaubilder, in denen auf diese Weise die Bedeutung der verschiedenen Ströme angegeben wird, nennt man Stromdiagramme.

Berücksichtigen wir ausschließlich Haushalte und Unternehmungen, dann sieht das Stromdiagramm wie folgt aus.

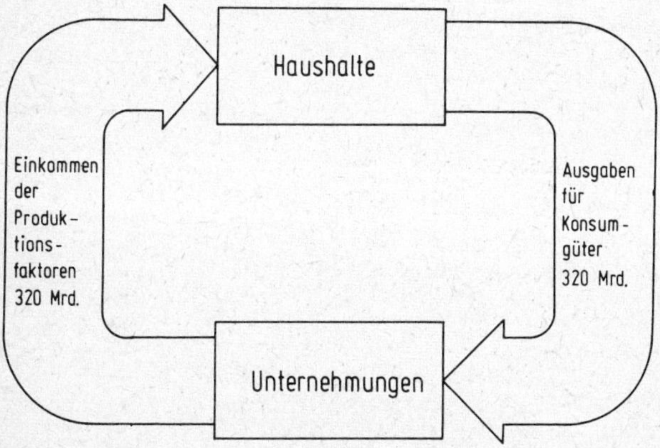

Figur 2. Stromdiagramm

Zwischen Figur 1 und 2 bestehen also die folgenden Unterschiede:

a) in Figur 2 kommt allein der Geldstrom vor,

b) in Figur 2 wird der Umfang der Transaktionen durch die Breite des Stromes dargestellt.

Zahlen für derartige Schaubilder können aus der amtlichen Statistik des statistischen Bundesamts in Wiesbaden entnommen werden.

Résumé

In den Stromdiagrammen wird der wirtschaftliche Kreislauf quantitativ, d.h. in Geldeinheiten, dargestellt.

4. Fixes und umlaufendes Kapital

Im Paragraphen 3 des ersten Kapitels haben wir die Begriffe „Konsumgüter“ und „Kapitalgüter“ kennengelernt. Die Kapitalgüter unterteilt man in fixe und umlaufende Kapitalgüter.

Die umlaufenden Kapitalgüter sind in Gütern zu sehen, die direkt in einen Produktionsprozeß eingehen. Roh- und Hilfsstoffe werden im Laufe des Produktionsprozesses verbraucht. Sie werden deshalb als umlaufendes Kapital bezeichnet. Güter, die zur Kategorie der umlaufenden Kapitalgüter gerechnet werden, findet man in der einen oder anderen Form im Endprodukt wieder.

Fixes Kapital kann man wiederholt während einer Reihe von Jahren gebrauchen. Analog zum umlaufenden Kapital ist aus dem äußeren Anschein über diese Güter zu sagen, daß im jährlichen Produktionsprozeß stets ein Teil des Kapitalgutes verbraucht wird. Diesen Verbrauch nennt man Abnutzung.

Im folgenden wird vorläufig stets von fixem Kapital die Rede sein. Zu einem späteren Zeitpunkt wird das umlaufende Kapital in die Analyse einbezogen werden.

Résumé

Das fixe Kapital besteht aus Kapitalgütern, die wiederholt während einer Reihe von Jahren verwendet werden können. Umlaufendes Kapital hingegen besteht aus Kapitalgütern, die im Laufe eines Produktionsprozesses verbraucht werden.

5. Wertschöpfung

Im Verkaufspreis einer Einheit eines bestimmten Produktes sind die Kosten für die Erzeugung enthalten. Als Kostenarten sind unter anderem

Löhne und Gehälter, Zinsen, Miete und Pacht und der Wert, der in das Produkt eingehenden Roh- und Hilfsstoffe zu unterscheiden. Der Unterschied zwischen dem Verkaufserlös und den anfallenden Produktionskosten ist der Gewinn.

Multipliziert man den Verkaufspreis einer Produkteinheit mit der Anzahl der während eines Jahres produzierten Einheiten dieses Produktes, dann erhält man als Ergebnis den Marktwert der produzierten Güter. Dieser Marktwert ist gleich der Summe aus Löhnen und Gehältern, Zinsen, Miete und Pacht, dem Gesamtwert der in den erzeugten Gütern verarbeiteten Roh- und Hilfsstoffe und dem Gewinn.

Roh- und Hilfsstoffe sind Güter, die bereits produziert sind. Zu Beginn des Produktionsprozesses waren diese bereits vorrätig. Durch das Kombinieren der Produktionsfaktoren wird dem bereits bestehenden Wert der Roh- und Hilfsstoffe weiterer Wert zugefügt. Die totale Wertsteigerung läßt sich aus dem Unterschied zwischen Marktwert und dem Wert der angesetzten Roh- und Hilfsstoffe ermitteln. Diesen Unterschied nennt man Bruttowertschöpfung.

Résumé

Die Differenz zwischen dem Marktwert der im Verlaufe eines Jahres produzierten Güter und dem Wert der dabei verbrauchten Roh- und Hilfsstoffe ist die Bruttowertschöpfung eines Betriebes.

6. Volkseinkommen und Sozialprodukt

Wir gehen von einer Volkswirtschaft aus, in der neben den Haushalten nur eine Unternehmung existiert. Alle Eigentümer von Produktionsfaktoren bringen diese in den einzigen Betrieb ein. Weiter nehmen wir an, daß diese Volkswirtschaft keine Kontakte mit dem Ausland pflegt (siehe Paragr. 1).

Die Unternehmung erzeugt auf dem Wege der Kombination der Produktionsfaktoren eine Anzahl Güter. Die Bruttowertschöpfung dieses Güterpaketes wird Bruttosozialprodukt genannt. Alle diese Güter werden an die Haushalte verkauft. Diese wiederum bezahlen mit dem Geld, das sie von der Unternehmung als Entgelt für ihre Leistungen bei der Erstellung des Bruttosozialproduktes empfangen haben. Im Paragraphen 2 haben wir gesehen, daß diese Entlohnung in Geld ausbezahlt wird. Die Summe der Leistungseinkommen nennt man Volkseinkommen.

Diese Summe setzt sich zusammen aus der Lohn- und Gehaltssumme, der Zinssumme, Miete und Pacht und dem Gewinn. Das Berechnungssystem sieht also wie folgt aus:

Haushalte

Privater Verbrauch	360	Lohn- und Gehaltssumme	230
		Zinssumme	50
		Miete und Pacht	10
		Gewinn	70
Summe	360	Summe	360

Unternehmungen

Lohn- und Gehaltssumme	230	Lieferung von Gütern für den privaten Verbrauch	360
Zinssumme	50		
Miete und Pacht	10		
Gewinn	70		
Summe	360	Summe	360

Wir sehen also, daß die Unternehmung für einen Gegenwert von 360 Mrd. DM Güter produziert hat. Diesen Wert nennen wir Bruttosozialprodukt. Das gesamte Sozialprodukt ist im Laufe des Jahres an die Haushalte geliefert worden. Die Summe der Entlohnungen – das Volkseinkommen – ist in diesem einfachen Modell gleich dem Wert des Bruttosozialprodukts.

Résumé

Die Summe der Entlohnungen ist das Volkseinkommen. Das Volkseinkommen ist in diesem Modell im Wert gleich dem Bruttosozialprodukt. Die Entlohnungen können in Lohn- und Gehaltssumme, Zinssumme, Miete und Pacht und Gewinn aufgeschlüsselt werden.

7. Ersatzinvestitionen

Im Paragraphen 4 haben wir unterschieden zwischen fixem und umlaufendem Kapital. Der Einsatz fixer Kapitalgüter ist mit Abnutzung verbunden. Dies bedeutet, daß sich der Wert des Kapitalgütervorrats im Zeitablauf vermindert. Da im Verlauf künftiger Jahre ebenfalls produziert wird, muß der Wert weiter fallen, bis man schließlich nicht mehr über fixes Kapital verfügt. Um stets über denselben Kapitalgütervorrat verfügen zu können, ist es daher notwendig, jährlich eine bestimmte Menge fixen Kapitals herzustellen, das wertmäßig der während der Produktion auftretenden Abnutzung gleich ist. Das Ausmaß dieser Abnutzung wird durch die Abschreibungen zum

Ausdruck gebracht. Die Anfertigung neuer Kapitalgüter als Ersatz für den verschlissenen Teil des Kapitals nennt man Ersatzinvestition. Die Ersatzinvestitionen sind also wertmäßig den Abschreibungen gleich.

Um den Kapitalgütervorrat konstant zu halten, wird unser Betrieb – neben der Erzeugung aller anderen Güter – Kapitalgüter als Ersatz produzieren müssen. Weil wir davon ausgegangen sind, daß alle Produktionsfaktoren in den Produktionsprozeß einbezogen werden, bedeutet dies, daß der Betrieb weniger für den Konsum bestimmte Güter erzeugen kann.

Gesetzt den Fall, die jährlichen Abschreibungen belaufen sich auf 40 Mrd. DM, dann kann die Lieferung von Gütern an die Haushalte nicht höher sein als 320 Mrd. DM. Die Summe der Leistungsentgelte kann deshalb auch nicht größer sein als der Unterschied zwischen der Bruttowertschöpfung und den Abschreibungen. Diese Differenz nennen wir Nettowertschöpfung.

In bezug auf das Sozialprodukt machen wir denselben Unterschied. Der Wert des Bruttosozialprodukts ist gleich der Bruttowertschöpfung und ebenso ist der Wert des Nettosozialprodukts gleich der Nettowertschöpfung.

Wenn wir nun die Ersatzinvestitionen in unsere Analyse aufnehmen, verändern sich die Rechnungen des Paragraphen 6 wie folgt:

Haushalte

Privater Verbrauch	320	Lohn- und Gehaltssumme	210
		Zinssumme	40
		Miete und Pacht	10
		Gewinn	60
Summe	320	Summe	320

Unternehmungen

Abschreibung		40	Lieferung von Gütern für den privaten Verbrauch	320
Lohn- und Gehaltssumme	210		Ersatzinvestitionen	40
Zinssumme	40			
Miete und Pacht	10			
Gewinn	60			
Nettowertschöpfung		320		
Summe		360	Summe	360

Weil im Paragraphen 6 von der Unternehmung allein Güter produziert werden, die an die Haushalte geliefert werden, und damit Ersatzinvestitionen vernachlässigt wurden, war das Volkseinkommen um 40 Mrd. DM zu groß. Die Korrektur in obenstehenden Rechnungen kam dadurch zustande, daß die Lohn- und Gehaltssumme, Zinssumme und Gewinn um 20, respektive 10 und 10 Mrd. DM vermindert wurden. Wenn 360 Mrd. DM ausbezahlt werden, so heißt das, daß die Haushalte insgesamt mehr Einkommen hatten, als möglich ist, wenn der Kapitalstock instand gehalten wird. Da die im vorigen Paragraphen zuviel ausbezahlten 40 Mrd. nicht ausschließlich den Gewinn vergrößert haben, sondern allen zugute kamen, verdienen jetzt alle Einkommensempfänger im Prinzip weniger. Selbstverständlich erhalten die mit der Erzeugung der als Ersatz dienenden Kapitalgüter betrauten Arbeitnehmer eine Entlohnung.

Résumé

Die Nettowertschöpfung ist gleich der Differenz zwischen Bruttowertschöpfung und den Abschreibungen. Das Bruttosozialprodukt ist wertmäßig gleich der Bruttowertschöpfung. Dementsprechend ist das Nettosozialprodukt ebenso groß wie die Nettowertschöpfung. Das Nettosozialprodukt, die Nettowertschöpfung und das Volkseinkommen sind einander im Wert gleich.

8. Erweiterungsinvestitionen

Neben den zum Ersatz dienenden Investitionen kann die Unternehmung beschließen, zusätzliche Kapitalgüter anzufertigen. Der Kapitalstock nimmt dadurch im Zeitablauf zu. Die Produktion zusätzlicher Kapitalgüter nennt man Investieren zu Erweiterungszwecken. Mit Hilfe dieser Erweiterungsinvestitionen ist es möglich, in Zukunft ein größeres Sozialprodukt zu erzeugen.

Ersatzinvestitionen und Erweiterungsinvestitionen werden zusammen Bruttoinvestitionen genannt. Die Erweiterungsinvestitionen sind also die Differenz zwischen Bruttoinvestitionen und Ersatzinvestitionen. Die Erweiterungsinvestitionen sind Nettoinvestitionen. Weil die Ersatzinvestitionen gleich groß sind wie die Abschreibungen, können wir auch sagen, die Nettoinvestitionen sind gleich der Differenz zwischen Bruttoinvestitionen und Abschreibungen.

Wir sind davon ausgegangen, daß alle Produktionsfaktoren bereits in die Unternehmung eingebracht sind. Es ist daher nicht möglich, ein größeres Nettosozialprodukt zu erzeugen als das im Paragraph 7 dargestellte. Im Modell des genannten Paragraphen wird dieses ganze Nettosozialprodukt in Form von Gütern an die Haushalte geliefert. Wenn Nettoinvestitionen vorgenommen werden, verbleibt eine bestimmte Gütermenge im Betrieb. Gesetzt den Fall, die Nettoinvestitionen belaufen sich auf 70 Mrd. DM, dann bedeutet dies, daß vom Nettosozialprodukt 70 Mrd. weniger an die Haushalte geliefert werden können.

Da das Nettosozialprodukt gleich groß ist wie das Volkseinkommen, kann durch die Haushalte zu Konsumzwecken ein Betrag von 70 Mrd. DM weniger verfügt werden, als dies im Beispiel des Paragraphen 7 möglich war. Wir nennen den Teil des Einkommens, der nicht konsumiert wird, die Ersparnisse – oder in makroökonomischer Sicht – das Sparen. Es werden also 70 Mrd. DM von den Haushaltungen gespart. Dieser Betrag ist gleich den Nettoinvestitionen.

Um die Nettoinvestitionen verändert, sehen die Rechnungsbeispiele wie folgt aus:

Haushalte

Privater Verbrauch	250	Lohn- und Gehaltssumme	210
Sparen	70	Zinssumme	40
		Miete und Pacht	10
		Gewinn	60
Summe	320	Summe	320

Unternehmungen

Abschreibungen		40	Lieferung von Gütern für den privaten Verbrauch			250
Lohn- und Gehaltssumme	210		Ersatzinvestitionen		40	
Zinssumme	40		Erweiterungsinvestitionen	70		
Miete und Pacht	10		Lagerbestandsänderung	0		
Gewinn	60		Nettoinvestitionen		70	
Nettowertschöpfung		320	Bruttoinvestitionen			110
Summe		360	Summe			360

Auf Grund der vorgenommenen Nettoinvestitionen ist es nicht möglich, Güter im Werte von 320 Mrd. DM an die Haushalte zu liefern, sondern höchstens für 250 Mrd. DM.

In der volkswirtschaftlichen Gesamtrechnung bringt man für gewöhnlich die Veränderung des Kapitalgütervorrates, des Kapitalstocks also, auf dem Wege einer speziellen Rechnungsführung, nämlich im Vermögensänderungskonto zum Ausdruck.

Das Vermögensänderungskonto lautet dann im Anschluß an die vorhergehenden Rechnungsbeispiele wie folgt:

Vermögensänderung

Ersatzinvestitionen	40	Abschreibungen	40
Nettoinvestitionen	70	Sparen	70
Summe	110	Summe	110

Résumé

Die Nettoinvestitionen sind gleich der Differenz zwischen Bruttoinvestitionen und Abschreibungen. Das Sparen ist gleich groß wie die Nettoinvestitionen.

9. Lagerbestandsänderungen

Wir sind bisher stets davon ausgegangen, daß alle von der Unternehmung produzierten und zum Konsum bestimmten Güter von den Haushalten gekauft werden. Im vorhergehenden Paragraphen ist angenommen worden, daß die Unternehmung Güter im Werte von 250 Mrd. DM erzeugt und daß die Haushalte eben diese Quantität abnehmen.

Wir nehmen nun an, daß die Haushalte weniger zu kaufen wünschen. Angenommen, sie wünschen anstelle von 250 Mrd. nur mehr 200 Mrd. DM zu Konsumzwecken auszugeben. Das Sparen beläuft sich dann auf 120 Mrd. DM.

Die Folge ist, daß die Unternehmung nicht alle für den Konsum bestimmten Güter verkaufen kann. Es bleiben also Güter im Werte von 50 Mrd. am Lager. Es bildet sich ein Lagerbestand.

Weil ex definitione alle Güter im Besitz der Unternehmung Kapitalgüter sind (Kapitel I, Paragraph 4), wird auch der Lagerbestand zu den Kapitalgütern gerechnet. Eine Zunahme des Kapitalstocks nannten wir bisher Nettoinvestition. Nun da wir die Lagerbestandsänderung in unsere Analyse aufgenommen haben, bestehen die Nettoinvestitionen nicht mehr allein aus Erweiterungsinvestitionen (fixes Kapital), sondern auch aus einer Zunahme des Lagerbestandes.

Als Folge der Lagerbestandsveränderung müssen wir unsere Rechnungsbeispiele ändern.

Konto Haushalte:

Der private Verbrauch ist um 50 Mrd. zurückgegangen, das Sparen hat um 50 Mrd. zugenommen.

Konto Unternehmungen:
Die Lieferung von Gütern für den privaten Verbrauch ist um 50 Mrd. niedriger; das Lager ist um denselben Betrag aufgestockt. Da die Lagerbestandszunahme zu den Nettoinvestitionen gerechnet wird, sind diese um 50 Mrd. gestiegen. Die Bruttoinvestitionen steigen demzufolge um denselben Betrag. Auch das Vermögensänderungskonto unterliegt derselben Veränderung.

Haushalte

Privater Verbrauch	200	Lohn- und Gehaltssumme	210
Sparen	120	Zinssumme	40
		Miete und Pacht	10
		Gewinn	60
Summe	320	Summe	320

Unternehmungen

Abschreibungen		40	Lieferung von Gütern für den privaten Verbrauch		200
Lohn- und Gehaltssumme	210		Ersatzinvestitionen	40	
Zinssumme	40		Erweiterungsinvestitionen 70		
Miete und Pacht	10				
Gewinn	60		Lagerbestandszunahme 50		
Nettowertschöpfung		320	Nettoinvestitionen	120	
			Bruttoinvestitionen		160
Summe		360	Summe		360

Vermögensänderung

Ersatzinvestitionen	40	Abschreibungen	40
Nettoinvestitionen	120	Sparen	120
Summe	160	Summe	160

Résumé

Die Nettoinvestitionen sind gleich der Differenz zwischen Bruttoinvestitionen und Abschreibungen. Die Nettoinvestitionen bestehen aus Erweiterungsinvestitionen und Lagerbestandsveränderungen. Das Sparen ist gleich der Nettoinvestition.

10. Entstehungsrechnung

Wir sind bis zu diesem Zeitpunkt von einer einzigen Unternehmung ausgegangen. In unseren Rechnungsbeispielen bezog sich das Konto Unternehmungen deshalb stets auf den einzigen Betrieb. Weil in unserer Volkswirtschaft viele verschiedene Betriebe existieren, wird diese Rechnungslegung nicht für jede Unternehmung vorgenommen, sondern nur insgesamt eine für sämtliche Unternehmungen. Wenn mehrere Unternehmungen gleichzeitig arbeiten, werden zwischenbetriebliche Güterströme vorliegen. Das Endprodukt des einen Betriebes ist häufig Rohstoff für den anderen Betrieb. Es gibt außerdem eine Anzahl Unternehmungen, die für andere Dienstleistungen verrichten. Wenn in der Folge die Rede sein wird von Güterströmen von einem Betrieb zum anderen, verstehen wir hierunter auch die Dienstleistungen. Auf die Berechnung des Brutto- oder Nettosozialprodukts haben diese zwischenbetrieblichen Lieferungen keinen Einfluß. Das Bruttosozialprodukt ist immer gleich der Bruttowertschöpfung. Diese letzte Größe wird definiert – siehe Paragraph 5 – als Unterschied zwischen dem Marktwert der erzeugten Güter und dem Verbrauch an Roh- und Hilfsstoffen. Berechnet man also pro Betrieb die Brutto- und Nettowertschöpfung, dann wird nach Aufsummierung über sämtliche Betriebe das Brutto- bzw. Nettosozialprodukt entstehen.

In der Entstehungsrechnung werden die zwischenbetrieblichen Lieferungen außeracht gelassen. Im unten angeführten Beispiel gehen wir von zwei Unternehmungen aus. Eine Erweiterung dieses Beispiels auf mehr Betriebe hat keinen Einfluß auf das endgültige Resultat.

Betrieb A fertige ausschließlich Güter an, die an Betrieb B geliefert werden. Wir sehen dann, daß – nach Ausklammerung der zwischenbetrieblichen Lieferungen – die Entstehungsrechnung dieselbe ist wie die in Paragraph 8 entwickelte Rechnung.

Résumé

In der Volkswirtschaftlichen Gesamtrechnung wird immer eine Entstehungsrechnung durchgeführt. Zwischenbetriebliche Lieferungen kommen in ihr nicht vor. Wenn mehrere Unternehmungen existieren, berechnet man die Höhe des Nettosozialprodukts, indem man die Nettowertschöpfung der einzelnen Betriebe aufsummiert; ebenso berechnet man das Bruttosozialprodukt, indem man die Bruttowertschöpfungen der einzelnen Betriebe addiert.

11. Konsum, Sparen und Investieren

Die Summe aus Löhnen und Gehältern, Pacht und Miete, Zinsen und Gewinnen ist die Nettowertschöpfung. Die Nettowertschöpfung ist gleich dem Volkseinkommen. Das Volkseinkommen bezeichnen wir mit dem Buch-

Betrieb A

Abschreibungen		10	Lieferung von Gütern an Betrieb B			100
Lohn- und Gehaltssumme	60		Ersatzinvestitionen		10	
Zinssumme	10		Erweiterungsinvestitionen	0		
Miete und Pacht	5		Lagerbestandszunahme	0		
Gewinn	25		Nettoinvestitionen		0	
Nettowertschöpfung		100	Bruttoinvestitionen			10
Summe		110	Summe			110

Betrieb B

Abschreibungen		30	Lieferung von Gütern zu Konsumzwecken			250
Lieferung von Gütern durch Betrieb A		100	Ersatzinvestitionen		30	
Lohn- und Gehaltssumme	150		Erweiterungsinvestitionen	70		
Zinssumme	30		Lagerbestandszunahme	0		
Miete und Pacht	5		Nettoinvestitionen		70	
Gewinn	35		Bruttoinvestitionen			100
Nettowertschöpfung		220				
Summe		350	Summe			350

Entstehungsrechnung

	Betrieb A	Betrieb B	Summe		Betrieb A	Betrieb B	Summe
Abschreibung	10	30	40	Lieferung von Gütern zu Konsumzwecken		250	250
Lohn- und Gehaltssumme	60	150		Ersatzinvestitionen	10	30	40
Zinssumme	10	30		Erweiterungsinvestitionen	0	70	70
Miete und Pacht	5	5		Lagerbestandszunahme	0	0	0
Gewinn	25	35					
Nettowertschöpfung	100	220	320				
Summe			360	Summe			360
Zwischenbetriebliche Lieferungen			100	Zwischenbetriebliche Lieferungen			100

staben Y. Die Haushalte werden einen Teil dieses Einkommens konsumieren. Diesen Teil bezeichnen wir mit dem Buchstaben C. Den Teil, der nicht konsumiert wird, nannten wir oben bereits Sparen. Das Sparen benennen wir mit dem Buchstaben S. Der Buchstabe W stellt den Wert des Nettosozialprodukts dar. Dieses Sozialprodukt besteht aus Gütern, die an die Haushalte geliefert wurden, dargestellt durch den Buchstaben C und den Nettoinvestitionen, angedeutet durch den Buchstaben I. Die an die Haushalte gelieferten Güter werden Konsumgüter genannt.

Résumé

Volkseinkommen, Konsum und Sparen bezeichnen wir respektive mit den Buchstaben Y, C und S. Die Größe des Nettosozialprodukts, die Konsumgüter und die Nettoinvestitionen belegen wir mit den Buchstaben W, C und I.

12. Makroökonomische Identitäten

Eine Identität ist eine notwendige Gleichheit. Wenn wir annehmen, daß jeder Teilnehmer eines Seminars ein junger Mann oder ein Mädchen ist, dann muß gelten, daß die Gesamtzahl der Seminarteilnehmer gleich der Summe der männlichen und weiblichen Teilnehmer ist. Mit dieser Art Gleichheit werden wir uns noch etwas beschäftigen, da sie für unser weiteres Vorgehen wichtig ist. Das Sparen S ist definiert als Differenz zwischen dem Volkseinkommen Y und dem Konsum C. Schreiben wir dies in mathematischer Form, so gilt also: $S = Y - C$. Wir können auch schreiben:

(1) $$Y = C + S.$$

Die Gleichung (1) ist immer erfüllt, weil wir einfach das Volkseinkommen, den Konsum und das Sparen so definiert haben, daß eine Gleichheit immer gegeben ist. Mit anderen Worten, Gleichung (1) ist eine Identität. Eine zweite Identität ist die folgende: Der Wert des Nettosozialprodukts W ist gleich den produzierten und verkauften Gütern C und dem Wert der Nettoinvestition I. Mathematisch geschrieben also:

(2) $$W = C + I.$$

Wir sagten bereits, daß das Volkseinkommen Y gleich der Wertschöpfung ist; diese letztere ist dann wieder gleich dem Nettosozialprodukt W. Es ist also das Volkseinkommen im Wert gleich dem Nettosozialprodukt. Weil beide Größen ex definitione gleich der Wertschöpfung sind, sprechen wir hier wieder von einer Identität.

Wir können also als dritte Identität schreiben:

(3) $$W = Y.$$

Weil die beiden C's gleich sind, folgt aus den drei Identitäten direkt, daß auch S und I notwendigerweise gleich sein müssen. Diese Gleichheit von Sparen und Investitieren ist eine reine Definitionsfrage. Mit ihr sagt man aus, daß die Gleichheit von S und I aus dem Inhalt der Begriffe Sparen, Investieren, Volkseinkommen und Nettosozialprodukt resultiert. Die Konsumenten fragen um einen Betrag S keine Konsumgüter nach, d.h. in der betreffenden Periode sind Kapitalgüter im selben Wert erzeugt worden, weil die zum Konsum bestimmten Güter, die nicht nachgefragt wurden, den Lagerbeständen zugefügt und zu den Investitionen gerechnet wurden. Selbst wenn die Konsumenten das ersparte Geld ins Feuer werfen, wird nichts an der Tatsache geändert, daß sie um einen Betrag S weniger Konsumgüter nachgefragt haben.

Die drei bisher genannten Identitäten werden makroökonomische Identitäten genannt.

Résumé

$I=S$ ist eine Definitionsgleichung, die aus den drei makroökonomischen Identitäten folgt.

13. Schlußbemerkungen

In diesem Kapitel wurde ein einfacher wirtschaftlicher Kreislauf beschrieben, in dem ausschließlich Haushalte und Unternehmungen vorkommen. Die Instrumente zur Darstellung des Kreislaufes waren Stromdiagramm und Rechnungslegungen für die Haushalte und Unternehmungen. Staatliche Aktivität und Beziehungen zum Ausland wurden außeracht gelassen. Aus einigen Definitionen, die wir unserer volkswirtschaftlichen Einkommensrechnung entlehnten, haben wir weitere drei Identitäten abgeleitet. Diese Identitäten erklären nichts, doch beschreiben sie auf kurze und bündige Weise die Beziehungen zwischen den aufgeführten makroökonomischen Größen. Die Gleichung $W=C+I$ gibt die Zusammensetzung des Sozialprodukts an, während die Gleichung $Y=C+S$ widerspiegelt, wie über das Volkseinkommen verfügt wird. Die Gleichung $Y=W$ schließlich zeigt deutlich, wie das Volkseinkommen entsteht, nämlich durch Produktion in den Unternehmungen.

Fragen

1. *Was versteht man unter Wirtschaftskreislauf?*
2. *Auf welche zwei Weisen kann man diesen Kreislauf darstellen?*
3. *Was versteht man unter Wertschöpfung?*
   Was ist der Unterschied zwischen Netto- und Bruttowertschöpfung?

4. *Warum sprechen wir eigentlich von Wertschöpfung?*
5. *Was versteht man unter*
   a) *Bruttosozialprodukt?*
   b) *Nettosozialprodukt?*
   c) *Bruttoinvestition?*
   d) *Nettoinvestition?*
   e) *Volkseinkommen?*
6. *Bestehen die Nettoinvestitionen ausschließlich aus produzierten fixen Kapitalgütern?*
7. *Was ist der Unterschied zwischen fixem und umlaufendem Kapital?*
8. *Was versteht man unter dem Begriff „Sparen"? Wird dieser Definition zufolge auch gespart, wenn jemand einen Teil seines Einkommens ins Wasser wirft?*
9. *Vergrößert der Gewinn die Wertschöpfung?*
10. *Zeigen Sie, daß die makroökonomischen Identitäten gelten!*
11. *Im Laufe des Jahres werden durch die Unternehmungen fixe Kapitalgüter hergestellt. Wie kann man aus diesem Umstand die Vergrößerung des Kapitalstocks ableiten? Falls der Vorrat der fixen Kapitalgüter z.B. um 60 Mrd. DM zugenommen hat, besteht dann die Möglichkeit, daß die Nettoinvestitionen negativ sind?*
12. *Auf welche Weise berechnet man für einen Betrieb die Höhe seines Beitrages zum Volkseinkommen?*

Aufgaben:

1. *Vervollständigen Sie untenstehende Rechnungsbeispiele, wenn gegeben ist, daß das Volkseinkommen sich auf 270 Mrd. DM beläuft.*

Haushalte

Konsum	...	Löhne- und Gehälter	140
Sparen	...	Zinsen	...
		Miete und Pacht	...
		Gewinn	...
	...		...

Unternehmungen

Abschreibungen	30	Konsumgüter	...
Löhne und Gehälter	...	Nettoinvestitionen	...
		Ersatzinvestitionen	...
Zinsen	30		
Miete und Pacht	30		
Gewinn	...		
	...		...

Vermögensänderung

Bruttoinvestitionen	100	Abschreibungen	...
		Sparen	...
	...		...

2. *In einem bestimmten Jahr wurde durch die Unternehmungen 300 Mrd. an Konsumgütern und 140 Mrd. an Kapitalgütern erzeugt. Die Haushalte beziehen für Löhne und Gehälter 200 Mrd., an Zinsen 100 Mrd. und aus Miete und Pacht 50 Mrd. Die Summe der Wertschöpfung belief sich auf 400 Mrd. DM.*
   a) Stellen Sie sämtliche Rechnungsarten zusammen.
   b) Wie groß ist das Nettosozialprodukt?
3. *Der Wert der erzeugten fixen Kapitalgüter beläuft sich auf 50 Mrd., während die Betriebe Abschreibungen in Höhe von 30 Mrd. vornahmen. Der volkswirtschaftliche Konsum beträgt 300 Mrd. An Löhnen und Gehältern, Zinsen, Miete und Pacht und Gewinnen werden 230 Mrd. respektive 50, 30 und 80 Mrd. ausbezahlt.*
   a) Stellen Sie sämtliche Rechnungsarten zusammen.
   b) Wie groß ist das Volkseinkommen?
   c) Wie hoch sind die Nettoinvestitionen und wie sind diese zusammengesetzt?
4. *Die in einem Land neuerstellten Betriebe haben allein zur Zielsetzung, Roh- und Hilfsstoffe für bereits bestehende Betriebe zu produzieren. Wird ihre Produktion den totalen Produktionswert steigern? Wird die Wertschöpfung davon beeinflußt? Begründen Sie die Antwort!*
5. *In untenstehender Tabelle sind für einige Wirtschaftszweige der Produktionswert, der Verbrauch an Roh- und Hilfsstoffen (einschließlich Dienstleistungen Dritter) sowie die Abschreibungen angegeben.*

	Marktwert	Verbrauch	Abschreibungen
Textilindustrie	3 091	2 174	86
Schuhe und Bekleidung	2 650	1 268	38
Holz- und Möbelindustrie	1 099	620	34
Papierindustrie	1 349	882	49
Chemische Industrie	6 359	4 192	266
Glas, Keramik, Baustoffe	991	450	47

Berechnen Sie für zwei Wirtschaftsbereiche den Beitrag zum Volkseinkommen.

III. Die Höhe des Volkseinkommens

1. Das Problem

Bei der vereinfachten Beschreibung der makroökonomischen Zusammenhänge haben wir den Staat und die außenwirtschaftlichen Beziehungen vernachlässigt. Unser Augenmerk konnte sich so vollständig auf das Verhalten der Konsumenten und der Produzenten konzentrieren. Man bezeichnet eine solche Modellvorstellung auch als „geschlossene Volkswirtschaft ohne staatliche Aktivität".

Es kann nun die Frage auftauchen, welche Höhe das Volkseinkommen oder auch das Sozialprodukt in einer solchen Situation annimmt. Eine Antwort auf diese Frage ist von großer gesellschaftlicher Bedeutung, weil die Zahl der Arbeitsplätze eng mit der Höhe des Volkseinkommens zusammenhängt. Bei gleichbleibenden Preisen bedeutet eine geringe Produktion, daß weniger Arbeitnehmer eine Beschäftigung finden als bei großem Produktionsumfang. In gleichem Maße ist der Auslastungsgrad der anderen Produktionsmittel, wie etwa Maschinen und Gebäude, höher je größer die produzierten Gütermengen sind.

Um die Erörterung der Faktoren, die für die Höhe des Volkseinkommens von Bedeutung sind, nicht unnötig zu komplizieren, stellen wir uns in diesem Kapitel vor, die Produktionskapazität sei konstant. Dies bedeutet, daß in der Betrachtungsperiode die Zahl der verfügbaren Arbeitskräfte auch gegeben ist, ebenso wie der Kapitalstock, die natürlichen Ressourcen, das Ausmaß der Arbeitsteilung und der Stand des technischen Wissens. Bei dieser kurzfristigen Sicht der Dinge verändert sich die Arbeitsproduktivität nicht. In dieser Situation bestimmen die Nachfragefaktoren, in welchem Ausmaß die Produktionskapazität ausgelastet wird. Die Darstellung der Rolle, die die effektive Nachfrage, welche von dem Produzenten und den Konsumenten ausgeübt wird, bei der Bestimmung der Höhe des Volkseinkommens spielt, steht in diesem Kapitel an zentraler Stelle. Die nachfolgenden Überlegungen stützen sich dabei größtenteils auf die Theorie von JOHN MAYNARD KEYNES (1883–1946).

Auf längere Sicht verändert sich indessen die Produktionskapazität wohl. Die Arbeitsbevölkerung wächst, der Kapitalstock wird größer, es werden neue Rohstoffquellen entdeckt, die Arbeitsteilung und der technische Wandel schreiten fort. Betrachtet man die Entwicklung des Volkseinkommens in der Zeit, dann müssen neben den Nachfragefaktoren auch die Determinanten des Angebots beachtet werden. Diese Annäherung der Darstellung an die Realität wird jedoch erst im Kapitel 13 vollzogen. Wir unterstellen dann, daß die Produktionskapazität nicht mehr konstant sondern variabel ist.

Im folgenden allerdings wird unser Augenmerk vollständig auf die Nachfrageseite des Wirtschaftsgeschehens gerichtet sein. Zu diesem Zweck untersuchen wir zunächst die Nachfrage, die die Konsumenten ausüben, die sogenannte konsumtive Nachfrage.

Résumé

Bei der Ermittlung des Volkseinkommens in einer bestimmten Zeitperiode kann die volkswirtschaftliche Produktionskapazität als gegeben unterstellt werden. Die Entwicklung des Volkseinkommens in der Zeit folgt dem Einfluß der Nachfrage- und Angebotsfaktoren.

2. Die makroökonomische Konsumfunktion

Wir haben im Paragraphen 8 des Kapitels II gesehen, daß die Konsumenten einen bestimmten Teil ihres Einkommens konsumieren. In unserem Beispiel auf Seite 22 wurden $\frac{25}{32}$ des Volkseinkommens Y für den Konsum verwendet. Es liegt auf der Hand zu unterstellen, daß der Betrag, den die Konsumenten für Konsumgüter ausgeben, in Beziehung zu ihrem Einkommen steht. Statistische Untersuchungen haben hier auch eine positive Korrelation festgestellt. Wenn das Volkseinkommen steigt, nimmt ebenfalls der Betrag zu, der zu Konsumzwecken ausgegeben wird. In diesem Zusammenhang hat man auch festgestellt, daß der Konsum nicht im gleichen Maße ansteigt wie das Volkseinkommen. Der Einfachheit halber werden wir aber annehmen, daß der Konsum C proportional zum Volkseinkommen Y steigt. In der folgenden Tabelle ist ein derartiger Fall wiedergegeben worden. Die Größen sind in Mrd. DM ausgedrückt.

Die Funktion $C=C(Y)$

C	Y
100	150
200	300
300	450
400	600
500	750

Es ist hier angenommen worden, daß $C=\frac{2}{3}Y$. Die Beziehung zwischen C und Y nennen wir makroökonomische Konsumfunktion. Das Verhältnis zwischen C und Y, d.h. also, C/Y wird durchschnittliche Konsumquote genannt. In unserem Beispiel ist diese durchschnittliche Konsumquote für jedes Einkommen gleich, nämlich $C/Y=\frac{2}{3}$. Neben dem Verhältnis von C zu Y ist das Verhältnis zwischen zusätzlichem Konsum und zusätzlichem Einkommen, das eine Konsumsteigerung hervorruft, von Bedeutung. Dieser Bruch wird „marginale Konsumquote" genannt. In obenstehender Tabelle ist der Bruch

$$\frac{\text{zusätzlicher Konsum}}{\text{zusätzliches Einkommen}}=\frac{2}{3}.$$

Die marginale Konsumquote ist stets kleiner oder gleich 1, weil die Konsumsteigerung höchstens gleich der Zunahme des Volkseinkommens ist. Wenn $C=\frac{2}{3}\,Y$, fällt die marginale Konsumquote zusammen mit der durchschnittlichen Konsumquote. Beide Quoten sind dann $\frac{2}{3}$.

Das Komplement zur marginalen Konsumquote wird marginale Sparquote genannt. Nennt man die marginale Konsumquote c, dann ist die marginale Sparquote s gleich $1-c$.

Die Konsumfunktion läßt sich natürlich auch graphisch darstellen. In Figur 3 wird auf der Abszisse das Volkseinkommen Y abgetragen und auf der Ordinate der Konsum C. Die Funktion $C=\frac{2}{3}\,Y$ ist dann eine Gerade durch den Ursprung. Aus dem Schaubild ist ersichtlich, welchen Wert C bei einem bestimmten Volkseinkommen Y annimmt. Y sei etwa 450 Mrd. DM. Fällt man von diesem Punkt ein Lot auf die Funktion $C=\frac{2}{3}\,Y$, dann findet man den Schnittpunkt A, zu dem der Konsum $C=300$ Mrd. gehört.

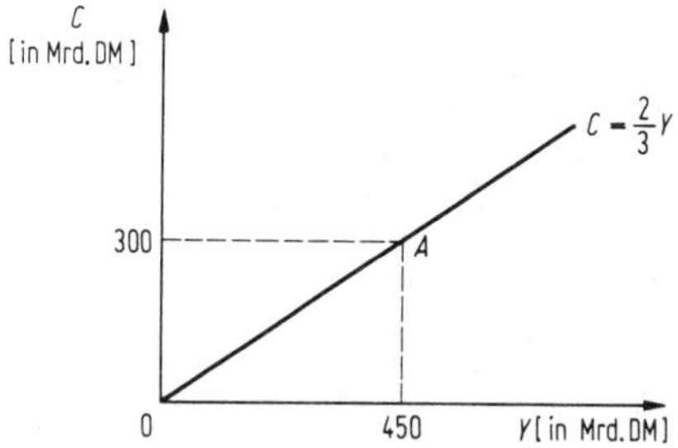

Figur 3

Die Funktion $C=\frac{2}{3}\,Y$ ordnet jedem Wert von Y einen bestimmten Wert von C zu.

Da Y stets gleich W ist, kann man auch sagen, daß C eine Funktion des Sozialprodukts W ist. Mit anderen Worten, der Betrag, den die Haushaltungen zu Konsumzwecken ausgeben, ist abhängig von der Höhe des Nettosozialprodukts. In Figur 4 ist deshalb C als Funktion von W gezeichnet worden.

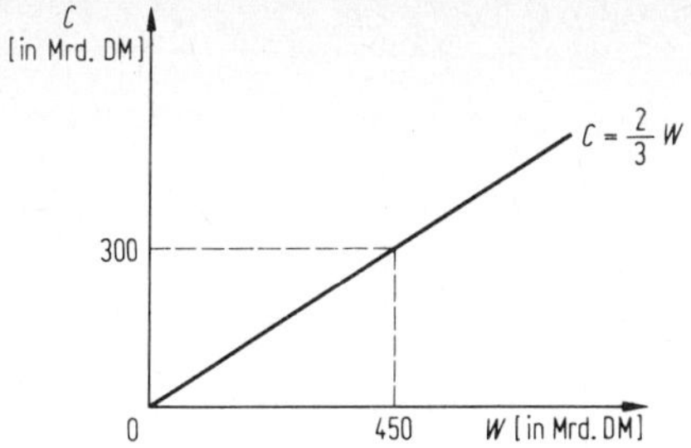

Figur 4

Der einzige Unterschied zur Figur 3 ist, daß nun W anstelle von Y auf der Abszisse abgetragen wurde.

Die Gleichung $C=\frac{2}{3}Y$, bzw. $C=\frac{2}{3}W$ muß gut von den Definitionsgleichungen, die im vorhergehenden Kapitel besprochen wurden, unterschieden werden. Die Definitionsgleichungen allein haben keinen Aussagewert; sie drücken nur Identitäten aus. Aus einer Gleichheit des Typus $Y=C+S$ kann nicht ohne weiteres die Höhe des Volkseinkommens abgeleitet werden. Es wird bloß angegeben, daß, welches Volkseinkommen Y sich auch einstellen mag, dieses stets gleich der Summe aus Konsum und Sparen ist. Die Gleichung für die Konsumfunktion hingegen drückt ein bestimmtes Verhalten aller Konsumenten zusammen aus. Sie verhalten sich derart, daß sie stets $\frac{2}{3}$ des Volkseinkommens konsumieren. Man spricht deshalb von einer Verhaltensgleichung. Die Verhaltensgleichungen sind die eigentlichen Bausteine einer Theorie.

Nun bedeutet es aber nicht, daß das Verhalten aller Konsumenten genau durch eine solche glatte Linie, wie sie in Figur 4 gezeichnet wurde, beschrieben würde. Das menschliche Verhalten äußert sich meist in eigenwilligerer Weise. Aber auch wenn die Dinge eigentlich komplizierter sind, bleibt der Grundgedanke derselbe: Es besteht ein Kausalzusammenhang zwischen den gesamten Ausgaben zu Konsumzwecken und der Höhe des Volkseinkommens. Auch wenn wir beachten, daß der Zusammenhang in Wirklichkeit komplizierter sein kann, spricht dies nicht gegen unser Vorgehen, die makroökonomische Konsumfunktion der Einfachheit halber als Gerade durch den Ursprung darzustellen.

Etwas allgemeiner wird die Konsumfunktion, wenn man auch autonomen Konsum unterstellt, d.h. eine Nachfrage nach Konsumgütern, die unabhängig vom Volkseinkommen Y ist. Gesetzt den Fall, daß $C=\frac{2}{3}Y+50$, so daß der autonome Konsum 50 Mrd. beträgt. Diese Konsumfunktion wurde in Figur 5 gezeichnet. Die marginale und durchschnittliche Konsumquote sind nun nicht mehr gleich groß. Die durchschnittliche Konsumquote ist:

$$c=\frac{C}{Y}=\frac{\frac{2}{3}Y+50}{Y}=\frac{2}{3}+\frac{50}{Y}.$$

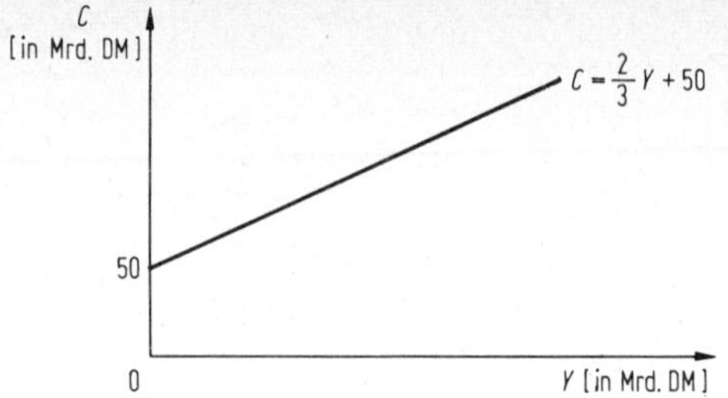

Figur 5

Sie ist nicht mehr für jedes Volkseinkommen Y gleich. Die marginale Konsumquote ist aber wieder $\frac{2}{3}$ und demzufolge konstant.

Résumé

Die makroökonomische Konsumfunktion ist eine Verhaltensgleichung, die uns angibt, von welcher Determinante der gesamte Konsum in einer Volkswirtschaft abhängt. Weil Volkseinkommen Y und Nettosozialprodukt W identisch sind, kann man C sowohl als Funktion von Y als auch von W auffassen.

3. Die Nettoinvestitionen

Die Haushalte üben eine Nachfrage nach Konsumgütern aus, die Unternehmungen fragen Investitionsgüter nach und häufen bestimmte Vorräte an. Über C verfügen die Konsumenten, über I jedoch die Unternehmer. Der Einfachheit halber werden wir nun annehmen, daß die Unternehmungen beschlossen haben, einen Betrag von 200 Mrd. DM zu investieren, ganz unabhängig von der Höhe des Volkseinkommens. Unabhängig von der Höhe des Bruttosozialprodukts wünschen die Unternehmer also den Kapitalstock bis zum Ende der Periode um 200 Mrd. DM wachsen zu lassen. Mit anderen Worten, sie planen einen Betrag von 200 Mrd. DM netto zu investieren. Ob dieser Plan realisiert wird, müssen wir noch abwarten. Anders formuliert, ob die Investitionen später ebenfalls – ex post – 200 Mrd. DM betragen werden, ist noch eine offene Frage. Den Plänen der Unternehmer zufolge, d.h. ex ante sind die Investitionen 200 Mrd. DM, doch muß dieser Betrag gut unterschieden werden von den in einer bestimmten Periode faktisch realisierten ex post-Investitionen.

Die Unternehmer planen 200 Mrd. zu investieren, unabhängig davon, ob das Nettosozialprodukt W nun groß oder klein, 1000 oder 2000 ist. Wenn die ex ante-Investitionen unabhängig von der Höhe des Sozialprodukts sind, nennen wir sie autonom. Im anderen Fall, wenn sie in irgendeinem Kausalzusammenhang zum Sozialprodukt stehen, spricht man von induzierten Investitionen. Sie werden dann induziert – hervorgerufen – durch Veränderungen des Volkseinkommens. Wir beschränken uns auf den Fall der autonomen Investitionen. Wiederum liegt eine Verhaltensgleichung vor, nämlich $I = 200$, weil das Verhalten der Unternehmer beschrieben wird. Das Verhalten läßt sich auch graphisch ausdrücken, wie es in Figur 6 getan wurde. Die Investitionsfunktion ist eine Gerade parallel zur Abszisse, weil I in bezug auf das Nettosozialprodukt W stets konstant, nämlich 200 Mrd. ist.

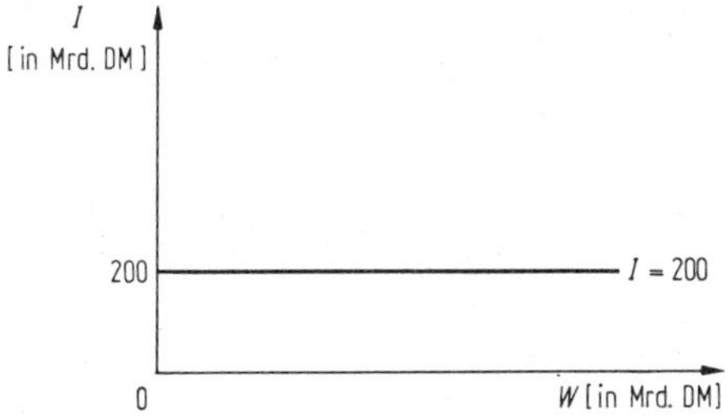

Figur 6

Wir weisen noch darauf hin, daß die Investitionen der Einfachheit halber als autonom unterstellt wurden. Geht man über zu etwas komplizierterer Analyse, dann kann man z. B. annehmen, daß die Investitionen von der Konsumsteigerung oder der Zunahme des Volkseinkommens abhängen. Eine Verfolgung dieses Gedankens führt zur Formulierung des Akzelerationsprinzips, auf das wir in Teil II, Kapitel III, Paragraph 3 eingehen werden.

Résumé

Die Investitionsfunktion ist eine Verhaltensgleichung, die die Investitionsplanung der Unternehmungen beschreibt. Angenommen wird, daß die Investitionen autonom sind.

4. Die effektive Gesamtnachfrage nach Gütern

Die Nachfrage der Haushalte nach Konsumgütern, vermehrt um die ex ante-Investitionsnachfrage der Unternehmungen, wird totale effektive Nachfrage genannt. Diese effektive Nachfrage N ist also die Summe von C und I-ex ante. Es existiert die Identität $N = C + I_{\text{ex ante}}$. Die totale effektive Nachfrage lastet die Produktionskapazität einer Volkswirtschaft mehr oder weniger aus. Wir können die effektive Nachfrage bei alternativer Größe des Sozialprodukts W errechnen. Wenn W z. B. gleich 120 Mrd. ist, beträgt $C (= \frac{2}{3} W) = 80$ Mrd. und die ex ante-Investitionen belaufen sich auf 200 Mrd., weil diese unabhängig von W sind. Die effektive Nachfrage N ist also $80+200=280$ Mrd., bei einem Sozialprodukt von 120 Mrd. DM. Die effektive Nachfrage N ist dann größer als W. In diesem Fall fragen Unternehmer und Konsumenten mehr nach als produziert wird. Es ist klar, daß nicht alle Pläne realisiert werden können. Die Konsumenten kommen noch zum Zuge, wenn sie genau das konsumieren was sie geplant haben, nämlich $\frac{2}{3}W=80$ Mrd., aber die Unternehmer können höchstens 40 Mrd. investieren. Deren Ziel war, 200 Mrd. für Investitionen einzusetzen, so daß sie nun 160 Mrd. weniger investieren, als es ihr Plan vorsah. Es besteht eine Differenz zwischen den ex post-Investitionen (40 Mrd.) und den ex ante-Investitionen.

Die Unternehmer verwirklichen ihre geplanten Investitionen nicht. Wir sagen, daß $W=120$ Mrd. kein Gleichgewichtswert für das Sozialprodukt ist. Der Begriff Gleichgewicht, der hier verwendet wird, stammt aus der Physik. In folgendem Schaubild ist eine Hohlrinne gezeichnet worden, in der sich eine kleine Kugel befindet. Wir sagen, daß das Kügelchen im Punkt P im Gleichgewicht ist; es ruht also. Es wirken keine Kräfte, die es auf einen anderen Platz drängen. Im Punkt Q herrscht kein Gleichgewicht; durch die in diesem Punkt angreifenden Kräfte wird das Kügelchen nach unten getrieben. Genau wie in der Physik suchen wir in der Volkswirtschaftslehre nach Gleichgewichtswerten zu erklärender Größen.

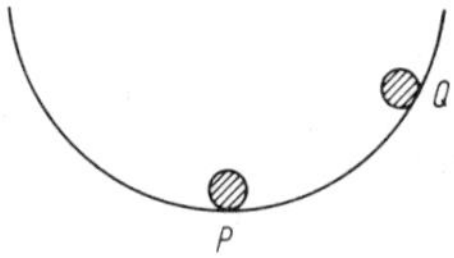

Um dem Gleichgewichtswert von W auf die Spur zu kommen, berechnen wir die effektive Nachfrage für einige andere Werte von W. In der untenstehenden Tabelle wurde die Berechnung durchgeführt.
Für die Werte 240, 360 und 480 von W liegt eine ähnliche Situation vor wie für $W=120$. Stets übertrifft die effektive Nachfrage den Wert der volkswirtschaftlichen Produktion. Alle diese Fälle sind Zustände, die nicht reali-

Berechnung der effektiven Nachfrage N

W	$C=\frac{2}{3}W$	$I_{\text{ex ante}}=200$	N	$I_{\text{ex post}}$
120	80	200	280	40
240	160	200	360	80
360	240	200	440	120
480	320	200	520	160
600	400	200	600	200
720	480	200	680	240

siert werden können. Da die ex post-Investitionen dann 80, 120 und 160 Mrd. sein werden, investieren die Unternehmer 120, 80 und 40 Mrd. weniger als nach ihren Plänen. Auch in diesen Fällen gibt es deshalb kein Gleichgewicht, wenn die Unternehmer trotzdem danach trachten würden, ihre Pläne in die Wirklichkeit umzusetzen. Ein Gleichgewicht existiert, wenn ein Produktionswert von 600 Mrd. von der Volkswirtschaft erzeugt wird. Dann lassen sich die Zielsetzungen von Konsumenten und Unternehmern genau erfüllen. Wenn $W=600$ Mrd., beträgt $C=400$ Mrd. und I ist also 200 Mrd. Die effektive Nachfrage N ist dann gleich 600 Mrd., also gleich dem Sozialprodukt W. Anders ausgedrückt, die ex post-Investitionen sind gleich den ex ante-Investitionen. Der Plan 200 Mrd. DM zu investieren, wird realisiert. Wenn die makroökonomische ex post-Identität $I=S$ herangezogen wird (siehe Kapitel II, Paragraph 12), kann man anstelle von $I_{\text{ex ante}} = I_{\text{expost}}$ auch setzen $I_{\text{ex ante}}=S$. Den von den Unternehmern gewünschten Investitionen schließt sich das Sparen der Konsumenten an. Bei einem Wert von $W=600$ Mrd. sind die Wünsche von Produzenten und Konsumenten miteinander vereinbar.

In der Tabelle ist auch noch die effektive Nachfrage berechnet, bei der das Sozialprodukt 720 Mrd. betragen würde. Die effektive Nachfrage ist dann mit 680 Mrd. notiert; die Produktion ist also größer. Die effektive Nachfrage reicht nicht aus, um die Produktion aufzunehmen. Die expost-Investitionen (240 Mrd.) würden dann die exante-Investitionen übertreffen. Auch in diesem Fall gibt es also kein Gleichgewicht.

Wir sehen, daß die Höhe des Sozialprodukts bestimmt wird durch die effektive Nachfrage nach Konsum- und Investitionsgütern. Unser Zahlenbeispiel zeigt, daß die Absichten der Unternehmer und Konsumenten nur zum Ausgleich kommen, wenn $W=N=C+I=600$. Gleichgewicht liegt vor, wenn die totale effektive Nachfrage gleich dem Sozialprodukt ist. Wie die Gleichgewichtsproduktion sich einstellt, kann auch graphisch gezeigt werden. Zu diesem Zweck haben wir Figur 7 entworfen, in der auf der Abszisse W und auf der Ordinate C, $C+I_{\text{ex ante}}$ respektive $C+I_{\text{ex post}}$ aufgetragen wurden. Die Einheit (Mrd. DM) ist auf beiden Achsen die selbe.

In der Figur ist als erstes die Gleichgewichtsbedingung $W=C+I$ graphisch dargestellt worden. An das Gleichgewicht wird die Bedingung geknüpft, daß die Summe der Ausgaben gleich dem Wert der Produktion ist. Die Bedingung $W=C+I$ sagt deshalb auch nichts aus über die Größe von W. Der Gleichgewichtspunkt muß immer ein Punkt dieser Geraden sein. Welcher Punkt dies sein wird, ist noch zu bestimmen. Die Konsumfunktion $C=\frac{2}{3}W$ ist im Schaubild ebenfalls eine Gerade durch den Ursprung, wie wir bereits früher gesehen hatten. Die totale effektive Nachfrage erhalten wir, indem wir zum Konsum C immer I_{exante} addieren. Für die effektive Nachfrage erhalten wir also die Gleichung $N=\frac{2}{3}W+200$. Da N auf der Ordinate und W auf der Abszisse gemessen wird, ist das Bild dieser Gleichung eine Gerade mit einem Ordinatenabschnitt von + 200. Wir erhalten diese Gerade durch Parallelverschiebung der Konsumfunktion bis zum positiven Ordinatenschnittpunkt (200 Mrd.).

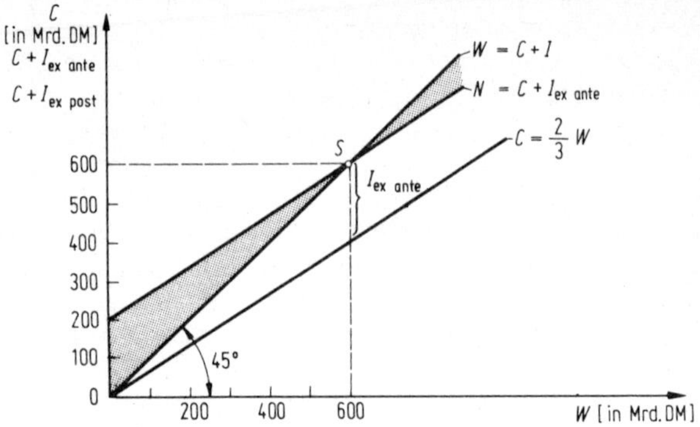

Figur 7

Nun wissen wir bereits, daß im Gleichgewicht die effektive Nachfrage gleich dem Sozialprodukt ist: $N=W$. In unserem Schaubild ist dies der Fall im Schnittpunkt S; die Koordinaten von S sind $W=600$ Mrd. und $N=600$ Mrd. Oben im Schaubild ersehen wir die Zusammensetzung des Gleichgewichtswertes des Sozialprodukts W: $C=400$ Mrd. und $I=200$ Mrd. Wenn W gleich 600 Mrd. ist, sind die ex post-Investitionen genau gleich den ex ante-Investitionen, die sich auf 200 Mrd. belaufen. In der Figur ist die Differenz zwischen den gewünschten und faktisch realisierbaren Investitionen schraffiert, die sich für alternative Werte von W realisieren ließen. Im Gleichgewicht ist diese Differenz gleich Null.

Diejenige Situation, in der das Volkseinkommen so hoch ist, daß die Träger der effektiven Nachfrage ihre Wünsche realisieren können, nennen wir Einkommensgleichgewicht.

Résumé

Die Höhe des Sozialprodukts und damit des Volkseinkommens wird determiniert durch die effektive Nachfrage. Im Gleichgewicht sind die ex post-Investitionen gleich den ex ante-Investitionen.

5. Änderungen der Konsum- und Investitionsneigung

Der vorausgegangene Paragraph kann kurz zusammengefaßt werden. Es handelte sich immer um die folgenden drei Gleichungen:

(1) $$W=C+I,$$
(2) $$C=\tfrac{2}{3}W,$$
(3) $$I=200.$$

Die erste Gleichung ist eine Gleichgewichtsbedingung, die zweite beschreibt das Konsumentenverhalten, die dritte das Investitionsgebaren der Unternehmer. Diese drei Gleichungen beschreiben zusammen auf höchst einfache Weise das wirtschaftliche Geschehen. Man sagt auch, daß wir ein Modell der Wirklichkeit konstruiert haben. Unser Modell ist noch recht einfach; wir müssen es im nachfolgenden verfeinern.

Das oben skizzierte Modell besteht aus drei Gleichungen mit drei Unbekannten, nämlich C, I und W. Im allgemeinen hat ein derartiges System eine Lösung. Die rechnerische Auflösung liefert den Gleichgewichtswert für W mit den zugehörigen Werten für C und I. Die Lösung finden wir auf dem Wege der Ersetzung, indem wir (2) und (3) in (1) einsetzen. Es ergibt sich dann die Gleichung:

(4) $$W=\tfrac{2}{3}\,W+200.$$

Es folgt demnach: $W=600$.

Auch auf diesem Wege kommen wir also zum Schluß, daß der Gleichgewichtswert des Sozialprodukts gleich 600 Mrd. ist. Dann gilt ex post die Identität $\bar{W}=\bar{C}+\bar{I}$, nämlich $600=200+400$, die gut unterschieden werden muß von der Gleichgewichtsbedingung $W=C+I$.

Wir wollen nun eine kleine Änderung im Modell vornehmen und untersuchen, ob in der Folge ein anderes Gleichgewicht entstehen wird. Anstelle von $C=\frac{2}{3}\,Y$ respektive $C=\frac{2}{3}\,W$ nehmen wir an, daß $C=\frac{1}{2}\,Y$ bzw. $C=\frac{1}{2}\,W$. Mit anderen Worten, es wird angenommen, daß die marginale Konsumquote, die in diesem Fall gleich der durchschnittlichen Konsumquote ist, von $\frac{2}{3}$ auf $\frac{1}{2}$ gefallen ist. Die Konsumneigung hat also abgenommen, oder – anders formuliert – die Sparneigung der Konsumenten hat zugenommen.

Unterstellen wir weiter, daß die autonomen Investitionen 150 Mrd. betragen, mit anderen Worten, die Unternehmer wollen 50 Mrd. weniger investieren als im vorigen Beispiel. Beide Änderungen des Modells laufen also darauf hinaus, daß die effektive Nachfrage, verglichen mit dem vorhergehenden, abgenommen hat. Das Modell lautet nun wie folgt:

(1) $$W=C+I,$$
(2) $$C=\tfrac{1}{2}\,W,$$
(3) $$I=150.$$

Setzen wir (2) und (3) wieder in (1) ein, dann folgt die Beziehung:

(4) $$W=\tfrac{1}{2}\,W+150.$$

Der Gleichgewichtswert für W scheint nun also 300 Mrd. zu sein. Das Volkseinkommen und das Sozialprodukt sind durch die Wirkung der gesunkenen effektiven Nachfrage auf die Hälfte gefallen. Wenn von den Wirtschaftssubjekten eine geringere Nachfrage ausgeht, gehen gesamtwirtschaftliche Produktion und Volkseinkommen zurück.

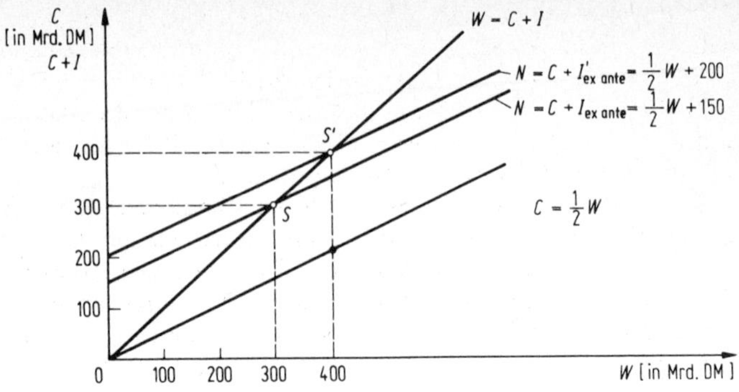

Figur 8

In Figur 8 ist das neue Gleichgewicht konstruiert worden. Ebenfalls zeigen wir im Schaubild, wie sich W verändert, wenn eine weitere Verschiebung der Investitionsfunktion eintritt. Man kann hieraus ableiten, daß eine Zunahme der Investitionen um 50 Mrd. das Volkseinkommen um 100 Mrd. ansteigen läßt.

Der Gleichgewichtswert des Volkseinkommens läßt sich außerdem noch ermitteln, wenn als Gleichgewichtsbedingung die Investitionen und das Sparen einander gleichgesetzt werden. Setzen wir die Konsumfunktion mit $C = \frac{2}{3} Y$ an, dann kann die Sparfunktion aus der Definitionsgleichung $S = Y - C$ ermittelt werden.

Man sieht leicht, daß für die Sparfunktion gilt: $S = \frac{1}{3} Y$. Weiter nehmen wir an, daß die autonomen Investitionen den Wert 200 erreichen. Ein Gleichgewicht existiert somit, wenn das Sparen der Haushalte ex ante gleich den Investitionen der Produzenten ist. Das makroökonomische Modell lautet jetzt:

(1) $$S = \frac{1}{3} Y$$

(2) $$I = 200$$

(3) $$S = I.$$

Man sieht unmittelbar, daß: $\overline{Y} = 600$.

Résumé

Wenn die effektive Nachfrage der Haushalte und Unternehmungen nach Gütern abnimmt, fällt das Volkseinkommen. Wenn diese effektive Nachfrage wächst, steigt das Volkseinkommen.

6. Der Multiplikator

Im vorhergehenden Paragraphen haben wir gesehen, daß eine Zunahme der Investitionen zu einer größeren Zunahme des Gleichgewichtswertes des Volkseinkommens geführt hat. Dieser Zusammenhang läßt sich offenlegen, wenn man das Modell in allgemeiner Form anschreibt. Es besteht noch immer aus den folgenden drei Gleichungen:

(1) $Y = C + I$

(2) $C = c \cdot Y + C_0 \qquad o < c < 1,\ C_0 > o$

(3) $I = I_0 \qquad I_0 > o.$

Anstelle von W, dem Sozialprodukt, haben wir nun Y, das Symbol für das Volkseinkommen, verwendet. Die Gleichung (1) hat zum Inhalt, daß die Summe der Ausgaben im Gleichgewicht genau so groß ist wie das Volkseinkommen. Sie ist die Gleichgewichtsbedingung des Modells. Die zweite Gleichung bringt das Konsumentenverhalten zum Ausdruck. Es wird angenommen, daß der Konsum vom Volkseinkommen linear abhängig ist. Für die marginale Konsumquote setzen wir keine Zahl ein, sondern den Buchstaben c, so daß das Modell jetzt allgemeiner geworden ist. Die dritte Gleichung schließlich besagt, daß angenommen wird, die Investitionen seien wiederum autonom. Die Unternehmer investieren einen Betrag I_0 unabhängig von der Höhe des Volkseinkommens. In diesem Modell sind also c, C_0 und I_0 gegebene Größen, wohingegen die Variablen Y, C und I erklärt werden müssen. Man nennt die Größen c, C_0 und I_0 auch die exogenen Variablen des Modells und die Größen C, I und Y die endogenen Variablen. Die erste Gruppe der Variablen sind die erklärenden, die zweite die erklärten Größen. Auf diesen Unterschied kommen wir noch in Teil II, Kapitel II ausführlich zurück.

Wir werden das Modell nun nach Y auflösen, d. h. den Gleichgewichtswert $\bar{Y}$ des Volkseinkommens bestimmen.
Wir erhalten:

(4) $$Y = c \cdot Y + C_0 + I_0.$$

Für den Gleichgewichtswert Y ergibt sich deshalb:

(5) $$\bar{Y} = \frac{C_0 + I_0}{1 - c}.$$

Setzen wir die Werte des Beispiels im vorhergehenden Paragraphen ein, nämlich $C_0 = 0$, $I_0 = 200$ und $c = \frac{2}{3}$, dann erhalten wir für $\bar{Y} = 600$. Würden wir $c = \frac{1}{2}$, $I_0 = 150$ und $C_0 = 0$ einsetzen, dann bekämen wir $\bar{Y} = 300$. Wir stellen fest, daß im allgemeinen der Gleichgewichtswert $\bar{Y}$ gleich dem $\frac{1}{1-c}$-fachen der Summe aus autonomem Konsum und autonomen Investitionen ist. Den Faktor $k = \frac{1}{1-c}$, mit dem man die autonomen Ausgaben multiplizieren muß, um das gleichgewichtige Volkseinkommen zu erhalten, nennt man Multiplikator, weil k stets größer als 1 ist. Wenn $c=\frac{1}{2}$, ist der Multiplikator $k=2$, wenn $c=\frac{2}{3}$, beträgt der Multiplikator 3. Der Multiplikator ist also in dem Maße größer, in dem die Ausgabeneigung höher ist.

Aus der Multiplikatoranalyse können wir folglich den Schluß ziehen, daß eine Zunahme beispielsweise der autonomen Investitionen zu einer Zunahme des Gleichgewichtswertes des Volkseinkommens führt, die ein Vielfaches der Zunahme der autonomen Investition I_0 ist. Vergrößert sich z.B. I_0 um den Betrag von 50 Mrd. DM, und beläuft sich die marginale Konsumquote auf $c=\frac{1}{2}$, dann nimmt Y zu um $\frac{1}{1-\frac{1}{2}}\,50=100$ Mrd. DM. Der Multiplikator ist 2.

Résumé

Die Steigerung des Gleichgewichtseinkommens ist ein Vielfaches der Zunahme der autonomen Ausgaben.

7. Die Beschäftigungssituation

Aus der vorausgegangenen Darstellung ist ersichtlich, daß die Höhe des Nettosozialprodukts von der effektiven Nachfrage abhängt. Wenn die Haushalte insgesamt aus ihren Einkommen mehr sparen wollen, d.h. wenn ihre Sparneigung zunimmt, fällt der Konsum C und damit die effektive Nachfrage, so daß auch die Produktion zurückgeht, weil die Unternehmer diese der effektiven Nachfrage anpassen. Dies bedeutet, daß Arbeiter, die noch vor kurzem im Produktionsprozeß beschäftigt waren, entlassen werden und daß Maschinen stillgelegt werden. Ein Zustand, in dem große Arbeitslosigkeit herrscht und die Maschinen nicht laufen, wird Depression genannt. Eine Depression kann aus mangelnder effektiver Nachfrage erklärt werden.

Gesetzt den Fall, aus dem einen oder anderen Grund werde die effektive Nachfrage stimuliert. Wird die Produktion dann unbegrenzt steigen können? Dies ist tatsächlich nicht der Fall, weil die den Unternehmern zur Verfügung stehende Arbeitsbevölkerung als Engpaß fungiert. Die Größe W des Nettosozialprodukts kann als Produkt des Preisniveaus P und der physischen Produktion X an erzeugten Gütern aufgefaßt werden. Die Anzahl der Güter X kann nicht mehr steigen, wenn Vollbeschäftigung erreicht ist. Die effektive Nachfrage kann X aber allein anheben, wenn wir uns in einer Phase befinden, in der X noch zunehmen kann, nämlich wenn noch Arbeitslosigkeit besteht. Wenn noch keine Vollbeschäftigung herrscht, steigert eine Zunahme der effektiven Nachfrage die Produktionsmenge X und damit den Wert der Produktion W. Hierbei kann angenommen werden, daß das Preisniveau P konstant bleibt. Das Preisniveau P ist ein gewogenes Mittel der Güterpreise. Es besteht keine Veranlassung anzunehmen, daß die Güter sich verteuern werden, wenn sich das Güterangebot mühelos der Nachfrage anpassen kann.

Diese Situation ändert sich, wenn alle Arbeiter beschäftigt sind. Dann führt eine Vergrößerung der effektiven Nachfrage zu Engpässen, weil die Betriebe nicht noch mehr produzieren können. Sie sind an der Grenze ihrer Produktionskapazität angelangt. In dieser Situation kann X nicht mehr steigen, ungeachtet der Bemühungen der Unternehmer, durch Verbesserung der Arbeitsbedingungen und Organisieren von Überstunden die Produktion zu steigern. Die zunehmende Güterknappheit kommt dann in Preissteigerungen zum Ausdruck. Wenn die Vollbeschäftigungsgrenze überschritten ist, führt eine Zunahme der effektiven Nachfrage ausschließlich zu einem höheren Preisniveau, es sei denn, die Arbeitsproduktivität würde in demselben Maße zunehmen wie die effektive Nachfrage. Vorläufig gehen wir aber von einer gegebenen Produktionskapazität aus. Erst in Kapitel XIII lassen wir diese einschränkende Annahme fallen.

Résumé

Das Sozialprodukt W ist gleich dem Produkt aus Preisniveau P und der Zahl der erzeugten Güter X, also P·X. Die Produktionskapazität bestimmt, wieviel produziert werden kann; die effektive Nachfrage determiniert den Grad, zu dem die Möglichkeiten zur Produktion genutzt werden. Wenn noch keine Vollbeschäftigung herrscht, führt eine Zunahme der effektiven Nachfrage zu einer realen Zunahme des Volkseinkommens: X steigt. Sobald die Vollbeschäftigung erreicht ist, führt eine zunehmende effektive Nachfrage zu einer nominalen Erhöhung des Volkseinkommens Y: P steigt.

8. Das allgemeine Preisniveau

Die Berechnung des Preisniveaus ist eine statistische Frage, zu der viel Spezialwissen nötig ist. Eine Änderung des Preisniveaus wird mit Hilfe von Indexzahlen zum Ausdruck gebracht. Indexzahlen sind Verhältniszahlen, von denen eine, die als Basis dient, willkürlich gleich 100 (%) gesetzt wird.

Nehmen wir der Bequemlichkeit halber an, daß allein ein einziges Konsumgut und ein Kapitalgut hergestellt werde. Als Konsumgut wählen wir Weißbrot und als Kapitalgut Teigmaschinen. In der Ausgangssituation – der Basisperiode – soll der Preis für ein Brötchen 20 Pfennig betragen und der Preis einer Teigmaschine 100000,— DM. Angenommen, in einer Betrachtungsperiode sei der Brötchenpreis auf 25 Pfennig angestiegen, und die Teigmaschine koste nun 150000,— DM. Wir interessieren uns für die durchschnittliche Preissteigerung. Dazu berechnen wir zuerst sogenannte partielle Preisindexzahlen für die einzelnen Güter. In der Ausgangssituation wurden die Preise auf 100 gesetzt und wir gehen der Frage nach, wie die Preise in der Betrachtungsperiode in bezug auf die Basisperiode sind. Die partiellen Indizes sind also 100–125 und 100–150. Man ist nun geneigt, als Preisniveau für die Betrachtungsperiode den Wert $\frac{120+150}{2} = 137{,}5$ anzugeben. Dies ist aber nicht richtig, weil auf diese Weise der relativen Bedeutung, die Brötchen und Teigmaschinen in der Volkswirtschaft genießen, nicht Rechnung getragen wird. So ist es denkbar, daß in der Basisperiode nur zwei Teigmaschinen hergestellt worden sind, wohingegen 3 Millionen Brötchen gebacken wurden. Dies bedeutet, daß der Umsatz in Teigmaschinen 200000,— DM ausgemacht hat und der in Brötchen 600000,— DM. Mit anderen Worten, der Preissteigerung bei Brötchen muß ein größeres Gewicht zuerkannt werden als der Preiserhöhung für Teigmaschinen. Wir sagen, die partiellen Preisindizes müssen mit den Umsätzen der Basisperiode gewogen werden. Das Ergebnis dieser Prozedur ist dann ein zusammengesetzter, gewogener Preisindex, der wie folgt berechnet wird:

$$\frac{600000 \cdot 125 + 200000 \cdot 150}{600000 + 200000} = 131{,}25.$$

Das Preisniveau ist also um 31% gestiegen, weil der Index des allgemeinen Preisniveaus in bezug auf die Basisperiode um 31,25 Punkte zugenommen hat. Die Berechnung von Preisindizes ist eine der wichtigen Aufgaben des Statistischen Bundesamtes in Wiesbaden. Es publiziert z. B. den als Indikator für die Kosten der Lebenshaltung außerordentlich bedeutsamen Index für Lebenshaltung. Der Preisindex für Lebenshaltung ist ein gewogenes Mittel der partiellen Preisindizes der Konsumgüter, die vom statistischen Normalhaushalt (4-Personen-Haushalt) gekauft werden. Die partiellen Preisindizes werden mit den Ausgaben der Normfamilie für bestimmte Güter eines genau definierten Warenkorbes gewogen. Die Ausgaben als Gewichte bestimmen somit analog zu unserem obigen Beispiel die relative Bedeutung einer Preisänderung. Es nehme z. B. der partielle Preisindex für Kleidung um 200 Punkte zu. Spielt eine derartige Preissteigerung eine wichtige Rolle für den allgemeinen Preisindex für Lebenshaltung? Das hängt offenbar davon ab, ob die Haushalte große Ausgaben für Kleidung bestreiten müssen. In einem tropischen Lande dürfte eine derartige Preissteigerung die Konsumenten buchstäblich kalt lassen, da sie vermutlich wenig Wert auf Kleidung legen. In einem Land am Polarkeis, in dem jeder Einwohner zu großen Ausgaben für Kleidung gezwungen ist, dürfte die Preiserhöhung jedoch eine wichtige Rolle spielen.

Résumé

Das allgemeine Preisniveau ist ein gewogenes Mittel aller Güterpreise, das auf statistischem Wege mit Hilfe von Indexziffern angedeutet werden kann. Die Gewichte bringen die relative Bedeutung der gewogenen Größe zum Ausdruck. Der Preisindex für Lebenshaltung wird monatlich vom Statistischen Bundesamt publiziert.

9. Keynes

Ein Zustand großer Arbeitslosigkeit hatte sich vor dem Zweiten Weltkrieg in den dreißiger Jahren fast über die ganze Welt ausgebreitet. Gerade in jener Zeit ist die Theorie entstanden, von der hier die Kerngedanken angedeutet werden sollen. Sie wurde von dem großen englischen Nationalökonomen John Maynard Keynes (1883–1946) entwickelt. Im Jahre 1936 erschien Keynes' Buch „The General Theory of Employment, Interest and Money", in dem er betonte, daß die Depression, in der sich die Welt befunden hatte, aus einer unzureichenden Nachfrage erklärt werden müßte. Nach seiner Ansicht ist die Konsumfunktion ziemlich stabil, weil sich die Konsumgewohnheiten nur langsam veränderten und schwer zu beeinflussen seien. Die Unternehmer hätten in einer Depression überhaupt kein Interesse an Investitionen. Investieren bedeutet, daß nach einiger Zeit eine größere Menge Konsumgüter auf dem Markt angeboten wird, als wenn die Investition unterbleibt. Wenn keine lebhafte Nachfrage nach Konsumgütern vorliegt, besteht die Gefahr, daß die Investition unrentabel ist, weil der Unternehmer auf unverkäuflichen Lagern von Endprodukten sitzen bleibt. Ein derartiges Verhalten ist sowohl unvereinbar mit der Zielsetzung der Unternehmer nach angemessenem Gewinn, als auch mit ihrem Wunsch, dauernd auf dem Markt zu bleiben. Wenn der Absatz stagniert, kann nicht erwartet werden, daß die Unternehmer durch Investitionen ihre Produktionskapazität vergrößern. Es liegt vielmehr auf der Hand, daß beide Komponenten der effektiven Nachfrage – Konsum und Investition – Hand in Hand steigen sollten. Keynes zufolge kann die Volkswirtschaft dann auch allein wieder mit Hilfe staatlicher Stimulation der effektiven Nachfrage in Gang gebracht werden. Zu diesem Zweck sollte der Staat z.B. ein Programm öffentlicher Baumaßnahmen ausführen. Straßenbau, Brückenbauten und Schulneubauten können in dieser Situation ein zieladäquates Mittel sein, das Wirtschaftsleben wieder anzukurbeln. Beim Stimulationsprozeß spielt der im Paragraphen 6 besprochene Multiplikatoreffekt eine wichtige Rolle. Er wird dann als Staatsausgabenmultiplikator bezeichnet. Eine Zunahme der Staatsausgaben um 1 Mrd. DM führt auf diese Weise zu einem Vielfachen der Zunahme des Volkseinkommens. Im Kapitel XIV wird dies noch näher illustriert.

Obwohl wir gegenwärtig überwiegend mit Überbeschäftigungssituationen konfrontiert werden und kaum mit Arbeitslosigkeit, ist diese Theorie doch von großem Wert für die Erklärung dieser aktuellen Tatbestände. Die effektive Nachfrage spielt auch in diesen Fällen eine wichtige Rolle für die Interpretation der Phänomene.

Résumé

Die große Wirtschaftskrise der dreißiger Jahre war für einen der größten Nationalökonomen unserer Zeit Anlaß, gründlich über die determinierenden Faktoren des Volkseinkommens, des Sozialprodukts und der Beschäftigung nachzudenken. KEYNES' *Schlußfolgerung, es drehe sich alles um die effektive Nachfrage, ist sowohl wesentlich für die Erklärung einer Depression und damit verbundener Arbeitslosigkeit als auch für das Verständnis einer Überbeschäftigungssituation.*

10. Schlußbemerkungen

In diesem Kapitel wurde angedeutet, daß die Größe des Sozialprodukts – bei gegebener Produktionskapazität – durch die effektive Nachfrage bestimmt wird. Diese effektive Nachfrage setzt sich aus der Nachfrage der Konsumenten nach Konsumgütern und aus der Investitionsgüternachfrage der Unternehmer zusammen. Die volkswirtschaftliche Produktion ist allein im Gleichgewicht, wenn ein Sozialprodukt der Größe W entsteht, bei dem die realisierten Investitionen der Unternehmungen gleich den geplanten Investitionen sind. Ungeplante Lagerbestandsänderungen treten dann nicht auf. Aus dem in dieser Situation verdienten Gleichgewichtseinkommen sparen die Haushalte einen Betrag S, der genau gleich den Nettoinvestitionen der Betriebe ist. Vom Vollbeschäftigungsniveau aus führt eine zunehmende effektive Nachfrage zu einer Steigerung des allgemeinen Preisniveaus P.

Wenn sich die Konsumfunktion und/oder die Investitionsfunktion verschiebt, kommt ein anderes Gleichgewichtseinkommen zustande. Da bei jedem Produktionsniveau sich eine bestimmte Beschäftigungssituation einstellt, bedeutet ein Fallen der Produktion gleichzeitig Arbeitslosigkeit für viele Arbeitnehmer. Für KEYNES war dieses Faktum Anlaß zu analysieren, wovon Produktionsänderungen, Einkommen und Beschäftigung abhängen.

Fragen:

1. *Was versteht man unter der makroökonomischen Konsumfunktion?*
2. *Was versteht man unter marginaler respektive durchschnittlicher Konsumquote?*
3. *Was versteht man unter effektiver Nachfrage?*

4. *Was sind ex ante-Investitionen?*
5. *Was versteht man unter dem Begriff „Arbeitslosigkeit"? Was ist eine Depression?*
6. *Wann spricht man von Überbeschäftigung?*
7. *Wie berechnet man den Index für Lebenshaltung?*
8. *Wer war* KEYNES*?*

Aufgaben:

1. a) *Berechnen Sie das Gleichgewichtseinkommen, wenn die Konsumfunktion $C=\frac{3}{4}Y$ gegeben ist und die autonomen Investitionen 50 Mrd. betragen.*
   b) *Wieviel wird aus dem Gleichgewichtseinkommen gespart?*
   c) *Leiten Sie das Gleichgewicht auf graphischem Wege ab.*
   d) *Berechnen Sie den Multiplikator des Modells.*

2. *Gegeben ist die Konsumfunktion $C=\frac{3}{4}Y+200$. Wir nehmen also an, daß die Konsumenten auch noch konsumieren, wenn ihr Einkommen auf Null gesunken ist. Außerdem nehmen wir an, daß die autonomen Investitionen 100 Mrd. ausmachen.*
   a) *Entwerfen Sie eine Tabelle für die Einkommen $Y=150$, 300, 450, 600 und 900 in der ex ante-Konsum und ex ante-Investitionen einzutragen sind.*
   b) *Bei welchem Volkseinkommen Y stimmen die Pläne der Konsumenten mit denen der Unternehmer überein?*
   c) *Wieviel wird in diesem Fall gespart?*
   d) *Leiten Sie das Gleichgewicht graphisch ab.*
   e) *Berechnen Sie das Gleichgewichtseinkommen auch algebraisch.*
   f) *Leiten Sie aus der Konsumfunktion die Sparfunktion ab.*
   g) *Entwerfen Sie ein Schaubild, in dem das Gleichgewichtseinkommen mit Hilfe der Sparfunktion und der Investitionen bestimmt wird.*
   h) *Wie groß ist der Investitionsmultiplikator?*

3. *Die Konsumfunktion lautet: $C=\frac{3}{4}Y+1000$. Die Investitionen sollen autonom sein und sich auf 3 Mrd. DM belaufen.*
   a) *Bestimmen Sie den Gleichgewichtswert für das Volkseinkommen, indem Sie annehmen, daß dieses durch die effektive Gesamtnachfrage bestimmt wird.*
   b) *Nehmen wir an, daß die Arbeitsproduktivität konstant ist und 20000,— DM je Erwerbstätigen beträgt. Liegt dann Vollbeschäftigung vor, wenn 1 Million Erwerbstätige einen Arbeitsplatz finden sollen?*
   c) *Um welchen Betrag müssen die Investitionen verändert werden, damit das Ausgabengleichgewicht erreicht wird?*

IV. Das Geld

1. Die monetäre Seite des volkswirtschaftlichen Kreislaufs

In Kapitel II haben wir zwei Rechnungsarten kennengelernt, die insbesondere die reale Seite des volkswirtschaftlichen Kreislaufs zum Ausdruck brachten. Die Zahlen, die in die volkswirtschaftliche Gesamtrechnung eingehen, sind alle realisierte Größen. Die beiden Rechnungen zusammen sind gewissermaßen eine Nachkalkulation des Wirtschaftsprozesses, wie er sich im Verlaufe eines Jahres abspielt. Für sich allein vermitteln uns die beiden Rechnungsarten noch keinen Einblick in den Mechanismus der Volkswirtschaft. Deshalb ließen wir dem Kapitel II ein Kapitel III folgen, in dem auf die Frage eingegangen wurde, von welchen Größen nun das Sozialprodukt W abhängt. Auf diese Weise haben wir eine bessere Vorstellung über die Faktoren gewonnen, die Produktionsumfang, Beschäftigung und Volkseinkommen eines Landes determinieren. In diesem Zusammenhang ist uns klar geworden, welch wichtige Rolle die effektive Gesamtnachfrage nach Gütern spielt. Wieviel Güter produziert werden, hängt davon ab, in welchem Ausmaß die Wirtschaftssubjekte durch Nachfrage das Produktionspotential in Anspruch nehmen. Es besteht einmal die Möglichkeit, daß sie so wenig nachfragen, daß nicht alle Arbeitnehmer zur Erzeugung der nachgefragten Produktionsmenge gebraucht werden. In diesem Fall spricht man von unfreiwilliger Arbeitslosigkeit. Demgegenüber steht der Fall, in dem die Arbeitsbevölkerung nicht ausreicht, um die Güter, die nachgefragt werden, in befriedigender Menge erzeugen zu können. Die Folge dieses Zustandes sind Engpässe; die Wirtschaft läuft auf vollen Touren. In dieser Situation werden Preiserhöhungen vorgenommen; die Güter werden knapper. Eine Preissteigerung bedeutet, daß eine größere Menge Geld für dasselbe Gut ausgegeben werden muß als zu einem früheren Zeitpunkt.

Die Rolle, die das Geld spielt, ist bis jetzt in unserer Behandlung der Dinge unbeachtet geblieben. So wurde z.B. die Frage nicht erörtert, wie die Betriebe die Investitionen finanzieren. Wir haben im Paragraphen 3 des vorhergehenden Kapitels die Investitionen mit einem Betrag von 200 Mrd. DM angesetzt, ohne uns zu fragen, woher die Unternehmer das Geld bzw. die liquiden Mittel herholen, die für die Realisierung des Investitionsniveaus benötigt werden. Die monetäre Seite des Kreislaufprozesses verdient also ebenfalls beachtet zu werden. Die Unternehmungen können die Investitionen mit Geld finanzieren, das sie selbst in der Vergangenheit angehäuft haben. Wenn in den Unternehmungen keine flüssigen Mittel verfügbar sind, sind die Investitionen ebenfalls durchführbar unter der Voraussetzung, daß die Haushalte das benötigte Geld leihen. Die Haushalte geben den Unternehmungen Kredit, die auf diese Weise die Investitionen finanzieren können. Solange das Bankensystem aus unserer Betrachtung ausgeklammert bleibt, haben wir die beiden einzigen Wege angedeutet, auf denen die Unternehmungen ihre Investitionen finanzieren können.

Wenn die Unternehmungen nicht über genügend Liquidität verfügen und die Haushalte keine Kredite leihen wollen, können die Betriebe ihre Investitionspläne nicht realisieren. Die effektive Nachfrage kann dann nicht ausgedehnt werden, weil die entsprechende Liquidität fehlt.

Ob die Haushalte auf ihre Liquidität verzichten wollen, hängt – wie wir noch in Kapitel XI sehen werden – u. a. vom Zinsniveau ab. Wir gehen jedoch zuerst etwas näher auf das Wesen des Geldes ein, um später der Frage nachgehen zu können, inwieweit monetäre Faktoren Steigen und Sinken der effektiven Nachfrage tatsächlich beeinflussen.

Résumé

Die Vorgänge in der realen Sphäre des Wirtschaftsprozesses haben alle ein Gegenstück auf der monetären Seite. Wenn man das Augenmerk auf die Geldsphäre richtet, kann einmal angegeben werden, wie die Wirtschaftssubjekte ihre Transaktionen finanziert haben, zum anderen liegt hier der Ausgangspunkt für eine Auseinandersetzung mit der Rolle, die der monetäre Faktor bei der Entstehung des Volkseinkommens spielt.

2. Wesen und Funktionen des Geldes

Geld dient dazu, den Tausch zu erleichtern. Im Laufe der Entwicklung der Tauschwirtschaft kam das Bedürfnis nach einem Objekt auf, das allgemeine Anerkennung als Tauschmittel findet. Die Schwierigkeiten, die entstehen, wenn man mit Konsumgütern entlohnen will, die in dem Betrieb hergestellt werden, in dem man seiner Arbeit nachgeht, sind kaum vorstellbar. Der Arbeitnehmer müßte einen Tauschpartner suchen, der genau diese Güter benötigt und bereit ist, dafür andere Konsumgüter abzugeben. Das Ganze wird noch komplizierter, wenn jemand in einem Unternehmen arbeitet, in dem ausschließlich Kapitalgüter hergestellt werden.

Geld stellt undifferenzierte Kaufkraft dar und wird als diese allgemein anerkannt. Dies bedeutet mit anderen Worten, daß man mit Geld jedes Gut nachfragen kann. Derjenige, der es entgegennimmt, besitzt ebenfalls wieder nahezu universale Verwendungsmöglichkeiten, denn für Geld kann man beinahe alles kaufen. Die erste Funktion des Geldes ist also, den Tausch elastisch zu machen. Sie wird deshalb Tauschmittelfunktion genannt. Das Geld besitzt jedoch noch eine zweite Hauptfunktion, nämlich die, als Recheneinheit zu dienen. Man rechnet in Geldeinheiten. Wenn man etwa sagt, daß ein bestimmtes Gut 12,— DM kostet, benutzt man das Geld in seiner Funktion als Recheneinheit. In einer modernen Gesellschaft fallen diese beiden Funktionen des Geldes fast immer zusammen.

Geld teilt den Naturaltausch Bärenfelle gegen Fische in zwei Akte. Für die Bärenfelle tauscht man einen Geldbetrag ein und mit diesem Geld kann man Fische kaufen. Man hat die Möglichkeit, Fische zu kaufen, mit anderen Worten, man kann es auch lassen. Wenn Geld einmal allgemein eingeführt ist, steht der Empfänger des Geldes also vor der Wahl, es wieder auszugeben, oder es ganz oder teilweise zu behalten. Durch das Geld ist es möglich, eine Kassenhaltung zu betreiben. Im allgemeinen wird man den Vorrat an liquiden Mitteln abstimmen mit dem Bedarf an täglich fälligen Zahlungen. Das Geld setzt uns aber instande, die Kassenhaltung größer oder kleiner zu machen, je nach dem Umfang der Transaktionen, die man normalerweise abzuwickeln hat. Man kann das Geld auch aufbewahren, z.B. indem man Pfennige in einem alten Strumpf sammelt. Auf diese Weise haben wir eine abgeleitete Funktion des Geldes angedeutet: mit seiner Hilfe ist es möglich, Liquidität anzuhäufen (Wertaufbewahrungsfunktion).

Résumé

Geld ist undifferenzierte Kaufkraft. Man rechnet in Geldeinheiten, und Geld ermöglicht Tauschwirtschaft in großem Maßstab. Darüber hinaus eröffnet Geld die Möglichkeit einer Kassenhaltung.

3. Die historische Entwicklung des Geldes

Gold- und auch Silbermünzen sind ziemlich früh in der Geschichte unserer Zivilisation als Geld zirkuliert. Das heißt für uns, daß sie im Tausch allgemein als Zahlungsmittel anerkannt wurden. Der Staat bürgte für Gewicht und Feingehalt, indem er die Münzen in einer bestimmten Form ausprägte. Im Laufe der Zeit wurden die beiden genannten Metalle Währungsmetalle, d.h., die Güterwerte wurden allgemein in Standardmünzen ausgedrückt. Stets bestand für die Bevölkerung die Möglichkeit, Edelmetalle zum Ausprägen von Münzen anzubieten, wie auch umgekehrt Gold- oder Silbermünzen eingeschmolzen werden konnten. Wichtig ist, daß die Prägung des Geldes durch den Staat geregelt wurde und deshalb müssen wir heute diese Münzen denn auch zum Staatsgeld rechnen.

Mit der Entwicklung des Tausch- und Zahlungsverkehrs hielten auch Wechsel und Solawechsel ihren Einzug. In diesem Zusammenhang ist insbesondere der Brauch von Bedeutung, der sich im 17. Jahrhundert in England einbürgerte, Gold und Goldmünzen bei Goldschmieden in Aufbewahrung zu geben. Sie gaben Empfangsbescheinigungen aus, die von Anfang an als Geld zirkulierten, weil sie vollständig durch Gold gedeckt waren. Diese Billette, die später Banknoten genannt wurden, entmaterialisierten sich langsam vom Gold. Die Goldschmiede entdeckten nämlich, daß stets nur ein geringer Teil der begebenen Schuldtitel eingewechselt wurde. Sie konnten folgerichtig einen höheren Betrag an Billetten begeben als mit dem Goldvorrat in Übereinstimmung war. So entstand der Beruf Bankier und die Banknote. Die Zirkulation der Banknoten als Geld basiert also auf dem Vertrauen, daß die Noten immer als Tauschmittel gebraucht werden können. Setzt eine bestimmte Bank zuviel Noten in Umlauf, wird deren Wert bald fallen, weil sie nicht mehr als Geld anerkannt werden.

Gegenwärtig hat in unserem Land ausschließlich eine Bank das Recht, Noten in Umlauf zu setzen. Dieses Institut ist die Deutsche Bundesbank, von der noch die Rede sein wird. Geld, das durch Banken in Umlauf gebracht wird, heißt Bankgeld. Neben der Banknote hat sich noch eine andere Geldart entwickelt, die gerade in unserer Zeit von überragender Bedeutung ist. Es kam nämlich auch vor, daß die Goldschmiede in ihren Büchern eine Rechnung auf den Namen desjenigen offen hatten, der ihnen Gold gebracht hatte. Die Buchforderung erhält im Laufe der Zeit auch Geldcharakter, weil man durch Überschreibung auf eine andere Rechnung hiermit Zahlungen verrichten kann. In diesem Fall nimmt also am Tausch kein einziges stoffliches Objekt teil.

Résumé

Die Entwicklung des Zahlungsverkehrs führte über Aufbewahrungsübereignung der als Geld fungierenden Goldmünzen zur Entwicklung der Banknote und des Giralgeldes. Das Geldwesen hat sich der wirtschaftlichen Expansion elastisch angepaßt.

4. Währungen

Wir stellten vorher fest, daß im Verlaufe der Entwicklung des Geldwesens eine Situation sich einstellte, in der jedermann berechtigt war, gegen Entrichtung einer Gebühr – des sogenannten Schlagschatzes – Gold in Münzen ausprägen zu lassen bzw. Goldmünzen demonetisieren zu lassen. In einer dergestalt organisierten Geldwirtschaft zirkulieren ausschließlich Goldmünzen als sogenannte Standardmünzen. Bei dieser ältesten Form der Goldwährung, der Goldumlaufswährung, wird dadurch ein fester Goldpreis gehalten, daß Metall- und Nominalwert gleich sind.

Eine wichtige Abart der Goldwährung ist die Goldkernwährung. Von ihr spricht man, wenn der Goldbestand bei der Zentralbank konzentriert ist und Geld im Umlauf ist, bei dem der Nominalwert keine Beziehung zum Wert des Stoffes besitzt, aus welchem das Geld hergestellt ist. In diesem System ist es nicht notwendig, daß die umlaufende Geldmenge vollständig durch Gold gedeckt ist. In Deutschland war eine Goldkernwährung bis zum Ausbruch des 1. Weltkrieges 1914 gegeben. Die Reichsbank kaufte und verkaufte Gold zu festem Preis von und an jeden, der dies wünschte. Der Ausbruch des Krieges zwang die damalige Reichsregierung jedoch, diese Praxis aufzugeben.

In der Bundesrepublik Deutschland haben wir keine gesetzliche Gold- und Devisendeckung.

Im Kapitel XV werden wir sehen, daß im internationalen Zahlungsverkehr seit 1944 die nationalen Währungen über einen Umweg in einer festen Relation zum Gold stehen. Seit der Übereinkunft auf der Konferenz von Bretton Woods im Jahre 1944 stehen alle Währungen in einem festen Verhältnis zum US-Dollar, dem wiederum eine bestimmte Menge Feingold entspricht.

Wie die Goldschmiede mehr Banknoten in Umlauf bringen konnten, als sie Goldeingänge besaßen, und wie die Zentralbank entsprechend mehr Geld in Umlauf bringen kann, als ihr Goldvorrat beträgt, sind im Grunde dieselben Fragen. Wir werden diese Fragestellung aber erst erörtern, wenn wir noch etwas auf die Geldschöpfung eingegangen sind.

Résumé

Die Verschiedenheit der Geldsysteme zeigt, daß sich der inländische Geldwert immer mehr vom Gold löst. Der zwischenstaatliche Zahlungsverkehr ist seit 1944 auf der Grundlage einer indirekten Bindung der Währungen an das Gold geregelt.

5. Die Geldsorten

Die gegenwärtig in unserem Land zirkulierenden Geldsorten können wie folgt untergliedert werden:

1. Münzen.
2. Banknoten; sie werden durch die Deutsche Bundesbank in Umlauf gebracht.
3. Giralgeld; wird bei den Banken für den Zahlungsverkehr geschaffen.

Die Sorten (1) und (2) zusammen sind Staatsgeld, während (3) Bankgeld genannt wird.

Man kann die Geldsorten noch auf andere Weise einteilen, nämlich indem man in girales und chartales Geld unterscheidet. Das girale Geld ist dann das nicht stoffgebundene, und das chartale Geld das stoffgebundene Zahlungsmittel. Die Sorten (1) und (2) sind also chartales Geld.

Neben dem unter (3) apostrophierten Giralgeld können auch die Bankguthaben bei den Girokassen als Giralgeld aufgefaßt werden.

Résumé

Faktisch wird gegenwärtig das chartale Geld durch den Staat in Umlauf gebracht. Das Giralgeld ist eine Spezialität der Banken und Girokassen.

6. Die Geldschöpfung

Von Geldschöpfung spricht man, wenn die chartale und/oder die girale Geldmenge vergrößert wird. Der Geldschöpfung gegenüber steht die Geldvernichtung. Um nachprüfen zu können, wann von Geldschöpfung und wann von Geldvernichtung die Rede ist, ist es nötig zu wissen, welches Geld Teil der Geldmenge ist und welches nicht.

Zu der Geldmenge gehört das chartale Geld und die direkt einlösbaren Guthaben, die Eigentum des Publikums sind, d.h. Eigentum anderer Rechtspersonen als der geldschöpfenden Institute. Geldschöpfende Institute sind: der Staat, die Zentralbank, die Einzelbanken und Girokassen. Geld in den Kassen der Banken und Girokassen rechnen wir nicht zur umlaufenden Geldmenge, weil es zur Abdeckung ausstehender, giraler Verpflichtungen dient.

Das Schöpfen von chartalem Geld besteht trivialerweise im Druckenlassen und In-Umlaufsetzen der Banknoten bzw. dem Prägen der Münzen und deren Weitergabe. Giralgeld wird durch Banken und Girokassen geschaffen. Daß die Banken neue Geldformen schaffen können, ist klar geworden im Verlaufe der Beschreibung der Entstehungsgeschichte der Banknote und des Giralgeldes. Dabei kam auch bereits die Sprache auf die Fähigkeit der Banken, die volkswirtschaftliche Geldmenge zu vergrößern. Sie haben nicht nur andere Geldformen geschaffen, sondern können obendrein die umlaufende Menge Geldes vergrößern.

Im folgenden wird eine verkürzte Bilanz einer geldschöpfenden Einzelbank wiedergegeben:

Bilanz einer geldschöpfenden Einzelbank

AKTIVA:	PASSIVA:
Kassenhaltung	Kontokorrentguthaben des Publikums (Kreditoren)
Guthaben bei der Zentralbank	Termineinlagen
Debitoren	Spareinlagen

Wir wollen jetzt einige denkbare Situationen besprechen und dabei der Frage nachgehen, ob die gesamtwirtschaftliche Geldmenge sich per Saldo verändert oder nicht. Im allgemeinen kann angenommen werden, daß die gesamtwirtschaftliche Geldmenge zunimmt, wenn der Posten „Kontokorrentguthaben des Publikums" durch Kreditgewährung größer wird. Es gibt jedoch folgende Ausnahme. Nehmen wir an, daß jemand Geld auf die Bank trägt und auf ein Girokonto einbezahlt. Es findet dann eine chartale Geldvernichtung in selber Höhe wie die girale Geldschöpfung statt. Diese Handlung beeinflußt die gesamte Geldmenge also nicht. Man nennt die Ersetzung einer Geldmenge durch eine andere Substitution. Die gesamtwirtschaftliche Geldmenge wird dagegen sehr wohl vergrößert, wenn nicht direkt einforderbare Guthaben (z. B. Termineinlagen) umgewandelt werden in direkt einforderbare Guthaben (Giroeinlagen). Die Bank bucht „Termineinlagen an Giro". Auch wenn Devisen oder Wechsel an die Bank verkauft werden (die Bank bucht „Devisen an Kontokorrent"), spricht man von einer vergrößerten Geldmenge. Die beiden letztgenannten Formen der Vergrößerung des Geldumlaufes durch Verwandlung von Nicht-Geld in Geld nennt man Transformation.

Bei weitem die wichtigste Form, die girale Geldmenge zu vergrößern, ist die Krediteinräumung einer Bank an Haushalte und Unternehmungen. Banken können an Betriebe oder Haushalte gegen persönliche oder dingliche Sicherheit Kredite einräumen. Diese sogenannte wechselseitige Schuldverpflichtung besagt, daß ein Unternehmer oder ein Familienoberhaupt die Verfügung über ein Bankguthaben eingeräumt bekommt – also über Giralgeld –, mit dem der Zahlungsverkehr abgewickelt werden kann. Die Bank bucht hierbei „Debitoren an Kontokorrent". Der Kreditnehmer hat nun eine Forderung in Kontokorrentguthaben an die Bank; gleichermaßen übernimmt er die Verpflichtung, irgendwann den Kredit zurückzubezahlen: er ist folglich Debitor der Bank. Diese Geldschöpfung basiert auf der Erfahrung der Banken, daß die chartalen Zahlungsmittel, die bei einer Bank einbezahlt sind, nicht täglich vollständig fällig sind. Das Bankensystem kann mehr Kredite geben, als es an chartalen Zahlungsmitteln entgegengenommen hat. Aus Erfahrung wissen die Banken, daß bei entsprechender Kreditleihe z. B. stets 20% der geliehenen Summe in liquider Form in der Kasse gehalten werden muß. Nicht alle Kreditnehmer erscheinen immer zum selben Zeitpunkt, um ihre Kredite in chartaler Form wahrzunehmen. Ein großer Teil des vergebenen Kredits wird selbst nicht chartal in Anspruch genommen, sondern allein für girale Umbuchungen verwendet.

Diese Form giraler Geldschöpfung durch die einzelnen Banken ist nicht einfach zu verstehen. Man muß diesen Prozeß gut unterscheiden von dem, was z. B. Hypothekenbanken tun: Diese verleihen stets Gelder, die sie von anderen Wirtschaftssubjekten anvertraut bekommen haben. Letztgenannte Banken werden deshalb auch sekundäre Banken genannt, im Gegensatz zu Banken, die die Fähigkeit zur Geldschöpfung besitzen, den primären Banken. Bis jetzt werden die Spareinlagen nicht zur Geldmenge gerechnet.

Die große Frage ist nun, wieweit die primäre Bank ihre Kreditleihe ausdehnen wird. Im allgemeinen kann hierzu festgestellt werden, daß die Politik einer einzelnen Bank darauf abzielt, den Zinsunterschied zwischen vergebenen Krediten und aufgenommenem Geld zu maximieren. Selbstverständlich hat die Bank bei diesem Streben nach höchstmöglicher Rentabilität, Liquidität und Zahlungsfähigkeit im Auge zu behalten.

Unter der Zahlungsfähigkeit einer Bank verstehen wir die Fähigkeit, eventuelle Verluste aus eigenen Mitteln zu decken. Als Liquidität wird das Vermögen bezeichnet, die Abhebungen der Schuldner direkt in Zahlungsmitteln erfüllen zu können. Will eine Bank liquide sein, dann muß sie zu jedem Zeitpunkt über eine so große Kassenhaltung verfügen, daß sie aus diesen Fonds die normalen Abhebungen befriedigen kann. In einer Zeit, in der die Abhebungen höher als normal sind, muß die Bank darüber hinaus imstande sein, über zusätzliche Kassenmittel verfügen zu können. Dies ist z.B. durch Refinanzierung bei den Landeszentralbanken möglich, indem die Bank Wechsel entsprechender Bonität zur Diskontierung an die Landeszentralbank gibt. Auf diesem Wege kann die Bank ihre Liquiditätsbedürfnisse befriedigen. Die Zentralbank eines Landes ist also die Bank der Banken.

Zahlungsfähigkeit und Liquidität sind eine sichere Bürgschaft dafür, daß die Bank von ihrem Geldschöpfungspotential nicht rücksichtslos Gebrauch machen wird. Es stellt sich jedoch die Frage, ob diese mikroökonomischen Grenzen der Geldschöpfung auch makroökonomisch Gültigkeit besitzen. Mit anderen Worten: Haben die Banken durch ihr Geldschöpfungspotential Einfluß auf die Entstehung und Verwendung des Volkseinkommens? Diese Frage läßt sich nur beantworten, wenn man prüft, ob die Einführung des Geldes in einer freien Marktwirtschaft ein rein neutrales Ereignis ist, das das Zusammenspiel von effektiver Nachfrage und Nettosozialprodukt unberührt läßt, oder ob vielleicht eine eigenständige Wirkung auf den Ablauf des Wirtschaftsprozesses ausgeht.

Résumé

Das Geldschöpfungsvermögen der Banken ist imstande, die gesamtwirtschaftliche Geldmenge zu beeinflussen. Die Geldschöpfung ist mikroökonomisch begrenzt, weil die Banken nicht allein nach maximaler Rentabilität streben, sondern zugleich auf Liquidität und Zahlungsfähigkeit achten. Untersucht muß aber noch werden, ob sich auf Grund von makroökonomischen Überlegungen Einschränkungen und Grenzen der Geldschöpfung finden lassen. Wenn dem so ist, liegt es auf der Hand, daß die Deutsche Bundesbank dabei eine Rolle spielen muß. Da sie die Bank der Banken ist, muß die Wirkung auf die einzelnen Banken zurückfallen, sofern sich diese in Liquiditätsschwierigkeiten befinden.

7. Der Geldschöpfungsmultiplikator

Im voranstehenden Paragraphen hatten wir unser Augenmerk vor allem auf die Situation einer Privatbank gerichtet. Um das Geldschöpfungsvermögen eines ganzen Bankensystems zu ermitteln, ist es sinnvoll sich vorzustellen, in einem Land existierten einige Privatbanken, die wir mit A, B und C bezeichnen wollen. Der Einfachheit halber gehen wir zunächst davon aus, daß die Kunden der Banken ihre Zahlungen untereinander ausschließlich in giralem Geld abwickeln. In diesem Fall tritt bei den Banken keine Nachfrage nach chartalem Geld auf.

Nehmen wir an, es sei gesetzlich vorgeschrieben, daß die Banken 10 v.H. der Sichtguthaben in liquider Form halten müssen (Mindestreserve). Gesetzt den Fall, die Bank A sei aufgrund einer wechselseitigen Schuldverpflichtung im Besitz einer Forderung von 1000,— DM auf die Zentralbank. Die Bank A kann nun 90% von 1000,— DM also 900,— DM als Kredit etwa an Herrn X ausleihen. Herr X ist früher bei Frau Y eine Schuld eingegangen, die ein Konto bei der Bank B unterhält. Herr X beauftragt seine Bank A den Betrag von 900,— DM auf das Konto der Frau Y bei der Bank B zu überweisen. Auf diese Weise erlangt die Bank B einen Betrag von 900,— DM an Zentralbankgeld. Diese Bank B kann nun 90 v.H. von 900,— DM also 810,— DM an einen Kunden Z ausleihen, der über die 810,— DM in giraler Form verfügt. Dieser Betrag von 810,— DM gelangt so zu einer dritten Bank C.

Die gesamte girale Geldmenge, die die Banken zusammen schöpfen, ist nun gleich der Summe der folgenden unendlichen geometrischen Reihe:

$$\Delta M_g = 900 + 0{,}9 \cdot 900 + 0{,}9 \cdot 0{,}9 \cdot 900 + 0{,}9 \cdot 0{,}9 \cdot 0{,}9 \cdot 900 + \dots$$

Dabei drückt ΔM_g die Vergrößerung der Giralgeldmenge aus. Aus der Summenformel für eine unendliche Reihe

$$s_\infty = \frac{1}{1-q} \cdot a$$

folgt:

$$\Delta M_g = \frac{1}{1-0{,}9} \cdot 900 = 9000.$$

Wir sehen also, daß durch das Bankensystem als Ganzes auf der Grundlage der Forderung von 1000,— DM, die die Bank A an die Zentralbank hat, ein Betrag von 1000,— DM an Giralgeld geschaffen werden kann. In unserem einfachen Beispiel beträgt der Mindestreservesatz $r = 10$ v.H. Der Geldschöpfungsmultiplikator k erhält dann den Wert:

$$k = \frac{1}{r} = \frac{1}{1-0{,}9} = 10.$$

Im folgenden nehmen wir an, daß die Kunden der Banken einen Teil ihrer Sichtguthaben in chartaler Form abheben. Die Zentralbank bringt nun also Zentralbankgeld in Umlauf. Mit dieser Annahme kommen wir der Realität einen Schritt näher. Das Bankenpublikum soll 40 v.H. der Sichtguthaben in chartaler Form halten. Aufgrund der 1000,— DM, die Bank A in ihrem Besitz hat, werden wieder 900,— DM an den Kunden X ausgeliehen. Dieser hebt davon 40 v.H. in chartaler Form ab, und der Rest fließt als Giralgeld durch Umbuchung zur Bank B, womit die Schuld an die Frau Y getilgt wird. Die Bank B erhält so 60 v.H. von 900,— DM also 540,— DM. Von diesen 540,— DM leiht die Bank 90 v.H. aus, d.h. 486,— DM. Die gesamte Geldmenge ist nun um 900,— DM + $(1-0{,}1)\cdot(1-0{,}4)\cdot 900$ gewachsen. Von diesen 486,— DM fließen 60 v.H. zur Bank C, also 291,60 DM. Diese Bank leiht hiervon 90 v.H. aus, teils in chartaler und zum Rest in giraler Form. Die gesamte Zunahme der Geldmenge ΔM beläuft sich demnach auf:

$$\Delta M = 900 + (1-0{,}1)(1-0{,}4)\cdot 900 + (1-0{,}1)^2(1-0{,}4)^2\cdot 900 + \ldots .$$

Als Summe der unendlichen geometrischen Reihe folgt:

$$\Delta M = \frac{1}{1-(1-0{,}1)(1-0{,}4)}\cdot 900$$

oder

$$\Delta M = 2{,}2\cdot 900 = 1980{,}\text{— DM}.$$

In diesem Fall nimmt der Geldschöpfungsmultiplikator den Wert 2,2 an; er ist offensichtlich erheblich kleiner als in der vorigen Situation, in der kein chartales Geld „zur Seite gelegt" wurde. Nennt man den Reservesatz r, die Zahlungssitten des Publikums c und die ursprünglich freien Kassenmittel E, dann lautet die Formel für den Geldschöpfungsmultiplikator wie folgt:

$$\Delta M = E + (1-r)(1-c)E + (1-r)^2(1-c)^2 E + \ldots$$

oder

$$\Delta M = \frac{1}{1-(1-r)(1-c)}\cdot E.$$

Von dieser Summe besteht der Teil $\Delta M_g = (1-c)\cdot\Delta M$ aus giralem und der Teil $\Delta M_{ch} = c\cdot\Delta M$ aus chartalem Geld.

Résumé

Das Bankensystem, einschließlich der Zentralbank, ist in der Lage, Giralgeld zu schöpfen. Die geschöpfte Geldmenge ist ein Vielfaches der anfänglich vorhandenen Überschußreserve.

8. Schlußbemerkungen

In diesem Kapitel sind wir auf das Wesen des Geldes näher eingegangen, ohne aber die Wirkungen des Geldes in einer Volkswirtschaft zu erläutern. Das Geld besitzt zwei Hauptfunktionen, nämlich die Tauschmittelfunktion und seine Funktion als Recheneinheit. Eine abgeleitete Funktion ist die Wertaufbewahrungsfunktion. Der größte Teil der gesamtwirtschaftlichen Geldmenge in Deutschland besteht aus Giralgeld, das aus direkt einforderbaren Buchforderungen bei den Banken und Girokassen besteht.

Bis 1914 existierte in Deutschland eine Goldwährung, so daß jedermann zu festem Goldpreis Banknoten gegen Gold bei der damaligen Reichsbank einwechseln konnte. Heute ist diese direkte Bindung an das Gold aufgehoben. Seit 1944 (Bretton Woods) sind die internationalen Währungen über den US-Dollar indirekt ans Gold gebunden. Die Bundesrepublik trat dem Vertrag von Bretton-Woods 1949 bei.

Das Geldschöpfungspotential der Geschäftsbanken veranlaßt uns zu der Frage, welche Grenzen der umlaufenden Geldmenge gesteckt sind. Die Geschäftsbanken, wie etwa die Deutsche Bank und die Dresdner Bank, sind in der Lage, die gesamte Geldmenge durch Geldschöpfung zu vergrößern. Mikroökonomisch sind der Ausdehnung Grenzen gesetzt, weil die Banken um ausreichende Liquidität und Zahlungsfähigkeit bemüht sind. Es ist noch eine offene Frage, ob aus allgemeinem wirtschaftlichen Gesichtswinkel der Kreditleihe der Banken Grenzen gesetzt sind.

Fragen:

1. *Wozu dient Geld?*
2. *Wie kommt es, daß eine Banknote von jedermann als Zahlungsmittel akzeptiert wird, obwohl sie nicht gegen Gold einzuwechseln ist und auch nicht vollständig durch Gold gedeckt ist?*
3. *Wie kann eine Geschäftsbank die gesamtwirtschaftliche Geldmenge vergrößern?*
4. *Welche mikroökonomischen Grenzen sind dieser Form von Geldschöpfung gesetzt?*

Aufgaben:

1. *Herr A. läßt 1 000,— DM von seinem Girokonto auf ein Konto als Termineinlage umbuchen. Erläutern Sie die Bilanzsituation der Bank. Was bedeutet dies für die gesamtwirtschaftliche Geldmenge?*
2. *Herr B. trägt 100 Dollar auf seine Bank und läßt sich den Betrag auf seinem Girokonto gutschreiben.*

Welche Posten verändern sich im Journal der Bank? Was bedeutet diese Veränderung für die gesamte Geldmenge?

3. *Ein Unternehmen exportiert eine wertvolle Maschine nach Frankreich und erlöst 100000 NF. Welche Bedeutung besitzt dieses Ereignis für die Geldmenge in der Bundesrepublik?*

V. Die Geldtheorie

1. Aktive und inaktive Kassen

Geld spielt im gesellschaftlichen Leben eine wichtige Rolle. Diese Feststellung bietet Anlaß genug, sich mit der Geldtheorie auseinanderzusetzen. Es geht uns bei diesem Vorhaben vor allem um die Frage, ob das Geld einen besonderen Einfluß auf den Ablauf des Wirtschaftsprozesses hat. Ist das Geld ein zwar notwendiges Tauschmittel, aber ansonsten unwirksamer Schleier über dem realen wirtschaftlichen Geschehen oder häuft es sich irgendwo im Kreislauf derart an, daß Störungen entstehen?

Um die Wirkungen des Geldes in unserer Gesellschaft zu begreifen, müssen wir erforschen, was die Haushalte und Unternehmungen mit dem Geld, das sie verdienen, tun. Ein wesentlicher Teil wird offenbar für täglich fällige Zahlungen verwendet. KEYNES sprach in dieser Beziehung von einem Transaktionsmotiv, das das Anhäufen von Kassenmitteln erkläre. Er nannte diese Kasse ‚Transaktionskasse', doch wollen wir diese Kasse, aus der Transaktionen finanziert werden, die aktive Kasse nennen. Mit dem Geld in der aktiven Kasse wird effektive Nachfrage ausgeübt.

Neben der aktiven Kasse unterscheiden wir eine inaktive Kasse, in der eine Geldmenge mit dem Ziel gehalten wird, besondere Ereignisse, z.B. einen Unfall oder einen auf längere Sicht fälligen Kauf von Wertpapieren wie Aktien und Obligationen zu finanzieren. Diese zwei Motive für die Aufbewahrung von Geld in der inaktiven Kasse nannte KEYNES das Sicherheitsmotiv und das Spekulationsmotiv. Sowohl bei der aktiven als auch bei der inaktiven Kasse dreht es sich um von Wirtschaftssubjekten ausgeübte Nachfrage nach Geld, die auf einer Vorliebe für Liquidität beruht. Nach Ansicht von KEYNES hängt die Nachfrage nach aktivem Geld insbesondere von der Höhe des Volkseinkommens ab, während die Nachfrage nach inaktivem Geld in seinen Überlegungen vom Zinssatz abhängt. Auf diese sogenannte Liquiditätspräferenztheorie des Zinses gehen wir im Kapitel 11 näher ein.

Wenn die Konsumenten und/oder die Produzenten Geld aus der aktiven Kasse in die inaktive Kasse übernehmen, sprechen wir von ‚Horten'. Wird umgekehrt Geld aus der inaktiven Kasse in die aktive Kasse verlagert, dann wird ‚enthortet'. So kann etwa ein Konsument, der Geld auf die hohe Kante gelegt hat, beschließen, ein dauerhaftes Konsumgut zu kaufen, so daß also auf diese Weise Geld aus der inaktiven in die aktive Kasse überwechselt. Es wird enthortet und demzufolge effektive Nachfrage ausgeübt. Horten bedeutet dagegen, daß sich die effektive Nachfrage vermindert. Das Geld wird in der inaktiven Kasse stillgelegt.

Da wir uns in unseren Überlegungen noch immer auf Haushaltungen und Unternehmungen beschränken, ist die gesamte Geldmenge M auf die Kassen der Haushalte und Unternehmungen verteilt. Die Geldmenge in den Kassen der Haushalte nennen wir M_{HH}, diejenige in den Kassen der Unternehmungen M_U. Selbstverständlich gilt dann $M_U + M_{HH} = M$. Sowohl für die Haushalte wie für die Betriebe können wir uns die gesamten Kassenmittel in eine aktive und eine inaktive Kasse aufgeteilt denken. Bei den Haushalten sind dies die Geldmengen M_{HH}^1 und M_{HH}^2, wobei $M_{HH}^1 + M_{HH}^2 = M_{HH}$. Für die Unternehmungen gilt $M_U^1 + M_U^2 = M_U$. Auf diese Weise gelangen wir zu folgendem Schema:

	Aktive Kasse	Inaktive Kasse	Summe
Unternehmungen	M_U^1	M_U^2	M_U
Haushalte	M_{HH}^1	M_{HH}^2	M_{HH}
Summe	M^1	M^2	M

Die Verteilung der gesamten Geldmenge M auf die Kassen der Haushalte M_{HH} und die Unternehmungen M_U ist sichtbar und kann buchhalterisch ermittelt werden. Diese Verteilung ist beschreibender Art. Anders ist es mit der Verteilung der Kassenmittel auf die aktiven und inaktiven Kassen. Diese Verteilung kann nicht statistisch festgestellt werden; sie ist theoretischer Natur. Mit Hilfe der Verteilung können wir ein besseres Verständnis der Wirkungen des Geldes erlangen. Wenn die Unternehmungen Geld aus der inaktiven in die aktive Kasse übernehmen, m. a. W. M_U^1 wird größer und M_U^2 wird kleiner, dann sagen wir: die Unternehmungen enthorten. Wenn die Haushalte Geld von der aktiven in die inaktive Kasse übernehmen, dann sagen wir: die Haushalte horten. Beide Gruppen, sowohl die Haushalte wie auch die Unternehmungen, können zu gleicher Zeit horten, respektive enthorten, so wie es auch möglich ist, daß der eine Sektor enthortet und der andere Sektor hortet.

Wenn in einer Volkswirtschaft per Saldo gehortet wird, nimmt im Mittel die Zeit, die das Geld in Ruhe ist, also nicht umläuft, zu. Man kann auch sagen, daß die Umlaufgeschwindigkeit des Geldes abnimmt; in derselben Zeiteinheit wechselt es weniger schnell seinen Besitzer. Nennt man die gesamte Geldmenge M und die Umlaufgeschwindigkeit V, dann kann der Geldstrom mit $M \cdot V$ dargestellt werden. Der Geldkreislauf strömt schneller, wenn bei gegebenem M die Umlaufgeschwindigkeit V zunimmt. Wenn die Umlaufgeschwindigkeit V abnimmt, strömt der Geldkreislauf weniger schnell. Ein breiterer Geldstrom entsteht, wenn bei gegebener Umlaufgeschwindigkeit V die Geldmenge M zunimmt.

Bisher haben wir die einfache Vorstellung entwickelt, daß das Geld entweder als Liquidität gehalten oder zum Kauf von Gütern verwendet wird. M.a.W. durch die Haushalte und/oder die Unternehmungen wird mit dem Geld effektive Nachfrage ausgeübt. Die Güter- und die Geldsphäre sind scharf voneinander abgegrenzt. Die Realität ist insofern etwas komplizierter als noch eine Vermögens- oder Anlagesphäre unterschieden werden kann, in der z.B. Aktien oder Obligationen gehandelt werden, in der aber auch Termineinlagen einen Platz haben. Man kann sein Vermögen in liquider Form halten – man sagt in diesem Zusammenhang, daß Geld eine primäre Liquidität ist – man kann es aber auch in Wertpapieren anlegen. In diesem Fall ist man weniger liquide, doch steht dem eine finanzielle Vergütung gegenüber. Führt man diese Vermögenssphäre einmal ein, dann wird der Übergang zwischen Geld und Gütern etwas fließender. Um sich diese Behauptung zu verdeutlichen, kann man am besten folgende Reihe unter dem angeführten Gesichtspunkt überdenken: Eine Banknote über 1000,— DM, eine Giraleinlage bei einer Bank über 1000,— DM, ein Guthaben bei einer Sparkasse über 1000,— DM, eine Festgeldanlage auf drei Monate bei einer Bank im Wert von 1000,— DM, eine Obligation, die nominal auf 1000,— DM lautet, eine Aktie mit einem Kurswert von 1000,— DM, eine seltene Briefmarke im Wert von 1000,— DM, ein kleines Grundstück zu 1000,— DM, ein Fernsehapparat zu 1000,— DM, ein Anzug im Wert von 1000,— DM, ein Essen für 20 Personen zu 50,— DM. Diese Reihe illustriert den Übergang von primärer Liquidität über weniger liquide Wertpapiere und Anlageobjekte zu Komponenten der effektiven Nachfrage wie langlebige und kurzlebige Konsumgüter.

Résumé

Die gesamte Geldmenge ist auf die Kassen der Haushalte und Unternehmungen verteilt. Man kann aktive und inaktive Kassen unterscheiden, wodurch es möglich wird, Horten und Enthorten zu umschreiben. Horten ist eine Form des Sparens, doch Sparen ist nicht immer Horten.

2. Steigerung der effektiven Nachfrage und Enthorten

Im Kapitel III ist offenbar geworden, daß das Produkt $P \cdot X$ zunimmt, wenn die effektive Nachfrage steigt. Eine Zunahme, die allein zu einer Steigerung der produzierten Gütermenge X führt, tritt nur ein, wenn noch keine Vollbeschäftigung erreicht ist. Wenn aber zuerst z.B. 10 Brote zum Preis von 1,—DM pro Stück verkauft werden und später 20 Brote zu demselben Preis, ist die Geldmenge M – die wir uns konstant denken – dann nicht zweimal so groß geworden?

Dies braucht nicht der Fall zu sein. Offenbar verfügen die Haushalte über Zahlungsmittel in liquider Form, die bis jetzt nicht eingesetzt wurden. Sie haben diese von der inaktiven in die aktive Kasse übergeführt; von den Haushalten ist enthortet worden. Das Geld wechselt schneller seinen Besitzer, so daß mit derselben Geldmenge nun der Tausch von zweimal soviel Broten finanziert werden kann. Das enthortete Geld wird dazu benutzt, zusätzliche Nachfrage nach Konsumgütern (Brote) auszuüben. Die effektive Nachfrage hat zugenommen. Es ist uns bekannt, daß eine gestiegene effektive Nachfrage zu einem höheren Sozialprodukt, bzw. zu einem höheren Volkseinkommen führt. Nun wissen wir, daß eine Erhöhung der effektiven Nachfrage nur möglich ist, wenn enthortet wird. Mit anderen Worten, bei einer gegebenen gesamtwirtschaftlichen Geldmenge M impliziert eine Zunahme der effektiven Nachfrage die Prämisse, daß die inaktiven Kassen nicht leer sind.

Man kann auch sagen, daß die Umlaufgeschwindigkeit des Geldes V zunimmt. Der Geldstrom $M \cdot V$ ist notwendigerweise gleich dem Wert des Güterstromes $P \cdot X$. Wenn das Produkt $P \cdot X$ zunimmt, muß also $M \cdot V$ zunehmen. Wird angenommen, daß die Geldmenge M konstant bleibt, dann kann $P \cdot X$ allein weiter steigen, wenn die Umlaufgeschwindigkeit V größer wird. In der älteren Literatur wird die Beziehung $M \cdot V = P \cdot X$ auch als Fisher'sche Verkehrsgleichung bezeichnet.

Ob die effektive Nachfrage auf dem erhöhten Niveau verbleibt, hängt davon ab, was die Unternehmungen mit dem zusätzlich vereinnahmten Geld machen werden. Belassen sie es in ihren aktiven Kassen, dann bleibt die effektive Nachfrage auf dem erhöhten Niveau erhalten. Führen sie das Geld aber in die inaktiven Kassen über, dann steht dem Enthorten der Haushalte das Horten der Unternehmungen gegenüber, wodurch die gesamte effektive Nachfrage und damit das Volkseinkommen wieder auf das alte Niveau zurückfällt.

Wenn die Haushalte der inaktiven Kasse Geld entziehen, muß dies nicht zu einer Zunahme der Nachfrage nach Konsumgütern führen. Denkbar ist ja auch, daß dieses Geld zum Ankauf von Wertpapieren oder Anlageobjekten verwendet wird. Das Vermögen der betreffenden Haushalte wird dann in weniger liquider Form gehalten. Die angesprochenen Geldmittel können außerdem den Unternehmungen zugute kommen, die ihre Investitionen damit finanzieren. Ist dies der Fall, dann wird die effektive Nachfrage größer, auch wenn bei den Haushalten keine Spur enthortet wird, da die der inaktiven Kasse entzogenen Gelder nicht in deren aktive Kasse überführt werden. Die durch die Haushalte der inaktiven Kasse entzogenen Gelder sind in dem betreffenden Fall in die aktive Kasse der Unternehmungen geflossen. Betrachtet man die Kassen der Haushalte und Unternehmungen zusammen, dann impliziert der Entzug von Geld aus den inaktiven Kassen, daß die aktiven Kassen größer werden, was wiederum mit einer Zunahme der effektiven Nachfrage einhergeht. Aus diesem Anlaß könnte man die aktiven Kassen auch Transaktionskassen und die inaktiven Kassen Anlagekassen nennen. Die Transaktionskassen korrespondieren dann mit der Nachfrage nach Konsum- und Kapitalgütern, die Anlagekassen mit der Nachfrage nach Anlageobjekten wie Aktien und Obligationen.

Es läßt sich der wichtige Schluß ziehen, daß eine Zunahme der gesamten effektiven Nachfrage zu jeder Zeit von einem Enthortungsprozeß genährt wird, weil per saldo Gelder aus den inaktiven Kassen in die aktiven Kassen übernommen werden. Untersucht man einen einzelnen Haushalt, dann braucht diese Aussage nicht zu gelten, weil eine Familie die der inaktiven oder Anlagekasse entzogenen Gelder für den Ankauf von Wertpapieren wie auch von Obligationen verwenden kann. Bei allen diesen Überlegungen haben wir vorläufig von einer Zunahme der Geldmenge *M* durch Geldschöpfung abgesehen, weil eine Zunahme der effektiven Nachfrage außerdem auch durch geldschöpfende Aktivitäten der Privatbanken und der Bundesbank genährt werden kann.

Das Volkseinkommen und damit der Beschäftigungsgrad steigen, weil die Ausgabeneigung – die effektive Nachfrage – zunimmt. Es wird enthortet und die effektive Nachfrage steigt. Die Zunahme der Beschäftigung spielt sich in der realen Sphäre ab, das Enthorten in der Geldsphäre, also der monetären Sphäre. In dieser Formulierung werden die Tatbestände der realen Sphäre als die primären angesehen; die Ereignisse in der monetären Sphäre sind eine notwendige Bedingung für das Geschehen in der realen Sphäre. Man kann diese Erscheinungen aber auch in entgegengesetztem Wirkungszusammenhang sehen. Ist man geneigt, der *monetären* Sphäre einen wichtigeren Rang zuzuerkennen, dann sieht man die Anwesenheit liquider Mittel in den aktiven Kassen für sich selbst als einen Faktor an, der einen Einfluß auf die Ausgaben besitzt. Die Zunahme der effektiven Nachfrage ist dann eine Folge des Vorhandenseins von Liquidität in den inaktiven Kassen und keine selbständige Ursache des Enthortens.

In einer Periode, in der die effektive Nachfrage steigt, so daß in der Folge die Menge der produzierten Güter zunimmt, wird also enthortet. Dieses Enthorten wird auch inflatorische Kraft genannt. Die vergrößerte Ausgabeneigung, die zu einer Expansion der Gütermenge *X* führt, kann aus monetärer Sicht als inflatorischer Prozeß bezeichnet werden. Muß man sich nun die Sache so denken, daß diese Expansion fortschreitet, bis *X* so groß wird, daß Vollbeschäftigung erreicht ist? Dies ist nicht notwendig, denn es hängt offenbar alles davon ab, ob die effektive Nachfrage weiter steigt oder stagniert. Es ist denkbar, daß das Wachstum der effektiven Nachfrage in einem Augenblick stagniert, in dem die Vollbeschäftigung noch nicht erreicht ist. Diese Stagnation kann eine Folge der Tatsache sein, daß die Wirtschaftssubjekte die Ausgaben nicht zu erhöhen wünschen, obwohl die inaktiven Kassenmittel noch nicht aufgebraucht sind. Demnach besteht die Möglichkeit, daß wohl ein Wunsch nach höheren Ausgaben besteht, daß aber die inaktiven Kassen leer sind, und somit alle verfügbaren Liquiditäten genutzt werden.

Wenn die Ausgabeneigung weiter anhält und genügend Liquidität vorhanden ist, so daß der Enthortungsprozeß weitergehen kann, wird die Vollbeschäftigungsgrenze erreicht, bei der die Zahl der produzierten Güter X nicht weiter gesteigert werden kann. Eine weitere Zunahme der effektiven Gesamtnachfrage führt dann ausschließlich zu einer Erhöhung des Preisniveaus P. Auch in diesem Fall wird der Expansionsprozeß – monetär gesehen – durch das Enthorten genährt. Der inflatorische Prozeß wird zu einer Preisinflation. Es ist also deutlich geworden, daß ein inflatorischer Prozeß nicht in jedem Fall zu Preissteigerungen führen muß.

Résumé

Solange wir die Geldmenge als konstant unterstellen, ist das Enthorten die monetäre Form einer zunehmenden effektiven Nachfrage. Dieser inflatorische Prozeß bedeutet, daß Geld von der inaktiven Kasse M^2 in die aktive Kasse M^1 überführt wird; dieselbe Geldmenge läuft schneller um. Vor Erreichen der Vollbeschäftigungsgrenze führt dies zu einer Steigerung der produzierten Gütermenge X und nach Überschreiten des Vollbeschäftigungsniveaus zur Erhöhung des allgemeinen Preisniveaus P.

3. Sinken der effektiven Nachfrage und Horten

Gesetzt den Fall, wir gehen von einem Zustand der Vollbeschäftigung aus und die effektive Nachfrage gehe zurück. Der Konsum und die Investitionen, und damit das Volkseinkommen Y, nehmen ab. Dies bedeutet auch, daß M^1 zurückgehen wird, denn man braucht nun weniger Geld, um die täglich fälligen Zahlungen zu begleichen. Das Geld wird aus der aktiven Kasse M^1 in die inaktive Kasse M^2 übertragen. Es wird gehortet. Dem Sinken der effektiven Nachfrage läuft in der monetären Sphäre ein Prozeß des Hortens parallel. Eine Kontraktion dieser Art nennen wir einen deflatorischen Prozeß. Man kann nun wieder über die Frage diskutieren, ob das Horten eine Folge des Sinkens der effektiven Nachfrage ist, oder ob das Horten die Ursache der verringerten Ausgabeneigung ist. Im letzten Fall nimmt man an, daß die Wirtschaftssubjekte es vorziehen, künftig etwas mehr Geld in der inaktiven Kasse M^2 zu halten wie ehedem.

Das „Unterbeschäftigungs"niveau muß aus nicht zureichender effektiver Nachfrage erklärt werden; in der monetären Sphäre geht diesem Tatbestand eine starke Neigung des Publikums einher, das Geld in der inaktiven Sphäre zu halten. Es eröffnet sich in einer Depression also die paradoxe Perspektive eines Überflusses an Liquidität bei großer Arbeitslosigkeit und damit verbundener Armut.

Résumé

Die monetäre Form einer Abnahme der effektiven Nachfrage ist das Horten. Dieser deflatorische Prozeß bedeutet, daß Geld von den aktiven Kassen M^1 in die inaktiven Kassen M^2 überführt wird. Dieselbe Geldmenge läuft weniger schnell um. Der deflatorische Prozeß führt zu einer Abnahme der Zahl der produzierten Güter X unterhalb des Vollbeschäftigungsniveaus und schließlich auch zu einem Sinken des Preisniveaus P. Die sich anhäufenden liquiden Mittel und die um sich greifende Arbeitslosigkeit waren die paradoxen Phänomene, die KEYNES *im Jahre 1936 erklärte.*

4. Monetäres Gleichgewicht und Ausgabengleichgewicht

Wir können jetzt zwei Gleichgewichtszustände beschreiben, nämlich die Zustände monetäres Gleichgewicht und Ausgabengleichgewicht. Es herrscht – bei gegebener Geldmenge – in einer bestimmten Periode monetäres Gleichgewicht, wenn in diesem Zeitraum Horten und Enthorten einander die Waage halten. Man kann auch sagen, daß dann die inflatorischen und deflatorischen Kräfte einander neutralisieren. Bei gegebener gesamtwirtschaftlicher Geldmenge herrscht also in einer bestimmten Periode monetäres Gleichgewicht, wenn weder die Haushalte noch die Unternehmungen horten oder enthorten, oder wenn der Saldo des Hortens und Enthortens eines Sektors in der Periode genau durch den Saldo des Hortens und Enthortens des anderen Sektors in derselben Periode kompensiert wird.

Das Ausgabengleichgewicht ist ein Zustand, bei dem die effektive Nachfrage so groß ist, daß Vollbeschäftigung herrscht. Ein Ausgabenüberschuß bedeutet, daß die effektive Nachfrage größer ist als diejenige, die zu Vollbeschäftigung führt. Ein Ausgabendefizit beinhaltet entsprechend das Gegenteilige. Wir erinnern an die in Kapitel III, Paragraph 6 gemachte Annahme, daß wir stets von einer gegebenen Produktionskapazität ausgehen.

Es besteht allgemeine Übereinstimmung in der Ansicht, daß sowohl ein Zustand des Ausgabenüberhangs als auch des Ausgabendefizits vermieden werden muß. Ausgabendefizit hat Arbeitslosigkeit sowie nicht ausgelastete Kapazitäten zur Folge; Ausgabenüberhang führt stets zu einer nominalen und nicht zu einer realen Steigerung des Sozialprodukts W. Im letzten Fall wird W wohl größer, doch es wurden nicht mehr Güter erzeugt. Meist versucht man denn auch das Ausgabengleichgewicht zu verwirklichen, d.h. man strebt danach, Vollbeschäftigung zu erreichen. In Figur 9 werden beide Dinge bildlich dargestellt.

Neben dem Ausgabengleichgewicht ist auch das monetäre Gleichgewicht von großer Bedeutung. Ein Zustand des Ausgabengleichgewichts kann immer durch Enthorten in die Situation eines Ausgabenüberhangs umschlagen. Das inflatorische Durchbrechen des monetären Gleichgewichts führt dann über einen Ausgabenüberhang zu Preissteigerungen. Das Geld vermindert

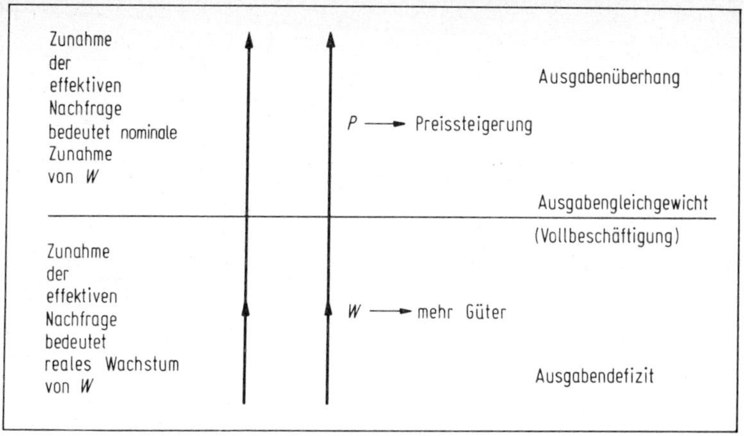

Figur 9

fortwährend seinen Wert, d.h., daß man für denselben nominalen Betrag in DM immer weniger Güter kaufen kann. Die Kaufkraft des Geldes sinkt, was insbesondere für Menschen mit konstanten Geldeinkommen (Rentner) sehr unangenehm ist. In einer Zeit, in der größere Preissteigerungen die Regel sind, werden dann immer wieder Stimmen laut, die fordern, derartige Transfereinkommen an den Preisindex für Lebenshaltung zu koppeln, um eine Konstanz der Kaufkraft zu garantieren. Preissteigerungen sind obendrein unerwünscht, da das Geld seine Funktion als Recheneinheit nur mehr mangelhaft erfüllen kann: man mißt und vergleicht mit einem schrumpfenden Maßstab.

Die Haushalte und Unternehmungen können selbst nicht absehen, ob ihre Handlungen zu einem Gleichgewicht in den Ausgaben sowie dem monetären Sektor führen. Deshalb muß sich die Wirtschaftspolitik zum Ziel setzen, gleichzeitig monetäres als auch Ausgabengleichgewicht zu erreichen.

Résume

Allgemein erwartet man, daß die staatliche Wirtschaftspolitik sowohl Ausgaben- als auch monetäres Gleichgewicht zu erreichen sucht.

5. Veränderungen der Geldmenge M

Bis jetzt haben wir in Gedanken die gesamte Geldmenge $M = M_U + M_{HH}$ konstant gehalten. Die Geldmenge kann sich jedoch dadurch ändern, daß der Staat Münzen und Banknoten in Umlauf bringt oder aus dem Verkehr zieht. Demzufolge kann die Deutsche Bundesbank mehr oder weniger Banknoten in den Geldumlauf einbringen. Und schließlich können die Geschäftsbanken den gesamtwirtschaftlichen Geldvorrat durch ihre Fähigkeit der Geldschöpfung bzw. -vernichtung verändern. Dies ist folglich Grund genug, die Unterstellung einer konstanten Geldmenge M aufzugeben.

Was bedeutet eine Zunahme der Geldmenge? In erster Instanz hängt die Antwort ganz und gar von der Frage ab, wohin die zusätzliche Geldmenge fließt. Gelangt sie in die aktiven Kassen, dann dient das Geld offenbar zur Finanzierung einer gestiegenen effektiven Nachfrage, und es werden Ausgaben, nominales Volkseinkommen und Beschäftigungsgrad steigen. Der Effekt der gewachsenen Geldmenge ist dann in der Wirkung der des Enthortens gleich und muß deshalb als inflatorische Störung des monetären Gleichgewichts verstanden werden. Fließt das Geld aber in die inaktiven Kassen, dann sieht die Sache anders aus. Der Geldmengenvermehrung steht dann immer ein Horten um denselben Betrag gegenüber, so daß das monetäre Gleichgewicht erhalten bleibt.

Die Möglichkeit der Geldschöpfung bzw. Geldvernichtung zwingt uns, unsere Definition des monetären Gleichgewichts zu ändern. Bis jetzt haben wir nur die Phänomene Horten und Enthorten betrachtet. Von monetärem Gleichgewicht hatten wir gesprochen in dem Sinne, daß diese Vorgänge einander per Saldo dauernd bzw. in einer bestimmten Periode das Gleichgewicht hielten. Geldschöpfung und Geldvernichtung zwingen uns also zu einer Verallgemeinerung unserer Definition: In einer Periode herrscht monetäres Gleichgewicht, wenn die Summe aus Geldschöpfung und Enthorten gleich der Summe aus Geldvernichtung und Horten ist.

Wenn eine Zunahme der Geldmenge in derselben Periode in der inaktiven Kasse M^2 absorbiert wird, dann bleibt das monetäre Gleichgewicht aufrechterhalten. Das Horten ist dann im Wert immer gleich der Geldschöpfung. Die eingetretene Vergrößerung der inaktiven Kasse deutet also auf eine gestiegene Liquidität der Wirtschaftssubjekte hin. Wir sollten deshalb nicht aus den Augen verlieren, daß diese erhöhte Liquidität bei den Haushalten und Unternehmungen jeden Augenblick zur Finanzierung gesteigerter Ausgaben verwendet werden kann. Eine latente inflatorische Kraft ist deshalb stets vorhanden.

Es hängt nun ganz davon ab, von wem die Geldmenge M vergrößert wird, weil man annehmen sollte, daß der Staat, die Zentralbank und die Geschäftsbanken mit einer Erhöhung der Geldmenge M eine unterschiedliche Zielsetzung verfolgen. Die Geschäftsbanken werden zur Geldschöpfung übergehen, wenn die Haushalte und Unternehmungen dies verlangen. Wenn die inaktiven Kassen nicht ausreichen, werden die Haushalte ihre Ausgaben tätigen können, indem sie die Banken in Anspruch nehmen und für deren Dienste einen bestimmten Zins bezahlen. Und nun sehen wir, daß die Banken die Möglichkeit haben, über eine inflatorische Finanzierung zu einem Ausgabenüberhang beizutragen. Hieraus resultiert der makroökonomische Effekt des Geldschöpfungspotentials der Banken: es ist möglich, daß die Kreditleihe der Bank durch neu geschöpftes Geld in einer Periode stattfindet, in der eine Stimulierung der effektiven Nachfrage wirtschaftspolitisch als unerwünscht erachtet wird. Die Aktivität der Banken, die auf die Wünsche des Publikums reagieren, führt dann zu einer überspannten konjunkturellen Situation und inflationären Tendenzen in der Preisbildung.

Résumé

Der Geldschöpfung werden durch die Wirtschaftspolitik im allgemeinen Grenzen gesetzt, weil sie entweder eine Äußerung einer vergrößerten Verbrauchsneigung ist, oder aber zu einer großen Liquidität bei Haushalten und Unternehmungen führt. In Deutschland ist diese Aufgabe der Deutschen Bundesbank übertragen. Deshalb werden wir uns mit ihr noch besonders zu befassen haben.

6. Schlußbemerkungen

In diesem Kapitel sind einige schwierige, doch für ein Verständnis unseres Wirtschaftslebens sehr notwendige Fragen erörtert worden. Wir sind insbesondere der Frage nachgegangen, welchen Einfluß das Geld auf den Ablauf des Wirtschaftsprozesses hat.

Zu diesem Zweck haben wir in aktive und inaktive Kassen unterschieden. Die aktive Kasse wird gehalten, um Zahlungen in der Gütersphäre zu leisten. Aus diesem Grund spricht man auch von einer Transaktionskasse. Die inaktive Kasse besitzt teilweise den Charakter einer Reserve, jedoch wird sie überwiegend in Verbindung mit dem Ankauf von Anlageobjekten wie Aktien und Obligationen gehalten. Zur Bezeichnung dieser Kasse eignet sich deshalb der Ausdruck Anlagekasse besonders. Wenn das Volkseinkommen steigt, dann tut es dies, weil die effektive Nachfrage zugenommen hat und dies setzt voraus, daß mehr Geld für täglich fällige Zahlungen zur Verfügung steht. Mit anderen Worten, bei konstanter Geldmenge ist M^1 größer und M^2 kleiner geworden. Nun heißt eine Verlagerung von M^2 zu M^1 Enthorten und wir sehen also, daß eine Zunahme der effektiven Nachfrage bei konstantem M notwendigerweise von einem Enthortungsprozeß begleitet wird. Dieses Enthorten wird inflatorisch genannt und ist gleichbedeutend mit einer Verschiebung des monetären Gleichgewichts in Aufwärtsrichtung.

Nehmen wir an, daß im Modell auch Banken, die Geld schöpfen, berücksichtigt werden, dann lautet die Bedingung für monetäres Gleichgewicht, daß Geldschöpfung und Enthorten pro Periode gleich der Summe aus Geldvernichtung und dem Horten sein müssen. Neben dem monetären Gleichgewicht kennen wir das Ausgabengleichgewicht, das aussagt, daß die effektive Nachfrage genau die Höhe erreicht hat, bei der Vollbeschäftigung erreicht ist. Ausgabenüberhang und Preissteigerungen sowie unzureichende Nachfrage und Arbeitslosigkeit trachtet man in Deutschland zu vermeiden.

Bedingt durch den Umstand, daß die Banken einen selbständigen Einfluß auf die Geldmenge haben und hieraus wiederum makroökonomische Konsequenzen erwachsen, wird eine Aufsicht über ihre Aktivität als wünschenswert erachtet. Diese Aufsicht liegt in Deutschland in Händen der Deutschen Bundesbank.

Fragen:

1. *Was versteht man unter monetärem Gleichgewicht?*
2. *Was versteht man unter Ausgabengleichgewicht?*
3. *Führt die Geldschöpfung der Banken in jeder Situation zu Preissteigerungen?*
4. *Auf welche Weise kann der aktiven Sphäre Geld entzogen werden?*
5. *Ein Haushalt legt 10000,— DM, die bislang in liquider Form (Girokonto) gehalten wurden, in Form von Aktien an. Wird durch diese Transaktion die effektive Nachfrage, die der Haushalt ausübt, vergrößert? Kann man allgemein davon sprechen, daß die effektive Gesamtnachfrage zunimmt?*

Aufgaben:

1. *Kann die effektive Nachfrage zunehmen, wenn das monetäre Gleichgewicht dabei erhalten bleibt?*
2. *Ist das Vorhandensein einer größeren Geldmenge im Sektor M^2 allein ausreichend, um einer Depression zu entraten?*
3. *Wird die Feststellung, daß das Nettosozialprodukt durch die effektive Nachfrage bestimmt sei, durch unser neues Wissen über die Wirkungen des Geldes berührt?*
4. *Beschreiben Sie, ausgehend von einem Zustand des Ausgabengleichgewichts, was bei einer deflatorischen Störung des monetären Gleichgewichts geschieht.*
5. *Nehmen wir einmal an, die gesamtwirtschaftliche Geldmenge bleibe für einige Zeit konstant. Wie kann dann ein Anstieg der Aktienkurse erklärt werden, wenn die Gewinne der Unternehmungen keine steigende Tendenz aufweisen.*

VI. Die Deutsche Bundesbank und das Bankwesen

1. Banktypen

Eine Zunahme der effektiven Nachfrage (Gütersphäre) zieht in der monetären Sphäre einen inflatorischen Prozeß nach sich. Dies kann zum ersten bedeuten, daß per Saldo ein Enthortungsprozeß stattfindet. Die durchschnittliche Zeit, die das Geld in Form von Kassenhaltung stillsteht, wird verringert. Dieselbe Geldmenge wird schneller umlaufen. Man kann auch sagen, die Umlaufgeschwindigkeit hat zugenommen. Wenn kein Enthortungsprozeß vorliegt, beruht der inflatorische Prozeß auf einer Vergrößerung der Geldmenge. In beiden Fällen spielt jedoch das Bankensystem eine Rolle.

Wenn die Haushalte einen Teil der gehorteten Gelder bei einer Bank in Form eines Sparguthabens einlegen, und diese Bank die Gelder den Unternehmungen zur Verfügung stellt, heben Horten (durch die Haushalte) und Enthorten (durch die Bank) einander auf. Bei dieser Form der Kreditleihe spielt die Bank lediglich eine Vermittlerrolle. Von einer Vergrößerung der Geldmenge kann dann keine Rede sein. Banken, die sich auf die Vermittlungstätigkeit beschränken und deshalb kein Geld schöpfen, nennt man deshalb auch sekundäre Banken. Sie geben das Geld weiter, das sie empfangen haben und profitieren von einem günstigen Zinsunterschied zwischen den eingelegten und den verliehenen Geldern. Ein Beispiel für diesen Banktyp ist die Hypothekenbank, die Gelder auf lange Sicht, bei Kreditsicherung durch Gebäude und Grundstücke, ausleiht. Die Hypothekenbank nimmt Geld auf mittels Ausgabe von Pfandbriefen. Ferner mußten ursprünglich die Sparkassen zu den sekundären Banken gerechnet werden. Dies hat sich jedoch schon lange geändert. Die Sparkassen befassen sich genauso wie die anderen Geschäftsbanken mit allen üblichen Geschäften des Bankfachs.

Betrachten wir nun den Fall, daß die inaktiven Kassen der Haushalte leer sind und die Unternehmungen ebenfalls nicht mehr über freie Liquiditäten verfügen, obwohl ihrerseits noch Investitionsbereitschaft vorhanden ist. Eine Steigerung der effektiven Nachfrage droht dann aus Mangel an Liquidität zum Stillstand zu kommen. In diesem Fall müssen diejenigen Banken eingeschaltet werden, die die Fähigkeit zur Geldschöpfung besitzen. Banken, die dazu in der Lage sind, nennt man auch primäre Banken.

Zu dieser Kategorie gehören z. B. die Deutsche Bundesbank und mit ihr die Landeszentralbanken als deren Unterabteilungen und alle Geschäftsbanken, wie etwa die Deutsche Bank, Dresdener Bank und die Commerzbank. Ein wichtiges Beispiel für eine primäre Bank sind auch die landwirtschaftlichen Genossenschaftsbanken, wie etwa die Raiffeisenkassen, die alle auf genossenschaftlicher Grundlage arbeiten.

Die primären Banken machen ihr Geschäft freilich nicht allein dadurch, daß sie Kredite einräumen, da sie sich z. B. auch mit dem Ankauf von Effekten und mit Devisentransaktionen befassen, doch sie unterscheiden sich gerade durch die Geldschöpfung von den sekundären Banken. Ihre Geldschöpfung führt zu in- und deflatorischen Prozessen, die in bestimmten Situationen sich als störend herausstellen können. Die Geldschöpfung einer Bank zum Nutzen einer Unternehmung kann in einer Zeit der Unterbeschäftigung stattfinden, doch genausogut in einer Überbeschäftigungsperiode. Im ersten Fall wird die Geldschöpfung meist als günstig erachtet – angenommen, die Unternehmungen verfügten selbst nicht mehr über die benötigte Liquidität für die Investitionen –, im zweiten Fall wird die Vergrößerung der Ausgabenneigung und die dadurch hervorgerufene Geldschöpfung als ungünstig angesehen.

In diesem Zusammenhang ist noch auf eine wichtige Entwicklung hinzuweisen. Primäre Banken versuchen mit großem Werbeaufwand Spargelder anzuziehen, da diese sekundären Liquiditätsmittel ihren Spielraum zur Geldschöpfung und damit zur Kreditleihe erweitern. Da das Publikum in zunehmendem Maße die Banken dahingehend zu beeinflussen vermag, die Spargelder in ähnlicher Form wie Giroeinlagen zu laufenden Transaktionen verwenden zu dürfen, können diese sogenannten uneigentlichen Spargelder mit ihrer hohen Umlaufgeschwindigkeit kaum mehr zu den sekundären Liquiditäten gerechnet werden. In dieser Sicht scheint die Frage berechtigt zu sein, ob die uneigentlichen Spargelder nicht zur Geldmenge gerechnet werden müssen, ihrem Wesen nach also primäre Liquidität darstellen. Um das eben Gesagte zu verdeutlichen, erscheint es uns angebracht, die Begriffe primäre und sekundäre Liquidität etwas näher zu umschreiben.

Primäre Liquidität ist Geld und somit Bestandteil der Geldmenge. Sekundäre Liquidität sind alle Mittel, die in kurzer Zeit ohne große Kursverluste in großem Umfang in Geld verwandelt werden können. Beispiele für sekundäre Liquidität sind etwa Schatzwechsel und unverzinsliche Schatzanweisungen.

Résumé

Es gibt Banken, die fast ausschließlich eine Vermittlungsrolle im Rahmen der Kreditleihe zwischen Haushalten und Unternehmungen spielen. Daneben existieren Banken, die Geld schöpfen können, wodurch die Geldversorgung einer Wirtschaft einen elastischen Charakter erhält.

2. Die Deutsche Bundesbank

Die Deutsche Bundesbank ist die Noten- und Währungsbank der Bundesrepublik Deutschland. Obwohl ihre Errichtung bereits im Grundgesetz verankert war, wurde sie erst am 26.7.1957 durch das Gesetz über die Deutsche Bundesbank errichtet. Auf Grund des föderalistischen Aufbaus der Bundesrepublik Deutschland bestand ein System von Landeszentralbanken. Aus juristischer Sicht war das Zentralbankensystem aus der Bank deutscher Länder und den Landeszentralbanken aufgebaut. Im obersten Organ des Systems, dem Zentralbankrat, waren die Präsidenten der Landeszentralbanken und die von diesen gewählten Mitglieder des Direktoriums der Bank deutscher Länder vertreten.

Auch bei der Bundesbank ist das oberste Organ der Zentralbankrat. Er bestimmt die Währungs- und Kreditpolitik der Bank. Der Zentralbankrat wird ebenfalls, wie vor der Gründung der Bundesbank, aus den Präsidenten der Landeszentralbanken und den Mitgliedern des Direktoriums gebildet. Vorsitzender ist der Präsident der Bundesbank. Das Direktorium ist das zentrale Exekutivorgan; es ist verantwortlich für die Durchführung der Beschlüsse des Zentralbankrats.

Die Deutsche Bundesbank ist in der Lage, chartales Geld in Umlauf zu bringen. Sie wird dadurch zur Bank der Geschäftsbanken. Wann immer die Banken ihre Kreditleihe soweit ausgedehnt haben, daß Liquiditätsschwierigkeiten drohen, können sie sich zu bestimmten Bedingungen bei der Deutschen Bundesbank refinanzieren. Inwieweit diese dem Ersuchen der betreffenden Banken stattgibt, hängt von der makroökonomischen Situation, also von konjunkturellen Erwägungen, ab. Insbesondere wird die Frage geprüft, ob die Produktionskapazität eine Stimulation der effektiven Nachfrage auf dem Wege der Geldschöpfung und des Enthortens verkraften kann, oder ob das Ausgabengleichgewicht bereits überschritten wurde, so daß die Kreditleihe zu einer überhitzten konjunkturellen Situation führen würde.

Die Deutsche Bundesbank hat aus diesem Grunde eine allgemeine wirtschaftspolitische und keine privatwirtschaftliche Aufgabe. Die gesamtwirtschaftlichen Belange sind ihrer Obhut anvertraut. Die Deutsche Bundesbank hat aber laut Bundesbankgesetz keinen eindeutig und klar umschriebenen Auftrag erteilt bekommen. Nach §3 BBkG hat sie mit Hilfe ihrer währungspolitischen Befugnisse den Geldumlauf und die Kreditversorgung der Wirtschaft zu regeln, mit dem Ziel, die Währung zu sichern. Eine weitere Hauptaufgabe ist die bankmäßige Abwicklung des Zahlungsverkehrs mit dem Ausland. Verständlicherweise trägt sie auch Verantwortung für Ordnung und technische Funktionsfähigkeit des gesamten Geldsystems im Innern und im Verkehr mit dem Ausland.

Im wesentlichen geht es jedoch immer um folgende Grundaufgabe: Die Deutsche Bundesbank muß Sorge tragen, daß das Geld keinen nachteiligen Einfluß auf den Prozeß der Einkommensbildung und -verteilung sowie die Produktion ausüben kann.

Résumé

Die Deutsche Bundesbank besitzt wichtige wirtschaftspolitische Aufgaben. Nach dem Bundesbankgesetz ist sie mit der Sicherung der Währung, der Steuerung der Geld- und Kreditversorgung und der Abwicklung des Zahlungsverkehrs mit dem Ausland betraut.

3. Die Diskontpolitik

Die nach den Grundsätzen des vorhergehenden Paragraphen ausgerichtete Politik der Zentralbank nennen wir Geld- und Kreditpolitik. Diese Geld- und Kreditpolitik der Bundesbank ist bemüht, die Liquidität des Bankensystems zu beeinflussen, wodurch also indirekt die Giralgeldmenge beeinflußt wird.

Eines der ältesten Mittel der Geldpolitik ist die Diskontpolitik, d.h. die Veränderung des Zinsfußes, zu dem die Geschäftsbanken Wechsel diskontieren, die das Publikum anbietet.

Es wurde bereits angedeutet, daß die einzelne Bank bei Liquiditätsschwierigkeiten sich an die Zentralbank wenden muß, um sich zu refinanzieren. Ihre Liquidität erhält sie zurück, indem sie diskontierte Handelswechsel bei der Zentralbank rediskontieren läßt. Die Zentralbank nimmt in diesem Fall etwa einen Wechsel herein, der in drei Monaten verfällt. Das Rediskontieren dieser Wechsel ist gleichbedeutend mit ihrem Ankauf unter Abzug des laufenden Zinses. Der Zins wird abgezogen, weil die Zentralbank den Wechsel erst am Verfallstag einlösen kann. Den bei diesem Vorgehen verwendeten Zinsfuß nennt man Diskont. Ein Erhöhen bzw. Senken des Wechseldiskonts durch die Zentralbank macht den Kredit für die Banken teurer respektive billiger. Wenn die Deutsche Bundesbank der Ansicht ist, daß zuviel Kredite vergeben werden, d.h., daß zuviel Geld in Umlauf gebracht wird, kann sie den Diskontsatz erhöhen. Im allgemeinen werden die Banken ihre Kreditzinsen ebenfalls erhöhen müssen, weil sonst ihre Gewinnmarge, – der Unterschied zwischen Refinanzierungskosten und Kreditzinsen – schrumpfen wird. Die Erhöhung des Diskonts durch die Zentralbank trifft das Publikum einmal direkt bei der Wechseldiskontierung. Zum anderen werden in der Regel die Banken gezwungen sein, der Diskonterhöhung eine Heraufsetzung ihrer eigenen Kreditzinsen folgen zu lassen, was meist zu einem Rückgang der Kreditnachfrage des Nichtbankensektors führt.

Die Praxis hat gezeigt, daß die Diskontpolitik nicht so wirksam ist, wie das Obenstehende suggerieren mag. So kann eine Verteuerung der Investitionen durch gestiegene Kreditzinsen nicht verleugnet werden, aber die Empfindlichkeit, mit der die Unternehmer darauf reagieren, ist u. U. außerordentlich gering. Die Investitionsneigung der Unternehmer kann – auf Grund günstiger Gewinnerwartungen – so stark sein, daß sie sich durch eine Diskonterhöhung und damit meist verbundene Erhöhung der Kreditzinsen von ihren Plänen nicht abbringen lassen. Enthorten und Geldschöpfung sind dann eine Folge der gestiegenen effektiven Nachfrage und diese wird nicht eingedämmt durch eine Erhöhung des Zinsfußes. Demzufolge nimmt man in der Diskontpolitik an, daß die Geschäftsbanken von der Kreditleihe der Zentralbank Gebrauch machen werden. Würde das Bankensystem fortwährend über ausreichende liquide Mittel verfügen, dann bräuchten die Banken sich anfänglich die Diskontpolitik der Zentralbank nicht zu Herzen nehmen. Eine derartige Situation war in den 50er und 60er Jahren in der Bundesrepublik mehrmals gegeben: Die Geschäftsbanken waren übermäßig liquide und brauchten die Zentralbank zu einer Refinanzierung nicht in Anspruch zu nehmen.

Schließlich erschwert möglicherweise folgender Effekt die Diskontpolitik: Eine Erhöhung des Diskonts – gerichtet auf Liquiditätsverknappung lockt bei einem bestehenden Zinsgefälle zum Ausland ausländisches Kapital an, was gleichbedeutend mit einem Liquiditätszufluß ist. Der Liquiditätszufluß aus dem Ausland kann jedoch aus zahlungsbilanztechnischen Gründen von der Zentralbank durchaus beabsichtigt sein.

Diese Anmerkungen in bezug auf die Wirksamkeit der Diskontpolitik bedeuten aber nicht, daß dieser Form der Geld- und Kreditpolitik keine besondere Bedeutung zuerkannt werden dürfte. Die Deutsche Bundesbank bringt nämlich durch die Diskontpolitik zumindest in Form eines Warnsignales zum Ausdruck, wie sie über die konjunkturelle und monetäre Situation urteilt.

Résumé

Obwohl die Diskontpolitik als technisches Instrument der Geld- und Kreditpolitik nicht sehr wirksam ist, darf ihre psychologische Signal-Wirkung auf kreditpolitische Entscheidungen des Bankensystems und der Wirtschaft nicht unterschätzt werden.

4. Die Offenmarktpolitik

Bei der Anwendung der Diskontpolitik muß die Deutsche Bundesbank insbesondere passiv abwarten, ob ihre den Kreditspielraum ausweitenden oder einengenden Maßnahmen Wirkung zeitigen. Bei der Offenmarktpolitik ist die Sache anders gelagert. Diese Politik besteht aus dem An- und Verkauf von Wertpapieren, mit dem Ziel, die Geldmenge zu vergrößern oder zu verkleinern. In der Bundesrepublik Deutschland besteht das Offenmarktgeschäft aus dem An- und Verkauf von Schatzwechseln, unverzinslichen Schatzanweisungen und Devisen.

Schatzwechsel und unverzinsliche Schatzanweisungen, sogenannte U-Schätze, sind Schuldtitel des Staates.

Der Schatzwechsel und die unverzinsliche Schatzanweisung werden, sobald sie sich in Händen von geldschöpfenden Institutionen befinden, zu den sekundären Liquiditätsmitteln gerechnet.

Wenn nun die Deutsche Bundesbank es für wünschenswert erachtet, die Liquiditätssituation der Banken zu verschlechtern, wird sie versuchen, Schatzwechsel zu verkaufen. Dies wird auf die Kreditleihe einen dämpfenden Einfluß haben. Selbstverständlich ist auch ein entgegengesetztes Vorgehen möglich. Die Deutsche Bundesbank agiert mit Hilfe der Offenmarktpolitik, aber es ist selbstverständlich, daß die Wirkung davon abhängig ist, ob die Banken bereit sind zu kaufen oder zu verkaufen.

Häufig werden Offenmarktpolitik und Diskontpolitik kombiniert angewendet. So kann z. B. die Zentralbank durch eine Offenmarkttransaktion den Banken Liquidität entziehen, um die Effektivität der Diskontpolitik zu erhöhen.

Résumé

Die Deutsche Bundesbank kauft (verkauft) Schatzwechsel und unverzinsliche Schatzanweisungen von (an) die Banken, um diesen Liquidität zuzuführen (zu entziehen). Auf diesem Wege läßt sich das Kreditvolumen des Bankensystems beeinflussen.

5. Das Gesetz über das Kreditwesen und die Mindestreservepolitik der Deutschen Bundesbank

Im Jahre 1961 wurde das Gesetz über das Kreditwesen in Kraft gesetzt. Wichtige Bestandteile dieses Gesetzes sind die Vorschriften über Eigenkapitalausstattung, Liquidität, das Kreditgeschäft (z. B. Bestimmungen über Großkredite, Millionenkredite und Organkredite) und den Sparverkehr. Weiter ist in diesem Gesetzeswerk geregelt, daß die Geschäftsbanken der Aufsicht des Bundesaufsichtsamt für das Kreditwesen unterliegen.

Da die Liquiditätsverhältnisse durch genaue Bestimmungen festgestellt sind, und die Einhaltung jener durch das Bundesaufsichtsamt für das Kreditwesen garantiert wird, ist die Bundesbank auf Grund des § 16 des Gesetzes über die Deutsche Bundesbank in der Lage, die Liquiditätsverhältnisse der Banken auf eine weitere Art zu beeinflussen. Sie kann zur Beeinflussung des Geldumlaufs und der Kreditgewährung verlangen, daß die Kreditinstitute in Höhe eines Vom-Hundert-Satzes ihrer Verbindlichkeiten, Sichteinlagen, befristeten Einlagen und Spareinlagen sowie aus aufgenommenen kurz- und mittelfristigen Geldern mit Ausnahme der Verbindlichkeiten gegenüber anderen mindestreservepflichtigen Kreditinstituten Guthaben auf Girokonto bei ihr unterhalten. Diese Guthaben bezeichnet man als Mindestreserve. Sie darf für Sichtverbindlichkeiten nicht über dreißig, für befristete Verbindlichkeiten nicht über zwanzig und für Spareinlagen nicht über zehn Prozent betragen. Innerhalb der hierdurch gegebenen Grenzen kann sie die Prozentsätze nach allgemeinen Gesichtspunkten, insbesondere für einzelne Gruppen von Instituten, verschieden bemessen sowie bestimmte Verbindlichkeiten von der Berechnung der Mindestreserve ausnehmen. Die Mindestreserve stellt eine unverzinste Zwangs-Einlage der Geschäftsbanken bei der Deutschen Bundesbank dar und beschränkt als solche den Handlungsspielraum der Banken. Dementsprechend verleiht dieses Institut der Bundesbank eine beträchtliche Einflußmöglichkeit auf die Liquidität der Banken. Erhöht (senkt) die Deutsche Bundesbank die Mindestreservesätze, schränkt (weitet) dies den Liquiditätsspielraum der Banken ein (aus).

Wenn eine Bank die Mindestreserve im monatlichen Durchschnitt unterschreitet, kann die Deutsche Bundesbank für den Betrag, um den das Reservesoll unterschreitet, einen Sonderzins bis zu drei Prozent über dem jeweiligen Lombardsatz erheben.

Résumé

Die Mindestreservepolitik der Deutschen Bundesbank stellt ein weiteres liquiditätspolitisches Instrument dar. Da die Geschäftsbanken auf Grund der Bestimmungen des Gesetzes über das Kreditwesen zur Einhaltung bestimmter Liquiditätsgrundsätze verpflichtet sind, kann der Liquiditätsspielraum der Banken durch Mindestreservevorschriften beeinflußt werden.

6. Der Bundesbankausweis

Die Aktivitäten der Deutschen Bundesbank können im Bundesbankausweis verfolgt werden. Als Bundesbankausweis bezeichnet man eine verkürzte Bilanz. Ihre Zusammensetzung und die Veränderungen in der Zeit sind der Tabelle Aktiva und Passiva der Deutschen Bundesbank am Schluß des Bandes zu entnehmen.

Aus dem Bundesbankausweis lassen sich u.a. Veränderungen der Gold- und Devisenposition der Deutschen Bundesbank ablesen.

Résumé

Anhand des Bundesbankausweises können u.a. einige Aktivitäten der Deutschen Bundesbank beobachtet werden.

7. Schlußbemerkungen

Nachdem wir festgestellt hatten, daß die Banken in der Lage sind, Geld zu schöpfen und die Geldmenge zu beeinflussen, wodurch unerwünschte in- und deflatorische Prozesse entstehen können, haben wir in diesem Kapitel untersucht, welche Aufgabe der Deutschen Bundesbank zufällt, und mit welchen Instrumenten sie diese angeht. Ihre Aufgaben sind im Gesetz über die Deutsche Bundesbank festgelegt. Um das Ziel der Geldwertstabilität der Deutschen Mark so gut als möglich zu verwirklichen, stehen der Geld- und Kreditpolitik verschiedene Instrumente zur Verfügung. Insbesondere haben wir die Diskontpolitik, die Offenmarktpolitik und die Mindestreservepolitik besprochen. Alle diese Mittel versuchen, die Kreditleihe des Bankensystems in den Griff zu bekommen.

Jetzt, da wir am Ende unserer Ausführungen über die Wirkungsweise des monetären Faktors in der Volkswirtschaft angelangt sind, scheint es uns angebracht, darauf hinzuweisen, daß es sinnvoll ist, die Aufmerksamkeit nicht zu sehr auf monetäre Probleme und Tatbestände zu richten. Es ist wohl so, daß eine übermäßige Liquidität zu einer überhitzten konjunkturellen Lage beitragen kann, doch primär liegt doch meist eine überhöhte Ausgabeneigung vor. Die monetären Ereignisse sind notwendige Folge einer veränderten effektiven Nachfrage; diese muß wohl in Grenzen gehalten werden, doch geht es letzlich doch nur um Vorgänge auf der realen Seite des Wirtschaftsprozesses. Man kann diese Aussage so zusammenfassen: Wenn die effektive Nachfrage zunimmt, wird enthortet und meist liegt in diesem Fall auch Geldschöpfung vor; wenn die effektive Nachfrage zurückgeht, wird gehortet und Geld vernichtet. Eine große Liquidität und Geldschöpfung können die Ausgabenneigung stimulieren, aber diese zusätzlichen Mittel können auch in die inaktiven Kassen wandern; sie üben dann keinen weiteren Einfluß aus. Geringe Liquidität und Geldvernichtung können zu Arbeitslosigkeit führen, aber dies braucht nicht der Fall zu sein, wenn die aktiven Kassen mit denselben Beträgen angefüllt bleiben.

Die Konsum- und die Investitionsfunktion können sich verschieben, wodurch die Ausgabeneigung zunimmt. Diese Ausgabeneigung kann von monetären Faktoren beeinflußt sein. Die beiden Verwendungsgleichungen können sich auch auf Grund von Änderungen der Güterpreise verschieben. Unsere Aufmerksamkeit richtet sich dabei nicht auf das absolute Preisniveau, sondern auf eine Veränderung der Preisverhältnisse, der relativen Preise also. Es ist deshalb höchste Zeit, daß wir die Güterpreise im Rahmen unserer Darstellung behandeln.

Fragen:

1. *Aus welchem Grund kann eine Diskonterhöhung recht wenig wirksam sein?*
2. *Was versteht man unter Offenmarktpolitik?*

3. *Was sind sekundäre Liquiditätsmittel?*
4. *Auf welche Weise kann die Deutsche Bundesbank die Kreditleihe einschränken?*
5. *Warum verlangt die Bundesbank einen Strafdiskont, wenn die Mindestreservesätze nicht eingehalten werden?*
6. *Was sind uneigentliche Spargelder?*

Aufgaben:

1. *Beschreiben Sie, auf welche Weise die Deutsche Bundesbank einer Depression begegnen könnte.*
2. *Erläutern Sie, warum eine geringe Erhöhung der Mindestreservesätze eine große Schrumpfung des Kreditvolumens zur Folge haben kann.*
3. *Nennen Sie einige Banktypen, die wir nicht erwähnt haben. Haben diese die Fähigkeit, Geld zu schöpfen?*

VII. Die Theorie des Konsumentenverhaltens

1. Einleitung

Ein Steigen der effektiven Nachfrage, induziert durch Geldschöpfung und Enthorten, führt nach Erreichen des Ausgabengleichgewichts zu Preissteigerung. Diese Preissteigerung betrifft die absoluten Preise, d.h., daß es hier um die absoluten Beträge geht, die man für die Güter ausgeben muß. Die inflationäre Preissteigerung spiegelt die Entwertung des Geldes wider; die Kaufkraft des Geldes sinkt.

Nun ist es denkbar, daß bei gleichbleibendem Einkommen der Gesamtkonsum sich durch Änderungen der Preisverhältnisse der Konsumgüter untereinander verändert. Wenn z.B. der Preis für Birnen stark fällt und der der Äpfel steigt, ist es nicht ausgeschlossen, daß die Konsumenten mehr Birnen und weniger Äpfel kaufen werden. Meist ändert sich dadurch der Gesamtbetrag, der für Konsumzwecke ausgegeben wird. Es ist also offenbar, daß sich die Konsumfunktion durch Änderungen der Preisverhältnisse zwischen den Gütern verschieben kann. Dies hängt offenbar vor allem mit den Reaktionen der Konsumenten und Produzenten auf Veränderungen in den zugrundeliegenden Preisverhältnissen zusammen. Diese Reaktionen beeinflussen immer die effektive Nachfrage. Für ein gutes Verständnis dieser Zusammenhänge ist es notwendig, etwas näher auf die Überlegungen der Konsumenten einzugehen, die sie bei der Bestimmung ihrer Bedürfnisse durchführen, genauso wie auf die Überlegungen der Produzenten bei der Festsetzung ihres Angebotes. Wir behandeln also im folgenden die mikroökonomische Theorie, die das Verhalten des einzelnen konsumierenden Haushaltes und der einzelnen Unternehmung analysiert.

Zu Beginn des mikroökonomischen Teiles unserer Darstellung ist es sinnvoll, den Inhalt des folgenden Kapitels kurz darzulegen. Das laufende Kapitel, das die Theorie des Konsumentenverhaltens beschreibt, führt uns am Ende zur Gesamtnachfragefunktion. Diese Funktion verdeutlicht, von welchen Faktoren die Nachfrage nach einem Gut abhängt. Anschließend folgt eine Betrachtung zur Produktionstheorie, in der es um Faktoren geht, die die Unternehmerentscheidungen beeinflussen. Konsumenten- und Produzentenverhalten bilden die Bausteine der Preisbildung auf den Märkten.

Die Preise fungieren als Richtschnur für die Entscheidungen der Produzenten und der Konsumenten in Bezug auf die Produktion und die Anschaffung von Gütern. Zu gleicher Zeit wird dabei über den Einsatz alternativ verwendbarer, knapper Güter entschieden. Wenn der Preis eines Gutes hoch ist, beispielsweise, weil große Nachfrage nach ihm herrscht, ist dies ein Signal für die Produzenten, die Produktion dieses Gutes zu steigern. Die Unternehmer erblicken Gewinnmöglichkeiten und setzen Produktionsmittel ein, die alternativer Verwendung entzogen wurden, um auf diese Weise stark gefragte Artikel erzeugen zu können.

Obwohl in den Preisen oft Knappheitsverhältnisse zum Ausdruck kommen, so gibt es doch Fälle, in denen dies nicht der Fall ist. Bereits im Kapitel I kamen Umweltprobleme zur Sprache. Die Knappheit an sauberer Luft, reinem Wasser und Naturschutzgebieten kommt nicht oder nur mangelhaft in den Preisen zum Ausdruck. Eine Schwierigkeit besteht auch darin, daß sich die Bedürfnisse künftiger Generationen an Erholung und natürlicher Umwelt nicht in den heutigen Preisen widerspiegeln, obwohl doch diesen zukünftigen Verhältnissen ebenfalls Rechnung getragen werden sollte. Es gibt deshalb häufig Diskussionen über die Wirkungsweise des Preismechanismus, die Rolle des Staates in diesem Zusammenhang und der Notwendigkeit die Resultate des Preismechanismus zu korrigieren. Will man sich an dieser Diskussion auf fruchtbare Weise beteiligen, dann setzt dies den Einblick in die Art und Weise voraus, in der die Preise in unserer Gesellschaft zustandekommen. Im folgenden beginnen wir nun mit der Theorie des Konsumentenverhaltens.

Résumé

Die effektive Nachfrage ist mit abhängig von den Preisverhältnissen. Die Untersuchung der Bedeutung der sogenannten relativen Preise der Befriedigungsmittel nötigt uns, näher auf das Verhalten der einzelnen Haushalte und Unternehmungen einzugehen. Damit sind wir bei der mikroökonomischen Theorie angelangt.

2. Die Präferenzskala des Konsumenten

Ein Konsument, der etwas kauft, hat bewußt oder unbewußt verschiedene Kaufmöglichkeiten gegeneinander abgewogen und schließlich eine Wahl, d.h. eine Vorliebe für das Gut, das er sich anschafft, ausgesprochen. Die moderne Theorie des Konsumentenverhaltens basiert denn auch auf dem Gedanken, daß der Konsument Präferenzen ausdrücken kann. Wir wollen, um dies deutlich zu machen, annehmen, daß es sich in einem bestimmten Fall stets um zwei Güter, nämlich Äpfel und Birnen, dreht. Der Konsument sagt z.B., daß er lieber 10 Äpfel und 2 Birnen hat, als 9 Äpfel und 4 Birnen.

Er spricht dann eine Präferenz für die erstgenannte Kombination aus Äpfeln und Birnen aus. Weshalb er der einen Kombination mehr Nutzen zuerkennt als der anderen ist eine Frage, die in der Volkswirtschaftslehre nicht behandelt wird, weil die Bedürfnisskalen der Konsumenten zu den Daten der Volkswirtschaftslehre gerechnet werden.

Früher meinte man sagen zu können, um wieviel genau der Nutzen größer sei: man dachte, der Nutzen sei meßbar. Der italienische Ökonom PARETO (1848–1923) war mit dieser Ansicht jedoch nicht einig; er ging davon aus, daß der Konsument die ihm vorgesetzte Güterkombination lediglich in eine auf- bzw. absteigende Reihenfolge einzureihen vermöge. Er kann nur sagen, ob er eine Kombination höher oder tiefer wertet als eine andere, ohne hierbei an absolute Zahlen zu denken.

Ein Konsument, der Präferenzen ausdrücken kann, kann auch Indifferenzen deutlich machen. Jemand, der sagen kann, daß er das eine dem

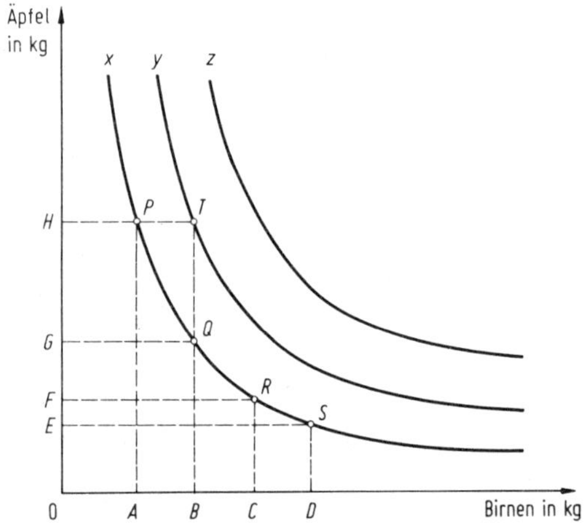

Figur 10

anderen vorzieht, kann auch sagen, daß ihm eine Güterkombination so lieb ist wie eine andere. Das Aussprechen von Indifferenzen für verschiedene Güterkombinationen bedeutet, daß der Konsument allen diesen Kombinationen denselben Nutzen zuerkennt.

Wenn wir längs der Abszisse der Figur 10 die Menge der Birnen auftragen und auf der Ordinate die Menge der Äpfel, dann stellt jeder Punkt des Schaubildes eine bestimmte Kombination von Birnen und Äpfeln dar. Die Güterkombination *OA* Birnen und *OH* Äpfel (Punkt *P*) stiftet einem bestimmten Konsumenten ebensoviel Nutzen, wie die Kombination *OB* Birnen und *OG* Äpfel (Punkt *Q*). Verbinden wir nun alle Punkte, die Güterkombinationen darstellen, welche denselben Nutzen stiften, dann erhalten wir eine Indifferenzkurve. Die oben bereits genannten Punkte liegen auf der Indifferenzkurve *x*.

Die Kombination *OB* Birnen und *OH* Äpfel (Punkt *T*) wird dem Konsumenten einen höheren Nutzen stiften als die Kombination *P*, die auf der Kurve *x* liegt. Alle Güterkombinationen, die dem Konsumenten denselben Nutzen stiften wie die Güterkombination im Punkt *T*, liegen auf der Indifferenzkurve *y*.
Eine etwas weiter vom Ursprung *O* entfernte Indifferenzkurve stellt also die Güterkombinationen dar, die mehr Nutzen stiften als die Kurven, die dichter am Ursprung liegen. So kann man sich die ganze Fläche mit Indifferenzkurven angefüllt denken.

Die Frage ist nun: warum ist eine Kurve zum Ursprung hin gekrümmt? Zu diesem Zweck betrachten wir die Güterkombination *P*, *Q*, *R* und *S* auf der Indifferenzkurve *x*. Während die Menge Birnen von *P* nach *Q*, von *Q* nach *R* und von *R* nach *S* um je eine Einheit zunimmt, nimmt die Äpfelmenge um eine unterschiedliche Anzahl ab. Was bedeutet dies? Da *P*, *Q*, *R* und *S* Güterkombinationen sind, die denselben Nutzen stiften, ist der Konsument offenbar bereit, das erste Mal mehr Äpfel zuzugeben, um eine zusätzliche Birne einzutauschen (von *P* nach *Q*) als im zweiten Fall (von *Q* nach *R*), usw. Nun ist im zweiten Fall sein Apfelvorrat geringer als im ersten Fall, wohingegen für die Birnen das umgekehrte gilt. Wir müssen daraus schließen, daß der Konsument den Verlust eines Apfels im zweiten Fall als schwerwiegender empfindet als in der vorigen Situation. Wir sagen, daß der zusätzliche Nutzen – der Grenznutzen –, den ein Konsument einer Einheit seines Vorrats zuerkennt, in dem Maße größer ist, wie der Vorrat kleiner. Wenn man von den Birnen ausgeht, kann man auch sagen, daß der Konsument einer zusätzlichen Birne weniger Nutzen zuerkennt in dem Maße, in dem er über einen größeren Birnenvorrat verfügt. Kurz formuliert: der Grenznutzen eines Gutes fällt, wenn man über eine größere Menge des betreffenden Gutes verfügt.

Dies ist ein Erfahrungssatz. Die Gesetzlichkeit wurde bereits im Jahre 1854 durch Hermann Heinrich Gossen entdeckt und ist bekannt geworden unter dem Namen „1. Gossen'sches Gesetz“. Streng genommen werden beim ersten Gesetz von Gossen die Mengen aller anderen Güter konstant gehalten. Daß die Indifferenzkurven zum Ursprung hin gekrümmt sind, beruht nicht allein auf diesem Gesetz des abnehmenden Grenznutzens, sondern auch auf dem gegenseitigen Größenverhältnis der Grenznutzen. In der modernen Theorie, in der von der Meßbarkeit des Nutzens abgesehen wird, gibt man denn auch die Präferenz näher an, indem man aussagt, daß das marginale Substitutionsverhältnis abnimmt, in dem Maße, in dem die Menge eines Gutes zunimmt. Auf die genaue Bedingung für die Abnahme der

Neigung der Indifferenzkurve gehen wir im Kapitel VI, Paragraph 4 des 2. Teiles näher ein.

Wenn mehr als zwei Güter betrachtet werden, kann man die Präferenzskala nicht mehr graphisch darstellen, aber sehr wohl trotzdem darüber sprechen. Man muß dann Präferenzen und Indifferenzen für eine große Zahl von Gütern ausdrücken.

Résumé

Die Präferenzskala des Konsumenten – ein Datum, das Ausgangspunkt für die Theorie des Konsumentenverhaltens ist – kann mit Hilfe von Indifferenzkurven beschrieben werden. Diese Indifferenzkurven stellen Güterkombinationen dar, die dem Konsumenten denselben Nutzen stiften. Eine Kurve, die weiter vom Ursprung O entfernt liegt, ist mit einem höheren Nutzen ausgezeichnet. Die Indifferenzkurven sind alle zum Ursprung hin gekrümmt.

3. Das Streben nach maximaler Bedürfnisbefriedigung

Die Konsumenten streben nach maximaler Bedürfnisbefriedigung. Sie wollen auf diese Weise den maximalen Nutzen erreichen. Ausgedrückt im Rahmen der graphischen Darstellung des vorangehenden Paragraphen bedeutet dies, daß der Konsument eine Indifferenzkurve erreichen will, die so weit wie möglich vom Ursprung O entfernt liegt.

Der Konsument bezahlt den Kauf der Güter aus seinem Einkommen. Das Einkommen und die Preise grenzen das Gebiet der erreichbaren Kombinationen ein. Wenn das Einkommen und die Preise gegeben sind, wird der Konsument versuchen, eine Güterkombination zu kaufen, die auf einer Indifferenzkurve liegt, die soweit als möglich vom Ursprung entfernt liegt.

Unser Problem lautet also: welche Güterkombination maximiert, bei gegebenem Einkommen und Güterpreisen, den Nutzen des Konsumenten?

Résumé

Das Streben des Konsumenten nach maximaler Bedürfnisbefriedigung wird durch sein Einkommen und die Güterpreise begrenzt.

4. Das Haushaltsgleichgewicht

Gesetzt den Fall, das Einkommen des Konsumenten betrage 100,— DM pro Woche und der Preis für Äpfel und Birnen betrage jeweils 1,— DM bzw. 2,— DM pro kg. Wir gehen davon aus, daß der Konsument sein ganzes Einkommen in Äpfeln und Birnen anlegt.

Nun gilt für den Konsumenten zumeist, daß er keinen Rabatt eingeräumt bekommt, wenn er mehr kauft. Wenn er also z. B. 4 oder 40 kg Äpfel einkauft, so muß er doch stets 1 kg Äpfel mit 1,— DM bezahlen.

Wenn dies so ist, sagen wir, daß der Konsument Mengenanpasser ist. Der Preis ist gegeben, er kann allein bestimmen, welche Menge er kaufen will.

Wir unterstellen, daß obengenannter Konsument Mengenanpasser ist. Gibt er sein ganzes Einkommen für Äpfel aus, dann kauft er 100 kg Äpfel; kauft er aber ausschließlich Birnen, dann würde die entsprechende Menge Birnen 50 kg betragen. In Figur 11 sind diese Mengen entsprechend auf der *y* und *x*-*A*chse aufgezeichnet, angedeutet mit den Buchstaben *A* und *B*. Gibt er sein ganzes Einkommen für die Anschaffung dieser zwei Güter aus, dann wird jede Güterkombination, die er wählt, auf der Linie liegen, die die

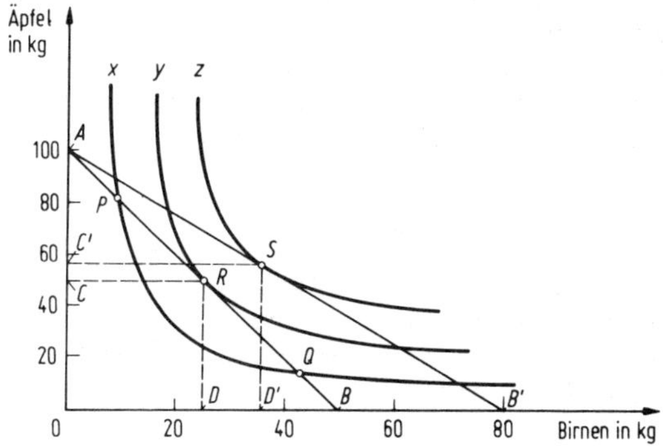

Figur 11

Punkte *A* und *B* verbindet. Diese Linie wird Einkommensgerade genannt. Auf dieser Geraden liegen sämtliche Güterkombinationen, die bei gegebenen Einkommen und gegebenen Preisen gekauft werden können. Speziell im Fall der Mengenanpassung können wir die Punkte *A* und *B* durch eine Gerade verbinden. Die Einkommensgerade teilt das Gebiet der Figur 11 in für diesen Konsumenten erreichbare und nicht erreichbare Güterkombinationen. Welche Güterkombination auf dieser Einkommensgerade stiftet dem Konsumenten nun den höchsten Nutzen?

In Figur 11 sind auch einige Indifferenzkurven eingezeichnet. Die Indifferenzkurve *x* schneidet die Einkommensgerade in den Punkten *P* und *Q*. Die Güterkombinationen *P* und *Q* stiften dem Konsumenten denselben Nutzen. In Punkt *R* tangiert die Einkommensgerade die Indifferenzkurve *y*. Die Güterkombination *R* stiftet dem Konsumenten einen höheren Nutzen, weil Punkt *R* auf einer weiter vom Ursprung entfernten Indifferenzkurve liegt. Dies ist zugleich der größte Nutzen, den der Konsument bei diesem Einkommen und diesen Apfel- und Birnenpreisen erreichen kann.

Der Konsument wird also die Güterkombination *R* wählen, weil in *R* die gegebene Einkommensgerade eine Indifferenzkurve tangiert.

Die optimale Güterkombination bei diesen Preisen und diesem Einkommen besteht für diesen Konsumenten also aus *OC* Äpfeln und *OD* Birnen. Der Konsument ist dann zufrieden; eine Substitution von Äpfeln durch Birnen und von Birnen durch Äpfel würde ihm einen niedrigeren Gesamtnutzen einbringen. Er hat sein Einkommen nun so ausgegeben, daß der Grenznutzen der Apfelmenge, die mit einer Geldeinheit gekauft werden kann, gleich dem Grenznutzen einer Birnenquantität ist, die mit derselben Geldeinheit gekauft werden kann. Es ist also nicht die Rede davon, wieviel Äpfel pro Geldeinheit gekauft werden, bevor man Birnen kauft. Der Grenznutzen ist für alle Möglichkeiten, für die das Einkommen verwendet werden könnte, gleich. In dieser Form ist dieses Ergebnis als das 2. Gossen'sche Gesetz bekannt. Während das 1. Gesetz von GOSSEN ein Erfahrungssatz ist, ist das zweite ein auf deduktivem Wege abgeleitetes Resultat, das die optimale Einkommensverwendung eines Konsumenten zum Inhalt hat.

Résumé

Das Haushaltsgleichgewicht finden wir auf graphischem Wege, indem wir die Indifferenzkurve suchen, die die Einkommensgerade tangiert. Beim Zeichnen der Einkommensgeraden wurde angenommen, daß der Konsument keinen Einfluß auf die Preise ausüben kann. Er ist Mengenanpasser.

5. Preisänderungen

Wir wollen nun annehmen, daß die Gemüsehändler den Preis für Birnen auf 1,25 DM pro kg festsetzen. Die Birnen werden also billiger. Wie wird unser Konsument reagieren?

Gibt der Konsument sein ganzes Einkommen für Birnen aus, dann kann er hierfür nun 80 kg Birnen kaufen.

Der Punkt *B* verschiebt sich auf der Abszisse nach rechts. Die Quantität Äpfel, die er kaufen kann, wenn er sein ganzes Einkommen für Äpfel ausgibt, bleibt unverändert.

Die neue Einkommensgerade ist also *AB'*, und die neue optimale Kombination finden wir, indem wir die Indifferenzkurve aufsuchen, die *AB'* gerade tangiert. Der Tangentialpunkt heißt *S*. Die optimale Kombination besteht nun aus *OC'* Äpfeln und aus *OD'* Birnen.

Wenn ausschließlich der Birnenpreis sinkt, fällt auf, daß der Konsument sowohl mehr Äpfel als auch mehr Birnen kaufen wird. Der Birnenpreis scheint also nicht allein die Quantität der nachgefragten Birnen, sondern auch die nachgefragte Menge Äpfel zu beeinflussen. Wir sagen, daß die nachgefragte Menge Birnen eine Funktion des Birnenpreises und des Apfelpreises ist. Genauso gilt, daß die nachgefragte Apfelmenge von beiden Preisen abhängig ist. Dieses auf den ersten Blick merkwürdige Resultat ist die Folge des Umstandes, daß jede Preisänderung auch das Realeinkommen der Konsumenten verändert. Das Realeinkommen gibt das Güterpaket an, das mit dem nominalen Einkommen gekauft werden kann. Wenn der Preis für Rasierklingen fällt, ist es nicht nur möglich, mehr Rasierklingen zu kaufen, sondern es entsteht auch Spielraum, um mehr andere Artikel zu erwerben.

Allgemein gilt also: die nachgefragte Menge eines jeden Gutes ist eine Funktion aller Güterpreise.

Résumé

Aus der Theorie des Konsumentenverhaltens kann der wichtige Schluß gezogen werden, daß die nachgefragte Menge nach einem Gut nicht allein abhängig ist vom Preis des betreffenden Gutes, sondern auch von den Preisen aller anderen Güter.

6. Die individuelle Nachfragefunktion

Aus dem Vorhergehenden ist zu ersehen, welche Güterkombination, bestehend aus Äpfeln und Birnen, der Konsument bei gegebenem Einkommen, gegebenen Güterpreisen und gegebener Präferenzskala kaufen wird.

Wenn der Birnenpreis einer Veränderung unterliegt, wird – so sagten wir bereits – sich die optimale Kombination von Birnen und Äpfeln auch ändern.

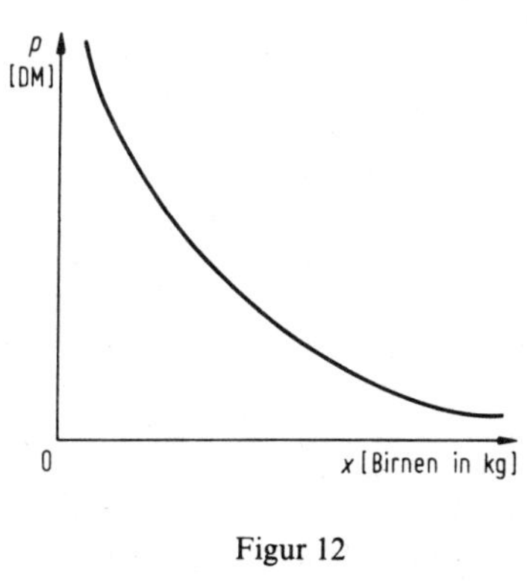

Figur 12

Betrachten wir nun stets ein Gut, in unserem Fall Birnen, dann kann man feststellen, wieviel Birnen der Konsument bei alternativen Birnenpreisen nachfragen wird. Die Beziehung zwischen Preis und nachgefragter Menge ist in Figur 12 bildlich dargestellt worden.

Die Beziehung zwischen Preis und nachgefragter Menge des betreffenden Gutes nennt man Nachfragefunktion. Da die in Figur 12 gezeichnete Nachfragefunktion sich auf die Nachfrage eines einzigen Konsumenten bezieht, spricht man von einer individuellen Nachfragefunktion. Die individuelle Nachfragefunktion hat meist einen von links nach rechts fallenden Verlauf: bei einem höheren Preis resultiert eine geringere nachgefragte Menge. Bei einem niedrigeren Preis dementsprechend eine höhere nachgefragte Menge.

Wir haben in diesem Paragraphen den bildlichen Verlauf der individuellen Nachfragefunktion wiedergegeben. Wir sind bei diesem Vorhaben davon ausgegangen, daß Einkommen und Bedürfnisskala der Konsumenten unverändert bleiben. Zugleich haben wir unterstellt, daß die Preise aller anderen Güter sich nicht ändern.

Résume

Die individuelle Nachfragefunktion gibt die Beziehung zwischen Preis und nachgefragter Menge für ein bestimmtes Gut wieder. Bei der Ableitung haben wir die ceteris paribus-Klausel verwendet, d.h., Einkommen, Präferenzskala und alle anderen Preise sollen keiner Änderung unterliegen.

7. Einkommensveränderungen

Die optimale Güterkombination ändert sich auch, wenn sich das Einkommen ändert. Wenn das Einkommen von 100,— DM auf 150,— DM pro Woche steigt, verschiebt sich die Einkommensgerade parallel nach rechts. Gesetzt den Fall, der Apfelpreis betrage wieder 1,— DM pro kg und der Birnenpreis 2,— DM pro kg, dann kann der Konsument, indem er sein ganzes Einkommen für Äpfel ausgibt, 150 kg Äpfel kaufen. Gibt er sein ganzes Einkommen für Birnen aus, vermag er 75 kg Birnen zu erwerben. Der Tangentialpunkt der neuen Einkommensgerade mit der höchsten erreichbaren Indifferenzkurve ist der Punkt *S*. Ausgehend vom selben Preisverhältnis von Äpfeln und Birnen (siehe Paragraph 4) und dem größeren Einkommen wird der Konsument nun eine Güterkombination wählen, bei der er sowohl über mehr Äpfel (von *OC* nach *OC'*) als auch über mehr Birnen (von *OD* nach *OD'*) verfügt.

Im vorhergehenden Paragraphen sagten wir, daß als Folge einer Änderung des Birnenpreises sich die nachgefragte Birnenmenge ändert.

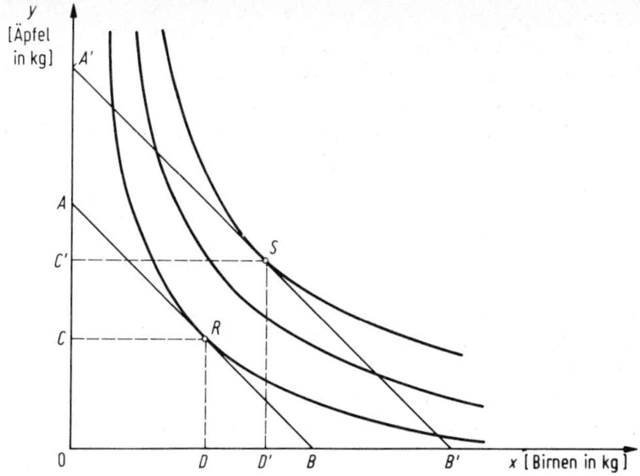

Figur 13

Bei konstanten Preisen wird sich die nachgefragte Menge als Folge einer Einkommensänderung ebenfalls ändern. Die individuelle Nachfrage nach einem Konsumgut ist so nicht allein von allen Preisen, sondern auch vom Einkommen des Konsumenten abhängig. Wir sagen, daß die individuelle Nachfragefunktion eine Funktion aller Preise und des Einkommens ist. Die individuelle Nachfragefunktion ist also eine komplizierte Funktion, und hier haben wir ein deutliches Beispiel, für das die Anwendung der ceteris paribus-Klausel notwendig ist. Wenn man die Nachfrage ausschließlich in Abhängigkeit vom Einkommen untersucht und demzufolge von kon-

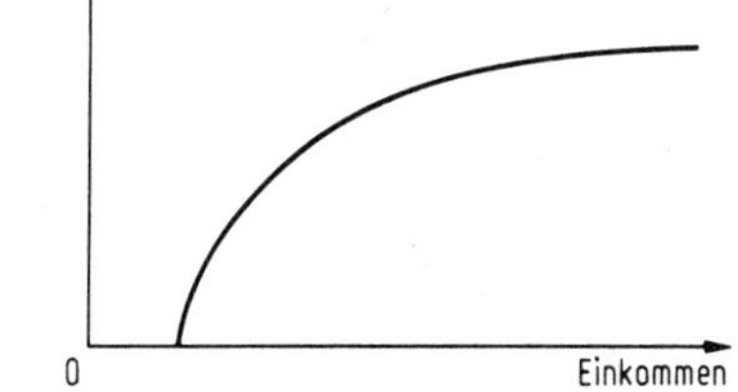

Figur 14

stanten Preisen ausgeht, wird die graphische Darstellung dieser Funktionalbeziehung „Engelkurve“ genannt. ENGEL war ein deutscher Statistiker des vorigen Jahrhunderts. Eine Engel- oder Verbrauchskurve ist in Figur 14 gezeichnet worden, wobei angenommen wurde, daß der Verbrauch eines bestimmten Gutes nach Erreichen einer bestimmten Schwelle in Abhängigkeit vom Einkommen zunimmt. Die Zunahme ist auf die Dauer aber unterproportional.

Résumé

Die individuelle Nachfragefunktion im engeren Sinn ist eine ceteris paribus-Nachfragefunktion; alle anderen Preise und das Einkommen werden konstant gehalten. Wenn wir alle Preise konstant halten und allein das Einkommen variieren, dann ist die Beziehung zwischen nachgefragter Menge und Einkommen graphisch durch eine Engelkurve darzustellen.

8. Die Gesamtnachfragefunktion

Die Gesamtnachfragefunktion ist die Summe aller individuellen Nachfragefunktionen, also die Nachfrage aller konsumierenden Haushalte zusammen. Die Gesamtnachfragefunktion erhält man, indem man alle individuellen Nachfragefunktionen horizontal aufsummiert. Dies wurde unten für zwei Konsumenten durchgeführt.

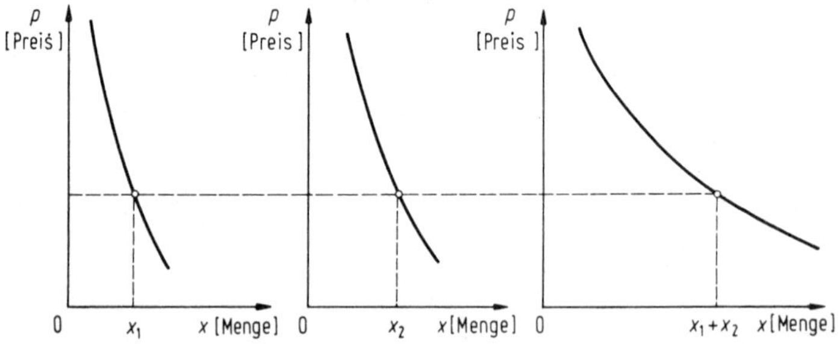

Figur 15

Die Gesamtnachfragefunktion gibt Antwort auf die Frage, welche Gütermengen bei alternativen Preisen nachgefragt werden. Dabei werden die Preise der anderen Güter und die Einkommen der Konsumenten konstant gehalten.

Die Gesamtnachfragefunktionen sind eine notwendige Ergänzung zur makroökonomischen Konsumfunktion, weil sie uns ein Verständnis der Zusammensetzung der gesamten Ausgaben und der Faktoren, durch die diese Zusammensetzung verändert werden kann, ermöglichen.

Die makroökonomische Konsumfunktion bringt zum Ausdruck, welcher Gesamtbetrag bei verschiedener Höhe des Volkseinkommens konsumiert wird, ohne daß etwas über die Zusammensetzung dieses Betrages ausgesagt wird. Aus der Analyse des Konsumentenverhaltens wird klar, daß diese Zusammensetzung insbesondere durch die Güterpreise bestimmt ist. Bei gegebenen Präferenzen der Konsumenten führen Veränderungen in den Preisverhältnissen zu Änderungen der Zusammensetzung der optimalen Güterpakete und damit der Konsumstruktur.

Indessen darf nicht vergessen werden, daß mit der Ableitung der Gesamtnachfragefunktion für ein bestimmtes Produkt aus der Theorie des Konsumentenverhaltens noch nicht ausgesagt wurde, welcher Preis sich de facto einstellen wird. Es wird bloß festgestellt, was die Konsumenten bei alternativen Preisen kaufen werden. Einer dieser Preise kommt in Wirklichkeit zustande. Auf welche Weise dies geschieht, werden wir im Kapitel IX sehen.

Résumé

Die Gesamtnachfragefunktion zeigt uns auf, welche Faktoren die Nachfrage nach einem Gut bestimmen. Auf diese Weise bekommt das Symbol C für den Konsum in der Konsumfunktion mehr Profil, denn wir sehen jetzt, daß insbesondere die Konsumstruktur durch die Güterpreise determiniert ist.

9. Mathematische Herleitung

Der in diesem Kapitel behandelte Stoff läßt sich mit Hilfe einiger mathematischer Beziehungen zusammenfassen.

Wir führen zunächst eine Nutzenfunktion ein, die angibt, in welcher Weise der Nutzen U von der Verfügbarkeit der Gütermengen x und y abhängt. Diese Nutzenfunktion besitzt die allgemeine Form:

(1) $$U = U(x, y).$$

Eine Indifferenzkurve ist nun nichts anderes als die graphische Darstellung der Beziehung zwischen x und y, wenn für U ein bestimmter Wert – nennen wir ihn C_1 – gesetzt wird. Wählt man für U den höheren Wert C_2, dann resultiert eine andere Indifferenzkurve, die weiter vom Ursprung entfernt liegt. Man kann sich die Zusammenhänge auch wie folgt verdeutlichen. Angenommen man trägt in einem Zimmer in der Längsrichtung x ab, in der Breite y und in der Höhe den Nutzen U, dann entsteht auf diese Weise ein Nutzengebirge. Schneiden wir den Berg auf einem bestimmten Nutzen in einer Ebene parallel zum Fußboden durch, dann gewinnen wir eine Schnittkurve, die identisch mit der Indifferenzkurve ist.

Betrachten wir im weiteren die Einschränkung, welche durch das Haushaltseinkommen gegeben ist. Wenn die Güterpreise mit p_1 und p_2 bezeichnet werden, das Haushaltseinkommen mit i und das ganze Einkommen zum Kauf der beiden Güter verwendet wird, dann muß gelten:

(2) $$p_1 x + p_2 y = i.$$

Nimmt man an, daß p_1, p_2 und i unabhängig sind von x und y, d.h. sich nicht ändern, wenn die Mengen x und y variieren, dann ist die Beziehung (2) eine lineare Funktion in x und y. Diese kann wie folgt geschrieben werden:

(3) $$y = -\frac{p_1}{p_2} x + \frac{i}{p_2}.$$

Es ist selbstverständlich, daß der Steigungskoeffizient dieser Geraden negativ ist, denn der Kauf einer größeren Menge des Gutes x schränkt bei gleichem Einkommen automatisch die Konsummöglichkeit für das Gut y ein.

Das Problem, das in diesem Kapitel auf graphischem Wege gelöst wurde, besteht nun darin, die Nutzenfunktion $U(x,y)$ unter der Nebenbedingung $i = p_1 x + p_2 y$ zu maximieren. Diese Fragestellung wird im Teil 2 (Heidelberger Taschenbücher, Band 90) auf algebraische Weise beantwortet.

Des Rätsels Lösung ist darin zu sehen, daß die Nachfrage nach dem Gut x eine Funktion des Preises des Gutes x, des Preises des Gutes y und des Haushaltseinkommens ist. Es gilt also:

(4) $$x = f_1(p_1, p_2, i),$$

und auch

(5) $$y = f_2(p_1, p_2, i).$$

Aus (4) und (5) ist ersichtlich, daß man die Beziehung zwischen x und p_1, respektive y und p_2, isoliert untersuchen kann, indem man p_2 und i, bzw. p_1 und i, konstant hält. Aus der individuellen Nachfragefunktion (4) und (5) können durch Addition – oder mit einem anderen Wort – durch Aggregation die Gesamtnachfragekurven der beiden Güter x und y abgeleitet werden.

Die angeführten Überlegungen verdeutlichen, daß die Analyse genausogut mit n Gütern durchgeführt werden kann. Die Einschränkung auf den Fall $n = 2$ wurde ausschließlich vorgenommen, weil in diesem Fall eine graphische Lösung möglich ist.

Résumé

Mit Hilfe mathematischer Problemformulierungen ist es möglich, ökonomische Zusammenhänge und Fragestellungen kurz und bündig darzustellen.

10. Schlußbemerkungen

In diesem Kapitel haben wir die Theorie des Konsumentenverhaltens besprochen, wie sie insbesondere seit PARETO anerkannt ist. Der Nutzen wird, ebenfalls durch PARETO inspiriert, als ordinal und damit nicht exakt meßbar angesehen. Das erste Gossen'sche Gesetz bestimmt mit die Form der Indifferenzkurven. GOSSEN, der in der Mitte des 19. Jahrhunderts lebte, war ein Vorläufer der Grenznutzenschule der Nationalökonomie. Diese Schule, die um 1870 entstand, und zu der MENGER, JEVONS und WALRAS gehören, hat vor allem die Rolle des Konsumenten im Wirtschaftsprozeß untersucht. Wie wir noch sehen werden, war diese eine Reaktion auf die klassische Schule (um 1800), die speziell der Produktion große Beachtung geschenkt hat.

Die Grenznutzenschule kann noch genauer untergliedert werden in die Österreichische Schule, die Cambridger Schule und die Lausanner Schule. Zur Österreichischen Schule werden neben MENGER auch VON WIESER und VON BÖHM-BAWERK gerechnet. Einer der späteren Verfechter dieser Schule ist SCHUMPETER. Der Begründer der Cambridger Schule ist MARSHALL, der im Gegensatz zu JEVONS mehr bei den englischen Klassikern anschließt, vertreten durch SMITH, RICARDO und MILL. WALRAS war das Haupt der Lausanner Schule, zu der auch PARETO gehörte. WALRAS und sein Nachfolger haben in vielfältiger Weise von mathematischen Methoden Gebrauch gemacht.

Mit Hilfe von Einkommensgerade und Indifferenzkurven haben wir das Haushaltsgleichgewicht bestimmt. Wenn wir Preise und Einkommen verändern, ist es uns möglich, die individuelle Nachfragefunktion abzuleiten. Aus den individuellen Nachfragefunktionen haben wir schließlich die kollektive Nachfragefunktion abgeleitet.

Die in diesem Kapitel dargestellte Theorie ist in der letzten Zeit einer ernsthaften Kritik ausgesetzt. Diese Kritik wurzelt nicht bloß in der Tatsache, daß z.B. vom Einfluß der Vermögen auf die Konsumausgaben abstrahiert wird, sondern mehr noch in der Rolle, die die als gegeben unterstellten Präferenzen der Konsumenten spielen. In zunehmendem Maße erheben sich Zweifel am Charakter der Unabhängigkeit der Konsumwahl, wobei insbesondere auf die zunehmende Bedeutung der Werbung hingewiesen wird. Weiter wird auch überdacht, daß die technische Entwicklung in hohem Maße bestimmt, welche Artikel angeboten werden, so daß der Spielraum für die Konsumentenpräferenzen als enger erachtet wird, als etwa angenommen wird, wenn die Präferenzen als Datum angesehen werden.

Fragen:

1. *Was ist eine Indifferenzkurve?*
2. *Was für ein Unterschied herrscht zwischen der Theorie des Konsumentenverhaltens vor und nach* PARETO*?*
3. *Warum ist die Einkommensgerade eine Gerade?*
4. *Was versteht man unter Grenznutzen?*
5. *Was lehrt uns das 1. Gossen'sche Gesetz?*
6. *Wie lautet das 2. Gesetz von* GOSSEN*?*
7. *Was ist eine individuelle Nachfragekurve?*
8. *Was ist eine Gesamtnachfragekurve?*
9. *Wodurch kann sich die Gesamtnachfragekurve verschieben?*
10. *Warum wird der Konsument die Güterkombination wählen, die sich im Tangentialpunkt zwischen Einkommensgerade und einer der Indifferenzkurven ergibt?*
11. *Der Konsument ist in vielen Fällen Mengenanpasser. Was heißt das?*

Aufgaben:

1. *Können zwei Indifferenzkurven einander schneiden?*
2. *Was bedeutet es, wenn die Indifferenzkurven Geraden sind?*
3. *a) Ein Junge kriegt ein Taschengeld von 3,— DM, das er in Kartoffelchips und Waffeln anlegt. Der Preis für Waffeln ist 0,25 DM, der Preis für Chips variiert. Wenn eine Portion Chips 0,10 DM kostet, ist die optimale Kombination von Kartoffelchips und Waffeln für den jungen Mann: 12,5 Portionen Kartoffelchips und 7 Waffeln. Bei einem Preis für Chips von 0,25 DM sind dies: 6 Portionen Chips und 6 Waffeln. Bei einem Preis für Kartoffelchips von 0,40 DM ist die optimale Kombination 4 Portionen Chips und 5,5 Portionen Waffeln und bei einem Preis für Kartoffelchips von 0.50 DM ist dies 3,5 Portionen Chips und 5 Waffeln.*
   Zeichnen Sie die individuelle Nachfragekurve des jungen Mannes in bezug auf Kartoffelchips.
   b) Was passiert mit der Nachfragefunktion, wenn sein Taschengeld erhöht wird?
4. *Zeichnen Sie auf der Basis der in der vorhergehenden Aufgabe verwendeten Zahlen in ein Schaubild die Einkommensgerade und einen Satz dazu passender Indifferenzkurven.*
5. *Welche Kombination wird der Junge kaufen, wenn der Preis für eine Portion Kartoffelchips 0,15 DM beträgt?*
6. *Zwischen dem Preis und der nachgefragten Menge nach einem bestimmten Gut besteht die folgende Beziehung:*

Preis	Nachfrage in Stück
74 Dpf.	20
62 Dpf.	30
55 Dpf.	40
48 Dpf.	50
43 Dpf.	60
33 Dpf.	80
25 Dpf.	100
19 Dpf.	120
14 Dpf.	140

Zeichnen Sie mit Hilfe dieser Zahlen die Nachfragekurve.

7. *Eine Untersuchung der Einkommen sämtlicher Haushalte eines Landes ergab:*

Haushalte mit einem Einkommen in 1000 DM	Ausgaben für Kaffee und Tee in DM
unter 6	92
6 bis unter 7	108
7 bis unter 8	110
8 bis unter 9	117
9 bis unter 10	127
10 bis unter 11	135
11 bis unter 12	134
12 bis unter 13	152
13 bis unter 14	149

Diese Zahlen zeigen die Beziehung zwischen den Ausgaben für Tee und Kaffee und dem Einkommen.
Zeichnen Sie ein Achsenkreuz, bei dem auf der Horizontalen das Einkommen und auf der Vertikalen der Verbrauch abgetragen ist. Tragen Sie die angegebenen Tabellenwerte in das Schaubild ein. In diese Punktwolke kann man näherungsweise eine Engelkurve einzeichnen.
Berechnen Sie die prozentuale Zunahme des Verbrauchs als Folge einer prozentualen Zunahme des Einkommens für einige Einkommensklassen.

8. *Organisieren Sie eine Diskussion über die Frage, inwiefern die Werbung die Wahlhandlungen der Konsumenten beeinflußt. Wird die Funktion des Preismechanismus durch die Werbung beeinflußt?*
9. *Formulieren Sie die in diesem Kapitel dargestellte Theorie, indem Sie eine Nutzenfunktion und eine Einkommensgrenze einführen, wobei Sie von drei Gütern x, y und z ausgehen.*

VIII. Die Produktionstheorie

1. Einführung

Aus der Theorie des Konsumentenverhaltens haben wir die Gesamtnachfragefunktion ableiten können. Diese Funktion gibt an, wieviel Mengeneinheiten eines Gutes die Konsumenten insgesamt bei alternativen Preisen nachfragen werden. In diesem Kapitel werden wir der Frage auf den Grund gehen, wieviel die Produzenten insgesamt bei unterschiedlichen Preisen anbieten werden. Mit anderen Worten, wir wollen also die Gesamtangebotsfunktion ableiten.

Die Gesamtnachfragefunktion hatten wir erhalten, indem wir alle individuellen Nachfragefunktionen horizontal aufsummierten. Dem entsprechend ist die Gesamtangebotsfunktion die horizontal aggregierte Summe der individuellen Angebotsfunktionen. Um die Gesamtangebotsfunktion abzuleiten, ist es also notwendig, die individuelle Angebotsfunktion zu kennen.

Die individuelle Angebotsfunktion gibt Antwort auf die Frage, welche Menge an Gütern der Produzent bei alternativen Preisen anbieten wird. Die Höhe des Angebotes stellt zugleich den Umfang der Produktion dar. Der Unternehmer wird sich bei der Bestimmung des Produktionsumfangs u. a. durch die Kosten leiten lassen. Deshalb werden wir zuerst der Frage nachgehen müssen, wie sich die Kosten in Abhängigkeit von der Produktionsmenge entwickeln. Die Funktionalbeziehung zwischen Kosten und Umfang der Produktion wird Kostenfunktion genannt.

In dem Maße, in dem die Produktion ausgeweitet wird, werden die Gesamtkosten zunehmen. Die Kosten werden jedoch nicht proportional zur Produktionsmenge steigen. Bei der Ableitung der Kostenfunktion gehen wir davon aus, daß das technische Wissen und das innerhalb des Betriebes verfügbare Realkapital unverändert bleiben. Die Produktion wird also auf die Weise gesteigert, daß stets mehr Arbeit mit einer unveränderten Kapitalausstattung kombiniert wird. Die Erfahrung hat gezeigt, daß, wenn man einen konstant gehaltenen Produktionsfaktor (in diesem Fall Kapital) nacheinander mit Einheiten eines anderen Produktionsfaktors (in diesem Fall Arbeit) kombiniert, die physische Produktionsmenge nicht unbedingt proportional zunimmt.

Um festzustellen, in welcher Weise die Kosten sich als Folge einer Produktionsänderung verändern, wollen wir zuerst die bereits angedeutete Gesetzmäßigkeit – der physische Output verhält sich nicht proportional zum variablen Faktor – näher untersuchen.

Résumé

Der Produzent läßt sich bei der Festsetzung der Produktionsmenge u.a. von seinen Kosten leiten. Diese Kosten werden in erster Linie bestimmt durch die physische Produktionsmengenänderung im Gefolge des Kombinationsprozesses zwischen Arbeit und einem konstanten Realkapitalstock.

2. Das Ertragsgesetz

Aus Erfahrung wissen wir, daß, wenn ein konstanter Produktionsfaktor (Boden) sukzessive mit Einheiten eines variablen Produktionsfaktors (Arbeit) kombiniert wird, der Gesamtertrag (z.B. Korn) zuerst über-, später unterproportional zum variablen Faktor ansteigt. Kombiniert man stets mehr Einheiten des variablen Produktionsfaktors (Arbeit) mit dem konstant gehaltenen Produktionsfaktor (Boden), dann wird schließlich der Gesamtertrag (Korn) nicht mehr steigen, sondern sogar abnehmen. Die Beziehung zwischen Gesamtproduktion und variablem Produktionsfaktor gilt nicht nur für die Agrarwirtschaft, sondern wahrscheinlich auch für die industrielle Fertigung.

In der folgenden Tabelle haben wir die oben genannte Erfahrungstatsache anhand eines Zahlenbeispiels demonstriert. Wir gehen hierbei davon aus, daß auf einem genau umrissenen Stück Land Getreide angebaut wird und daß sukzessive mehr Arbeiter auf diesem Stück Land beschäftigt werden. Wir sehen dann, daß, wenn z.B. drei Arbeiter beschäftigt sind, der Gesamtertrag sich auf 25 Ztr. beläuft, bei Beschäftigung von neun Arbeitern aber auf 106 Ztr. Getreide (siehe Spalte 2).

Wenn nacheinander ein zweiter, dritter, ... fünfter Arbeiter eingesetzt wird, steigt der physische Gesamtertrag mehr als proportional. Nach dem fünften Arbeiter nimmt der physische Gesamtertrag unterproportional zu und fällt sogar ab dem fünfzehnten Arbeiter. Anstatt den physischen Gesamtertrag zu betrachten, kann man auch die Zunahme des physischen Gesamtertrages, den Grenzertrag, untersuchen. Der Grenzertrag drückt aus, wieviel eine zusätzliche Arbeitskraft dem Gesamtertrag zuzufügen vermag. Nimmt der Gesamtertrag überproportional zu, dann sprechen wir von steigenden Grenzerträgen. In Spalte 3 sind dies die Werte 5, 8, 12, 14 und 16. Vom fünften Arbeiter ab fällt der Grenzertrag, bis dieser beim fünfzehnten Arbeiter Null wird. Vom fünfzehnten Arbeiter ab ist der Grenzertrag negativ, d.h. der Gesamtertrag nimmt ab.

Arbeiter 1	Physischer Gesamtertrag (in Ztr.) 2	Grenzertrag (in Ztr.) 3	Durchschnitts-ertrag (in Ztr.) 4 (2:1)
1	5	5	5,0
2	13	8	6,5
3	25	12	8,3
4	39	14	9,7
5	55	16	11,0
6	70	15	12,0
7	84	14	12,0
8	96	12	11,8
9	106	10	11,4
10	114	8	11,0
11	121	7	10,3
12	126	5	10,0
13	130	4	10,0
14	132	2	9,4
15	132	0	8,8
16	130	−2	8,1
17	127	−3	7,5

In der vierten Spalte der Tabelle wurde der Durchschnittsertrag berechnet. Man erhält diese Werte, indem man den physischen Gesamtertrag durch die Anzahl der eingesetzten Arbeitskräfte dividiert. Bis einschließlich dem achten Arbeiter nimmt der Durchschnittsertrag stets zu. Die Anstellung eines neunten (oder mehr) Arbeitnehmers wird einen geringeren physischen Durchschnittsertrag zur Folge haben.

Den höchsten Wert der Spalte 3 haben wir bei fünf Arbeitern; den höchsten Wert in Spalte 4 bei acht Arbeitern. Das bedeutet also, daß der durchschnittliche Ertrag noch steigt, während der physische Grenzertrag bereits fällt. Dies verwundert nicht, wenn man bedenkt, daß der siebente Arbeiter noch 14 Ztr. dem Gesamtertrag zufügt und der Durchschnittsertrag der ersten sechs Arbeiter niedriger ist, nämlich 11,6 Ztr. Die Vergrößerung des Gesamtertrages durch den Einsatz eines siebenten Arbeiters ist also größer als der Durchschnittsertrag es ist, mit der Folge, daß der Durchschnittsertrag von sieben Arbeitern größer ist als der von nur sechs. Solange der physische Grenzertrag größer ist als der Durchschnittsertrag, wird letzterer steigen. Der Durchschnittsertrag fällt, wenn der Grenzertrag kleiner als der Durchschnittsertrag ist.

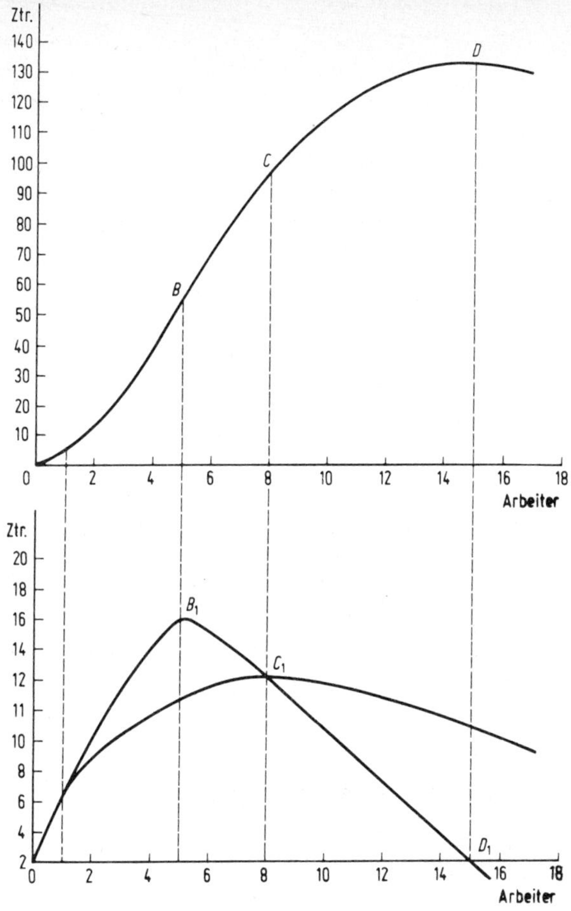

Figur 16

Die oben angeführte Tabelle ist in Figur 16 graphisch wiedergegeben worden. Im oberen Teil dieser Graphik ist auf der Abszisse die Zahl der eingesetzten Arbeitskräfte und auf der Ordinate der physische Gesamtertrag aufgetragen.

Im unteren Teil der Graphik ist horizontal die Zahl der Arbeiter und vertikal der physische Grenzertrag sowie der Durchschnittsertrag aufgezeichnet.

Die Unterteilung der Abszisse erfolgte in beiden Schaubildern im selben Maßstab. Wir können so aus der Graphik unmittelbar ableiten, daß bei 4 Arbeitern der Gesamtertrag 39 Ztr., der Grenzertrag 14 Ztr., und der Durchschnittsertrag 9,7 Ztr. beträgt.

Das Stadium des überproportional steigenden Gesamtertrages ist bei der Gesamtertragskurve jener Teil, der zwischen O und B liegt. In diesem Teil nimmt der Grenzertrag beständig zu: O_1–B_1. Im Abschnitt B–D nimmt der Gesamtertrag wohl stets zu, aber proportional und unterproportional (siehe B_1–D_1). Wenn der Punkt D überschritten ist, nimmt der Gesamtertrag ab. Der Grenzertrag ist dann negativ.

Weiter sehen wir, daß die Grenzertragskurve, die die Durchschnittsertragskurve im höchsten Punkt schneidet, höher liegt, während die Durchschnittsertragskurve ansteigt und tiefer liegt als diese, wenn letztere fällt.

Bei 8 Arbeitern ist der Durchschnittsertrag maximal, nämlich 12 Ztr. Im oberen Teil des Schaubildes sehen wir, daß 12 Arbeiter eine Gesamtproduktion erzeugen, die bereits im Bereich abnehmender Grenzerträge zu finden ist.

Résumé

Das Ertragsgesetz wurde ursprünglich aus der Agrarwirtschaft abgeleitet. Die Kombination eines Produktionsfaktors mit einem konstanten Faktorpaket der anderen Produktionsfaktoren wird zur Folge haben, daß der physische Gesamtertrag zuerst überproportional und später unterproportional ansteigt. Eine weitere Vermehrung des variablen Faktors wird dazu führen, daß der Gesamtertrag selbst abnehmen wird. Die Grenzerträge nehmen zu, fallen und werden negativ.

3. Die Kostenfunktion

Der im vorhergehenden Paragraphen besprochene Erfahrungssatz kann auch in umgekehrtem Kausalzusammenhang formuliert werden. Die erforderliche Quantität des variablen Faktors nimmt zuerst unter- und später überproportional zum physischen Gesamtertrag zu. Den Bereich nach D in Figur 16 lassen wir im folgenden außeracht.

Anfänglich erfordert eine zusätzliche Einheit des Endproduktes weniger Einheiten des variablen Faktors als in einem späteren Stadium. In Figur 17 wurde dieser Zusammenhang bildlich dargestellt. Horizontal wurde der physische Gesamtertrag und vertikal die erforderliche Menge des variablen Faktors abgebildet.

Diese Formulierung des Ertragsgesetzes geht ganz in Richtung Kostenfunktion, da immer genau gesagt wird, was technisch eingesetzt werden muß, um eine bestimmte Menge des Endproduktes herzustellen. Um den monetären Einsatz (Kosten) zu erhalten, muß zusätzlich noch dem Preis des variablen Faktors Rechnung getragen werden.

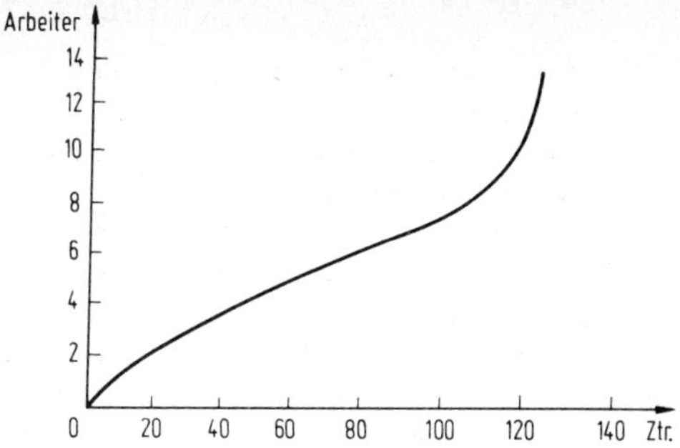

Figur 17

Wir haben angenommen, daß der variable Faktor menschliche Arbeit ist. Wenn man die Anzahl der Arbeiter mit ihrem Lohn multipliziert, erhält man die Lohnsumme, die bezahlt werden muß, um eine bestimmte Quantität des Endproduktes herzustellen.

Wir nehmen an, daß der Lohn stets 100,— DM pro Woche sei, unabhängig von der Frage, ob viele oder wenig Arbeiter beschäftigt werden. Der Produzent ist in diesem Fall also Mengenanpasser als Nachfrager auf dem Markt für Produktionsfaktoren: Der Preis (der Lohn) ist gegeben, der Produzent paßt die nachgefragte Faktormenge an.

Figur 17 bringt zum Ausdruck, daß für eine Produktion von 55 Ztr. Getreide 5 Arbeiter für eine Zeit von z.B. 20 Wochen einzustellen sind. Um 55 Ztr. Getreide zu erzeugen, muß deshalb 5·20·100,— DM = 10000,— DM an Löhnen ausbezahlt werden. Auf diese Weise kann man für jede Produktionsmenge errechnen, welcher Betrag an Löhnen aufzuwenden ist. Da die erforderliche Anzahl Arbeitskräfte stets mit der gleichen Zahl

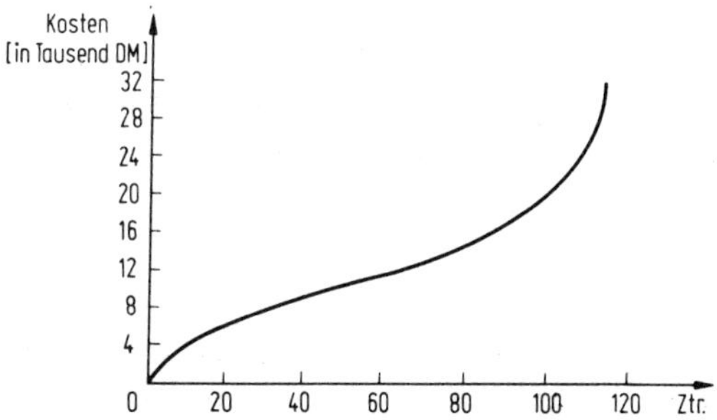

Figur 18

20 · 100,— DM = 2000,— DM multipliziert wird, wird der Verlauf der Kurve in Figur 17 nicht durch diese Multiplikation beeinflußt. Figur 18 zeigt denn auch genau denselben Verlauf der Kurve wie die in Figur 17 gezeichnete, mit dem Unterschied, daß auf der Ordinate nun der *Betrag* abgetragen ist, der eingesetzt werden muß, um eine bestimmte Produktion zu verwirklichen. Wir haben jetzt den Verlauf der variablen Gesamtkostenkurve abgeleitet. Man spricht von *variablen* Kosten, weil diese von der Produktionsmenge abhängig sind. *Konstante* Kosten (Fixkosten) dagegen ändern sich nicht, wenn die Produktion eine Änderung erfährt. Im angeführten Fall sind die Ausgaben für Grund und Boden fixe Kosten. Ob nun viel oder wenig Getreide angebaut wird, beeinflußt die Kosten für Grund und Boden nicht. Wenn wir diese Komponente der Gesamtkosten mit 4000,— DM annehmen, ist es uns möglich in einem Schaubild 19 die Gesamtkostenfunktion abzubilden.

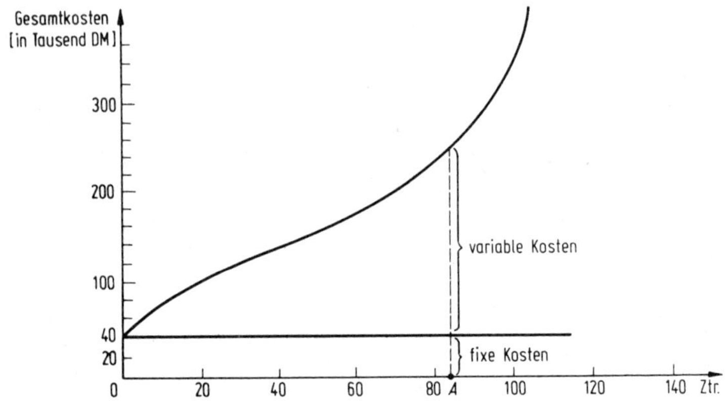

Figur 19

Für die Produktionsmenge *OA* können wir sowohl den Fixkostenbetrag mit 4000,— DM als auch den Betrag der variablen Kosten mit 18000,— DM angeben.

Résumé

Aus dem Ertragsgesetz kann man durch Umkehrung den Verlauf der Gesamtkostenfunktion ableiten. Bei diesem Vorgehen unterstellen wir, daß der Produzent bei der Nachfrage nach Produktionsfaktoren als Mengenanpasser auftritt.

4. Durchschnitts- und Grenzkosten

Um feststellen zu können, welchen Verlauf die Durchschnitts- und Grenzkosten haben werden, wollen wir zuerst in Tabellenform die variablen Kosten angeben. Sie werden aus den Zahlen der auf Seite 94 wiedergegebenen Tabelle und der Annahme berechnet, daß jede Arbeitskraft 20 Wochen gegen eine Entlohnung von 100,— DM pro Woche arbeitet.

Produktion in Ztr.	Variable Kosten in DM	Produktion in Ztr.	Variable Kosten in DM
5	2 000	96	16 000
13	4 000	106	18 000
25	6 000	114	20 000
39	8 000	121	22 000
55	10 000	126	24 000
70	12 000	130	26 000
84	14 000	132	28 000
		132	30 000

Wenn man diese Daten graphisch wiedergibt, entsteht folgende Darstellung:

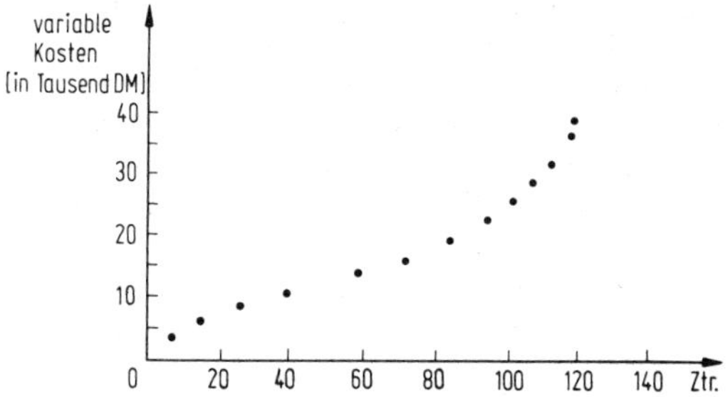

Figur 20

Zieht man durch die in Figur 20 eingezeichneten Punkte eine stetige Kurve, dann erhält man die Kurve der variablen Kosten, die in den Figuren 17 und 18 bereits eingezeichnet ist. Das Durchlegen einer stetigen Kurve bedeutet, daß wir für dazwischenliegende Produktionsmengen ermitteln, wie hoch die Kosten wären. Diese neuen Ergebnisse können auch in einer Tabelle zusammengefaßt werden. Der Einfachheit halber haben wir dies allein für die Produktionsmengen von 1–25 Ztr. getan.

Produktion in Ztr.	Variable Kosten in DM	Produktion in Ztr.	Variable Kosten in DM
1	500	13	4 000
2	900	14	4 200
3	1 300	15	4 400
4	1 700	16	4 400
			4 600
5	2 000	17	4 800
6	2 300	18	4 950
7	2 600	19	5 100
8	2 900	20	5 250
9	3 150	21	5 400
10	3 400	22	5 550
11	3 600	23	5 700
12	3 800	24	5 850
		25	6 000

Die Berechnung der variablen Durchschnittskosten ist nun recht einfach. Man dividiert die variablen Kosten durch die Produktionsmenge. So betragen etwa die variablen Kosten bei einer Produktion von 10 Ztr. Getreide 3400,— DM. Die variablen Durchschnittskosten sind also 3400 : 10 = 340,— DM. Auf dieselbe Art und Weise kann man berechnen, daß die variablen Durchschnittskosten bei einer Produktionsmenge von 25 Ztr. gleich 240,— DM sind. Im Intervall von 0–132 Ztr. können wir so für jede Produktionsmenge die variablen Durchschnittskosten berechnen. Stellt man das Ergebnis dieser Berechnungen graphisch dar, dann erhalten wir die Kurve der variablen Durchschnittskosten, die in Figur 21 gezeichnet ist.

Aus obiger Tabelle kann man aber auch die marginalen oder Grenzkosten ableiten. Unter den Grenzkosten versteht man die zusätzlichen Kosten, die aufgewendet werden müssen, um die Produktion um eine Einheit auszudehnen. Wenn die Erzeugung eines Ztrs. Getreide 500,— DM kostet, hingegen die variablen Kosten für 2 Ztr. Getreide 900,— DM betragen, belaufen sich die Grenzkosten für den zweiten Ztr. auf 400,— DM. So betragen etwa die Grenzkosten für den achten Zentner 300,— DM. Außerdem kann man nun für jede willkürliche Produktionsmenge die marginalen Kosten errechnen. Die Grenzkosten sind ebenfalls in Figur 21 eingezeichnet.

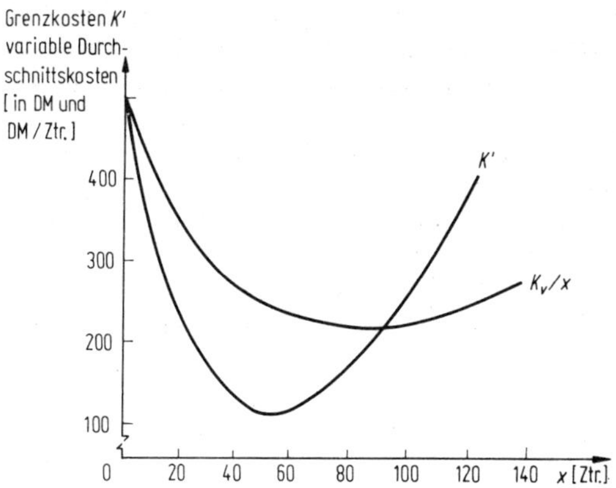

Figur 21

Die variable Durchschnittskostenkurve $\frac{Kv}{x}$ und die Grenzkostenkurve $\frac{dK}{dx} = K'$ schneiden einander im tiefsten Punkt der variablen Durchschnittskostenkurve. Solange die Grenzkosten niedriger sind als die variablen Durchschnittskosten, haben die variablen Durchschnittskosten einen fallenden Verlauf. Wenn die Grenzkosten höher sind als die variablen Durchschnittskosten, steigen die variablen Durchschnittskosten. Hieraus folgt, daß die Grenzkosten gleich den variablen Durchschnittskosten sind bei einer Produktionsmenge, bei der die variablen Durchschnittskosten weder

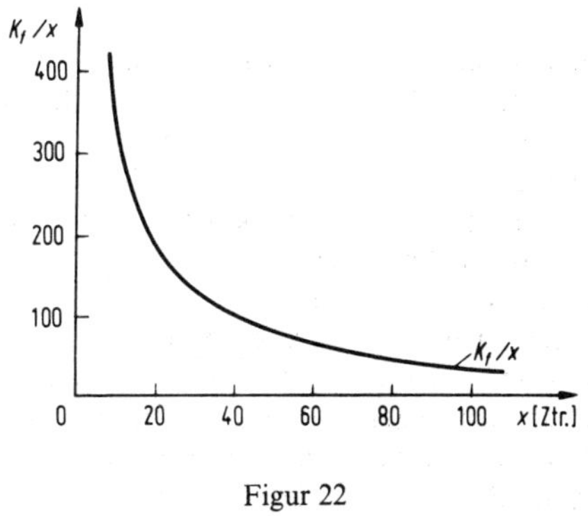

Figur 22

steigen noch fallen. Dieser Fall ist im Minimum der variablen Durchschnittskosten gegeben.

Schließlich können wir noch die fixen Durchschnittskosten berechnen. Im Paragraphen 3 nahmen wir Fixkosten K_f in unserem Beispiel in Höhe von 4000,— DM an. Die fixen Durchschnittskosten fallen sehr schnell, wenn eine größere Produktionsmenge in Angriff genommen wird. Bei 10 Ztr. Getreide belaufen sich diese auf 400,— DM, bei 100 Ztr. auf 40,— DM. In Figur 22 ist die Beziehung zwischen fixen Durchschnittskosten und Produktionsmenge x graphisch dargestellt.

Die totalen Durchschnittskosten K/x sind gleich der Summe der variablen und fixen Durchschnittskosten $\frac{Kv}{x} + \frac{K_f}{x}$.

In Figur 23 wurden diese ebenfalls eingezeichnet. Im selben Schaubild

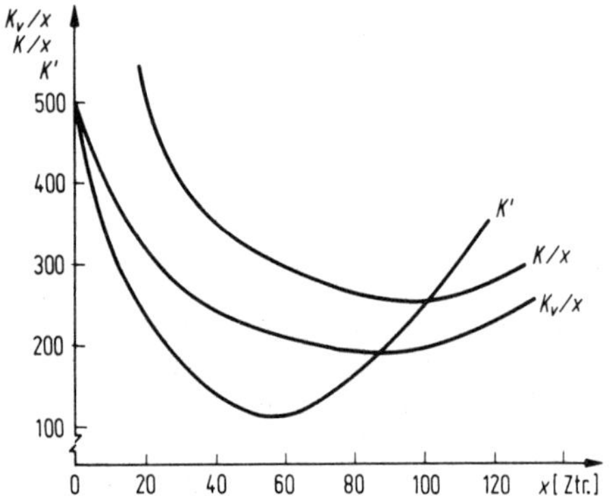

Figur 23

sind auch die Grenzkosten eingezeichnet; die marginale Kostenkurve K' schneidet sowohl die totale als auch die variable Durchschnittskostenkurve im tiefsten Punkt der betreffenden Kurven. Der Abstand zwischen totaler Durchschnittskostenkurve K/x und variabler Durchschnittskostenkurve wird umso kleiner, je größer die Produktionsmenge x ist, weil die fixen Durchschnittskosten dann abnehmen.

Die Kostenfunktionen verschieben sich durch Änderungen der Technik und durch Preisänderungen der Produktionsmittel sowie durch Größenänderungen des konstant gehaltenen Produktionsfaktors. Angemerkt sei noch, daß in der Realität meist ein linearer Verlauf der totalen Kostenfunktion angetroffen wird, weil die beachteten empirischen Gegebenheiten sich fast immer nur auf ein begrenztes Produktionsintervall beziehen.

Mit der Analyse der Kostensituation einer Unternehmung haben wir einen Aspekt der Produktionstheorie beleuchtet. Gewinn ist die Differenz zwischen Gesamtertrag und Gesamtkosten. Wir müssen deshalb noch etwas auf die Absatzsituation der Unternehmungen eingehen.

Résumé

Wenn wir die Produktionsmenge ermitteln wollen, bei der die Unternehmer maximalen Gewinn erwirtschaften, benötigten wir genaue Kenntnisse sowohl der Kosten- als auch der Absatzsituation.

5. Die individuelle Absatzfunktion

Es wurde bereits angedeutet, daß der Unternehmer Mengenanpasser in bezug auf seine Nachfrage nach Arbeit ist (siehe Kapitel IX). Ob er nun viele oder wenige Arbeitskräfte einstellt, muß er – so nehmen wir an – stets denselben Lohn bezahlen. Wir werden nun unterstellen, daß er sich in derselben Verkaufssituation befindet, d. h., daß er für sein Erzeugnis stets denselben Preis erhält, ohne Rücksicht darauf, ob er viel oder wenig verkauft. Diese Situation trifft z.B. auf einen Landwirt zu, der als Folge seines begrenzten Anteils am Gesamtangebot stets denselben Preis für sein Getreide lösen wird, ganz unabhängig von der Menge, die er verkauft.

Die Menge, die eine Unternehmung verkaufen kann, basiert auf der Nachfrage nach dem von der Unternehmung gefertigten Produkt. Mit anderen Worten: die individuelle Absatzfunktion, die wiedergibt, welche Mengen bei alternativen Preisen abgesetzt werden können, gründet sich auf die Gesamtnachfragefunktion. Im Fall der Mengenanpassung ist der Preis immer gleich, welche Menge auch abgesetzt wird. Figur 24 zeigt diese Absatzfunktion: auf der Abszisse wurde der Absatz und auf der Ordinate der Preis abgebildet.

Die individuelle Preisabsatzfunktion ist im Schaubild eine Parallele zur Abszisse. Beim Preis *OP* ist sowohl ein geringer als auch ein hoher Absatz möglich. Wenn man den Absatz ändert, wird dies den Preis *OP* nicht beeinflussen.

Der Gesamtertrag ergibt sich aus der Menge des verkauften Endproduktes, multipliziert mit dem Preis (in unserem Fall *OP*). Unter dem Grenzertrag versteht man die Zunahme des Gesamtertrages, wenn man den Verkauf um eine Einheit ausdehnt. Wenn der Unternehmer Mengenanpasser ist, fällt der Grenzertrag folglich mit dem Durchschnittsertrag und dem Preis zusammen, weil jede zusätzliche Einheit den Gesamtertrag um den Preis einer Einheit steigen läßt. Verkauft man z.B. 10 Einheiten zu einem Preis von 5,— DM pro Stück, dann beläuft sich der Gesamterlös auf 50,— DM; der Durchschnittserlös ist also 5,— DM. Werden 11 Einheiten verkauft, dann beträgt der Gesamterlös 55,— DM, weil der Preis pro Stück immer noch 5,— DM ist. Der Durchschnittserlös ist 5,— DM, und auch der Grenzerlös beläuft sich auf denselben Betrag.

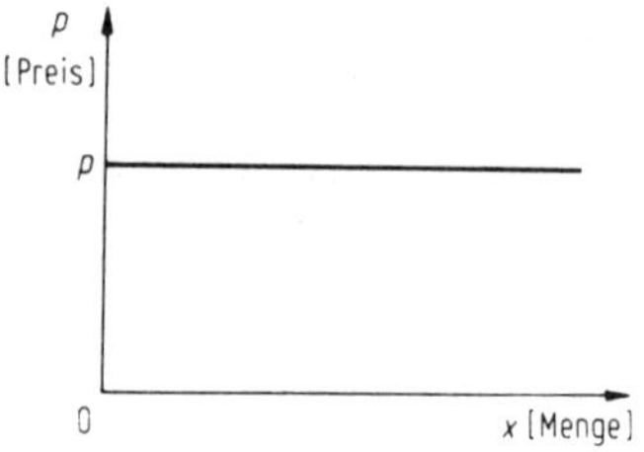

Figur 24

Das Streben nach Gewinnmaximierung impliziert, daß die Unternehmung jede Absatzmenge produzieren wird, die mehr Erlös als Kosten einbringt. Solange deshalb der Grenzerlös oberhalb der Grenzkosten liegt, wird die Ausdehnung der Produktion weitergetrieben. Der maximale Gewinn ist erreicht, wenn Grenzertrag und Grenzkosten gleich sind. Wenn dieser Punkt überschritten wird, sind die Grenzkosten immer höher als die Grenzerlöse, so daß es unsinnig wäre, diese Gütereinheiten zu produzieren. Die Tatsache, daß die Produktion bis zu dem Punkt ausgedehnt wird, bei dem Grenzerlös und Grenzkosten gleich sind, bedeutet nicht, daß der Gewinn Null ist. Im Gegenteil: bei allen vorhergehenden Einheiten wurde Gewinn gemacht.

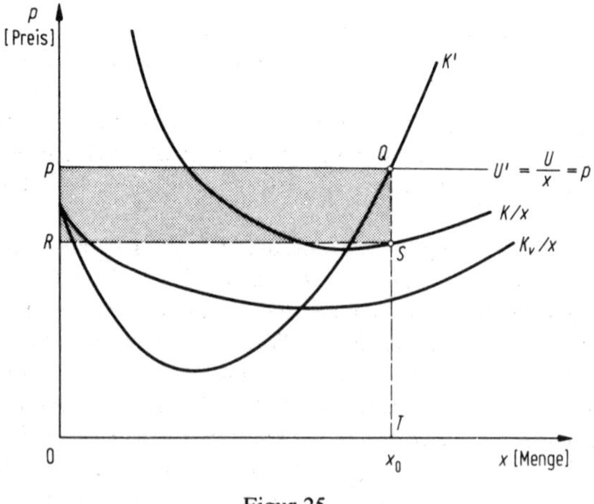

Figur 25

Wieviel wird der Unternehmer nun produzieren, wenn der Preis *OP* beträgt? Wir wissen, daß die Kurve der Grenzerträge mit der der Durchschnittserträge zusammenfällt. Um die Produktion zu bestimmen, die einen maximalen Gewinn erbringt, müssen wir auch noch die Kosten in die Betrachtung einbeziehen. Deshalb sind in Figur 25 neben der Durchschnitts- und Grenzerlöskurve auch die totalen Durchschnittskosten und Grenzkosten eingezeichnet. Die Produktionsmenge, bei der der Gewinn maximal ist, ist x_0, weil für diese Produktionsmenge Grenzerlös und Grenzkosten gleich sind.

Wie groß der Gewinn ist, kann bestimmt werden, indem man den Erlös $U = p \cdot x$ und die Gesamtkosten *K* bestimmt. Graphisch ist der Erlös *U* dargestellt durch das Rechteck *OPQT*, und die Gesamtkosten *K* sind in der Figur angedeutet durch das Rechteck *ORST*, weil $OR = ST$ die Durchschnittskosten sind. Der Gewinn ist also *RPQS*. Wenn der Preis *OP* ist, ist die Produktionsmenge, bei der der Gewinn maximal ist, x_0.

Résumé

Für einen Mengenanpasser ist die Absatzfunktion – graphisch ausgedrückt eine Gerade – parallel zur Achse, auf der der Absatz aufgetragen wird. Durchschnitts- und Grenzerlös fallen zusammen. Ausgehend vom Streben nach Gewinnmaximierung, kann man bei einem willkürlichen Preis OP die Produktionsmenge x_0 *bestimmen, die den Gewinn maximiert. Die Produktionsmenge* x_0 *heißt die Angebotsmenge – nicht zu verwechseln mit dem Absatz – beim Preis OP.*

6. Die Angebotsfunktion

Wenn der Preis *OP* ist, wird die Menge x_0 angeboten. Diese Formulierung läßt die Möglichkeit offen, daß bei einem anderen Preis eine andere Menge angeboten wird. Dies ist auch in der Tat der Fall. Um dies zu verstehen, haben wir Figur 26 entworfen, in der verschiedene Preisabsatzfunktionen eingezeichnet sind. Man sieht sofort, daß zu einem Preis *OP* das Angebot x_0, zu einem Preis *OP′* das Angebot x_1 und zu einem Preis *OP″* das Angebot x_2 gehört.

Es existiert also eine individuelle Angebotsfunktion, die angibt, welche Mengen die einzelnen Anbieter bei alternativen Preisen anbieten. Diese individuelle Angebotsfunktion fällt mit der Grenzkostenkurve zusammen, soweit diese oberhalb des Schnittpunktes mit der variablen Durchschnittskostenkurve liegt. Wenn der Preis unter das Minimum der totalen Durchschnittskosten fällt, wird Verlust gemacht, doch ein Teil der Fixkosten wird noch getragen. Die Fixkosten resultieren aus Ausgaben für Gebäude und Maschinen, die faktisch bereits getätigt wurden, so daß es natürlich selbst-

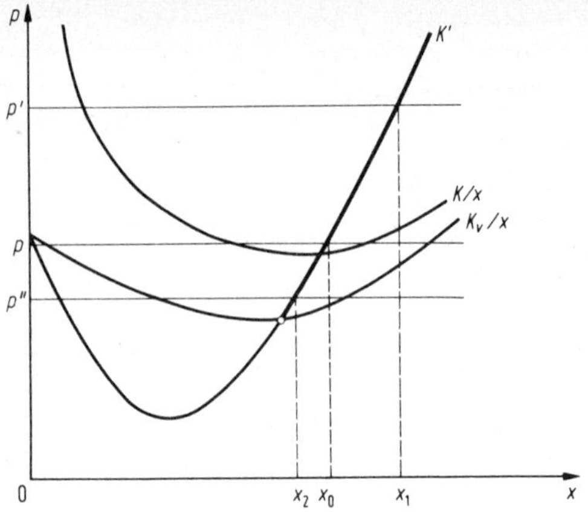

Figur 26

verständlich ist, zu versuchen, einen möglichst großen Teil wieder zu erwirtschaften. Indem man die Produktion also weiterführt, kann man den Verlust in Grenzen halten. Fällt der Preis unter das Minimum der variablen Durchschnittskosten, dann wird die Produktion stillgelegt, weil jede nun zu produzierende Gütereinheit den Verlust vergrößern würde.

Die individuelle Angebotsfunktion verschiebt sich aus demselben Grund wie die Grenzkostenkurve: durch Veränderungen der Technik und durch Preisänderungen der Produktionsmittel.

Aus allen individuellen Angebotsfunktionen kann die Gesamtangebotskurve auf dem Wege horizontaler Aggregation abgeleitet werden. Für zwei Anbieter haben wir dies in Figur 27 demonstriert.

Die Gesamtangebotsfunktion bringt zum Ausdruck, welche Mengen durch die gemeinsamen Anbieter bei unterschiedlichen Preisen angeboten werden. Eben wie für die Gesamtnachfragefunktion gilt auch in diesem Fall die Bemerkung, daß es nicht möglich ist, mit dieser Funktion allein den Preis zu be-

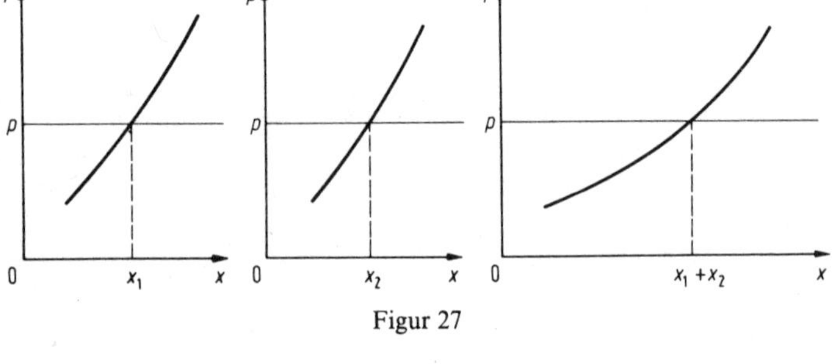

Figur 27

stimmen. Wir wissen nun, wie sich die Produzenten verhalten werden, d. h. das besagt: wir wissen, was sie bei alternativen Preisen anbieten werden. Die Angebotsfunktion hat einen ansteigenden Verlauf, was zum Ausdruck bringt, daß bei einem höheren Preis von den Unternehmern eine größere Menge angeboten wird.

Résumé

Die Annahme – es liege Mengenanpassung vor – welche in der Haushaltstheorie zur Gesamtnachfragefunktion führt, ergibt in der Produktionstheorie die Gesamtangebotsfunktion. Wie es scheint, wird man aus dem Zusammenwirken von Gesamtnachfrage- und Gesamtangebotsfunktion den Gleichgewichtspreis ableiten können.

7. Mathematische Herleitung

Einige in diesem Kapitel erwähnte Beziehungen zwischen ökonomischen Größen können mit Hilfe mathematischer Symbole noch etwas genauer dargestellt werden.

Die Gesamtkostenfunktion drückt den Zusammenhang zwischen den Gesamtkosten und der produzierten Gütermenge aus. Nennen wir die Gesamtkosten K und die Güterproduktion x, dann gilt offenbar: $K=K(x)$. Die Stückkostenfunktion lautet dann $\frac{K(x)}{x}$ und die Grenzkosten sind $\frac{dK}{dx}$.

Wenn wir der Einfachheit halber unterstellen, daß die Gesamtkostenfunktion einen linearen Verlauf aufweist, dann können wir diese schreiben als:

(1) $$K=mx+n;\ m>0 \text{ und } n>0.$$

In der Beziehung (1) sind m und n Koeffizienten, die beide positiv sind. Der Koeffizient n deutet an, daß in dieser Höhe fixe Kosten vorliegen, während m die Grenzkosten darstellt. Es gilt also immer:

$$\frac{dK}{dx}=m.$$

Auf verbalem Weg läßt sich dies ebenfalls formulieren: Die Gesamtkosten wachsen stets um den Betrag m, wenn die Produktion um eine Einheit gesteigert wird.

Aus der Beziehung (1) kann man zusätzlich die variablen Stückkosten ableiten. Diese sind gleich $\frac{m \cdot x}{x}=m$. Die fixen Stückkosten belaufen sich auf $\frac{n}{x}$.
Eine lineare Gesamtkostenfunktion liegt in der Praxis häufig vor, weil die Beobachtungswerte sich auf begrenzte Zeitintervalle beziehen.

Daß die Grenzkostenkurve die Durchschnittskostenkurve im Minimum schneidet, kann wie folgt bewiesen werden. Nehmen wir an, die Gesamtkostenfunktion lautet $K = K(x)$. Die Durchschnittskosten betragen dann $\frac{K(x)}{x}$.

Die Produktion, bei der die Durchschnittskosten ihr Minimum erreichen, ist bestimmt durch:

(2) $$\frac{x \cdot \frac{dK}{dx} - K(x)}{x^2} = 0.$$

Für $x = 0$ folgt also:

(3) $$\frac{dK}{dx} - \frac{K(x)}{x} = 0.$$

Im Minimum der Durchschnittskosten gilt offenbar, daß die Grenzkosten $\frac{dK}{dx}$ gleich den Durchschnittskosten $\frac{K(x)}{x}$ sind.

Résumé

Die Verwendung mathematischer Methoden gestattet es, Funktionalbeziehungen zwischen ökonomischen Variablen schneller und leichter zu ermitteln.

8. Schlußbemerkungen

In diesem Kapitel haben wir das Produzentenverhalten besprochen. Aus dem Ertragsgesetz stammt der Gedanke der Kostenfunktion. Die Kostenfunktionen können sich durch Veränderungen in der Technik, durch Preisänderung der Produktionsmittel und durch Variation des konstant gehaltenen Produktionsfaktors verschieben. Angemerkt sei noch, daß in der Praxis meist ein linearer Verlauf der Gesamtkostenfunktion angetroffen wird, weil die betreffenden empirischen Gegebenheiten sich meist nur auf ein beschränktes Intervall beziehen.

Wenn die Unternehmungen nach maximalem Gewinn streben, wird die Produktion ausgedehnt bis Grenzkosten und Grenzerlös gleich sind. Indem man die Hypothese der Mengenanpassung verwendet, kann man auf einfache Weise stets für jeden Preis die optimale Produktion bestimmen. Auf diese Weise entsteht die Angebotsfunktion, die bei verschiedenen Preisen zum Ausdruck bringt, was die Unternehmer anbieten würden. Der Ausdruck „würden“ ist in diesem Zusammenhang wichtig, weil – wie wir noch sehen werden – in Wirklichkeit stets nur ein Preis entsteht.

Den Problemen, die speziell die Produktion betreffen, ist von seiten der Klassiker große Aufmerksamkeit geschenkt worden. Wichtige Vertreter sind Adam Smith (1723–1790), David Ricardo (1772–1823), John Stuart Mill (1806–1873) und Jean Baptiste Say (1767–1832). Smith wird als einer der Begründer der Nationalökonomie angesehen, vor allem auf Grund seines 1776 erschienenen Buches „An Inquiry into the Nature and Causes of the Wealth of Nations“.

Abgesehen von Say meinten die Klassiker, daß die Preise überwiegend durch die Produktionskosten bestimmt seien. Sie betrachteten deshalb ausschließlich die Angebotsseite und ließen die Nachfrageseite außeracht, die von ebenso großer Bedeutung ist.

Fragen:

1. *Wie lautet das Ertragsgesetz?*
2. *Was versteht man unter variablen Kosten?*
3. *Was sind Grenzkosten?*
4. *Welche Beziehung besteht zwischen den Kurven des physischen Durchschnittsertrags und des physischen Grenzertrages einerseits und den Funktionen der Durchschnitts- und Grenzkosten andererseits?*
5. *In welchem Fall verläuft die individuelle Preisabsatzfunktion horizontal?*
6. *Was für einen Unterschied gibt es zwischen der individuellen Absatzfunktion und der individuellen Angebotsfunktion?*
7. *Welche Beziehung besteht zwischen Grenzerlös und Grenzkosten, wenn angenommen wird, daß der Produzent nach maximalem Gewinn strebt?*
8. *Warum fällt die Angebotsfunktion mit dem Teil der Grenzkostenfunktion zusammen, der oberhalb des Schnittpunkts mit der variablen Durchschnittskostenfunktion liegt, und nicht mit dem Teil, der oberhalb des Schnittpunkts mit der totalen Durchschnittskostenfunktion liegt?*
9. *Auf Grund welcher Ursachen kann sich die Gesamtangebotsfunktion verschieben?*

Aufgaben:

1. *Ein Bauer besitzt ein Stück Land, auf dem er Getreide anbaut. Wenn er auf diesem Grund und Boden 1 Arbeiter beschäftigt, so erzeugt dieser einen Ertrag von 4 Ztr.*
   Bei 2 Arbeitern ist der Ertrag 9 Ztr.
   Bei 3 Arbeitern ist der Ertrag 15 Ztr.
   Bei 4 Arbeitern ist der Ertrag 22 Ztr.
   Bei 5 Arbeitern ist der Ertrag 29 Ztr.
   Bei 6 Arbeitern ist der Ertrag 35 Ztr.
   Bei 7 Arbeitern ist der Ertrag 40 Ztr.
   Bei 8 Arbeitern ist der Ertrag 43 Ztr.
   Bei 9 Arbeitern ist der Ertrag 44 Ztr.
   Bei 10 Arbeitern ist der Ertrag 44 Ztr.

Berechnen Sie den Durchschnittsertrag und den Grenzertrag und stellen Sie diese im Schaubild dar.

2. *In einer Möbelfabrik werden Stühle hergestellt. Die Fixkosten für die Stuhlfabrikation betragen 3000,— DM.*

Bei einer Fabrikation von 1 Stuhl sind die Arbeitskosten 15,— DM,
bei einer Fabrikation von 2 Stühlen sind die Arbeitskosten 25,— DM,
bei einer Fabrikation von 3 Stühlen sind die Arbeitskosten 32,50 DM,
bei einer Fabrikation von 4 Stühlen sind die Arbeitskosten 38,50 DM,
bei einer Fabrikation von 5 Stühlen sind die Arbeitskosten 43,50 DM,
bei einer Fabrikation von 6 Stühlen sind die Arbeitskosten 50,00 DM,
bei einer Fabrikation von 7 Stühlen sind die Arbeitskosten 59,00 DM,
bei einer Fabrikation von 8 Stühlen sind die Arbeitskosten 72,50 DM,
bei einer Fabrikation von 9 Stühlen sind die Arbeitskosten 87,50 DM,
bei einer Fabrikation von 10 Stühlen sind die Arbeitskosten 107,50 DM.

Berechnen Sie die totalen Durchschnittskosten und die Grenzkosten und zeichnen Sie diese.

3. *Von einer Maschinenfabrik wissen wir, daß die Fixkosten 140,— DM betragen. Die variablen Kosten sind bei einer Produktion von:*

1 Maschine 100,— DM,
2 Maschinen 160,— DM,
3 Maschinen 195,— DM,
4 Maschinen 260,— DM,
5 Maschinen 360,— DM,
6 Maschinen 510,— DM,
7 Maschinen 714,— DM.

Der Maschinenhersteller ist Mengenanpasser auf dem Absatzmarkt.
a) Wieviel Maschinen wird der Fabrikant verkaufen, wenn der Verkaufspreis 150,— DM pro Maschine ist?
b) Wie groß ist der Gewinn oder Verlust bei diesem Absatz? (Verwenden Sie ein Schaubild, doch versuchen Sie den Gewinn oder Verlust in Zahlen auszudrücken.)

4. *Ein Fabrikant von Kinderwagen bekommt von seiner Buchhaltung die folgenden Werte. Die totalen Kosten betragen bei einer Produktion von:*

1 Kinderwagen 500,— DM,
2 Kinderwagen 620,— DM,
3 Kinderwagen 690,— DM,
4 Kinderwagen 800,— DM,
5 Kinderwagen 890,— DM,
6 Kinderwagen 1 260,— DM,
7 Kinderwagen 1 660,— DM.

Die fixen Kosten belaufen sich auf 300,— DM.

a) Berechnen Sie die totalen Durchschnittskosten, die variablen Durchschnittskosten und die Grenzkosten, und zeichnen Sie diese in ein Schaubild ein.

b) Berechnen Sie, wie groß der Gewinn oder Verlust ist, wenn er seine Kinderwagen für 180,— DM pro Stück verkaufen kann. Zeigen Sie Gewinn oder Verlust in der Graphik durch Schraffieren auf.

5. *Formulieren Sie das Ertragsgesetz auf drei Arten.*
6. *Zeigen Sie anhand einer Graphik, was mit der Gesamtangebotsfunktion passiert, wenn die Zahl der Anbieter zunimmt.*
7. *Der wichtigste Grundstoff für die Seifenherstellung ist Fett. Zeigen Sie in einer Graphik, welchen Einfluß eine Preiserhöhung für Fett auf die Gesamtangebotsfunktion der Seifenhersteller hat.*
8. *Begründen Sie, warum in der Realität die Gesamtkostenfunktion oft linear zu sein scheint.*
9. *Zeichnen Sie die in Aufgabe 8 angesprochene Gesamtkostenfunktion. Geben Sie die Fixkosten im Schaubild wieder. Zeichnen Sie schließlich die durchschnittlichen Fixkosten.*
10. *Eine Gesamtkostenfunktion lautet:* $K = 40x + 100$.

a) Berechnen Sie die Grenzkosten.

b) Berechnen Sie die durchschnittlichen Fixkosten für die Produktionsmenge $x = 10$.

c) Bestimmen Sie die durchschnittlichen variablen Kosten.

d) Beweisen Sie auf allgemeine Weise, daß bei einer linearen Gesamtkostenfunktion die Grenzkosten gleich den variablen Durchschnittskosten sind.

IX. Das Marktgleichgewicht bei Mengenanpassung

1. Der Markt

Unter Markt versteht man das zusammenhängende Ganze von Nachfrage und Angebot nach einem Gut. Diese Definition ist sehr weit gehalten, so daß beim Begriff ‚Markt' nicht ausschließlich an den geographischen Ort eines ökonomischen Tausches gedacht werden muß (z.B. ein Viehmarkt). In diesem Sinne existiert z.B. ein Weltmarkt für Getreide, auf dem sich das gesamte Getreideangebot sowie die gesamte Getreidenachfrage begegnen.

Der Gleichgewichtspreis kommt unter dem Einfluß von Nachfrage und Angebot auf dem Markt zustande. Das Beispiel Mengenanpassung setzt aber eine bestimmte Marktform voraus, d.h. eine bestimmte Verhaltensweise, mittels derer die Nachfrager und Anbieter miteinander konkurrieren. Als wichtigstes muß das Gut, das gehandelt wird (z.B. Kaffee), vollkommen identisch sein für alle Nachfrager und Anbieter. Die Nachfrager orientieren sich dann bei ihrer Güterwahl ausschließlich am Preisgebaren der Anbieter. Es gibt keine Qualitätsunterschiede und dergleichen, die Anlaß sein könnten, bei einem bestimmten Anbieter zu kaufen. Das Gut wird in einem solchen Fall als homogen bezeichnet. Als weitere Voraussetzung muß der Markt vollkommen überschaubar sein. Jeder Nachfrager oder Anbieter kennt alle Nachfrage- und Angebotspreise. Einen solchen Markt nennt man transparent. Ein Markt, auf dem ein homogenes Gut gekauft und verkauft wird und der obendrein noch transparent ist, wird als vollkommen bezeichnet. Auf einem vollkommenen Markt kann zu einem bestimmten Zeitpunkt stets nur ein Preis entstehen. Daß diese Feststellung richtig ist, kann man verstehen, wenn man sich die Situation auf einem Gemüsemarkt vorstellt, auf dem identischer Rotkohl angeboten wird, und jeder Nachfrager und Anbieter den ganzen Markt übersieht. Es ist klar, daß auf diese Weise ein einziger Preis sich bilden muß, weil jeder Verkäufer, der einen höheren Preis verlangt, überhaupt nichts verkauft.

Wenn nun sehr viele Nachfrager und Anbieter auf einem vollkommenen Markt operieren, spricht man von vollkommener Konkurrenz. Genau diese Marktform der vollkommenen Konkurrenz ist charakteristisch für die Verhaltensweise Mengenanpassung. Es entsteht stets nur ein einziger Preis, und durch den geringen Anteil, den die einzelnen Nachfrager und

Anbieter an der Gesamtnachfrage, respektive dem Gesamtangebot, haben, ist jeder Preis, der entsteht, für den entsprechenden Produzenten oder Konsumenten ein gegebenes Faktum. In diesem Fall können nur die Nachfragemengen und die Angebotsmengen so angepaßt werden, daß der Konsument maximale Bedürfnisbefriedigung und der Produzent maximalen Gewinn erreicht.

Résumé

Mengenanpassung setzt die Marktform vollkommene Konkurrenz voraus. Diese Marktform beinhaltet, daß sowohl auf der Nachfrageseite als auf der Angebotsseite eines vollkommenen Marktes sehr viele Nachfrager und Anbieter auftreten. Ein vollkommener Markt ist ein Markt, der transparent ist und auf dem ein homogenes Gut gehandelt wird. Der Begriff 'Markt' umschreibt in der Volkswirtschaftslehre mehr als nur den geographischen Ort des ökonomischen Tausches.

2. Das Marktgleichgewicht

Wenn auf dem Kaffeemarkt vollkommene Konkurrenz herrscht, kann eine Gesamtnachfrage — und eine Gesamtangebotsfunktion abgeleitet werden. Diese beiden Funktionen haben wir in Figur 28 dargestellt. Die Angebotsfunktion verläuft von links nach rechts steigend, die Nachfragefunktion von links nach rechts fallend. Es handelt sich bei beiden um hypothetische Funktionen insofern, als sie aussagen, was Konsumenten und Produzenten bei alternativen Preisen tun würden.

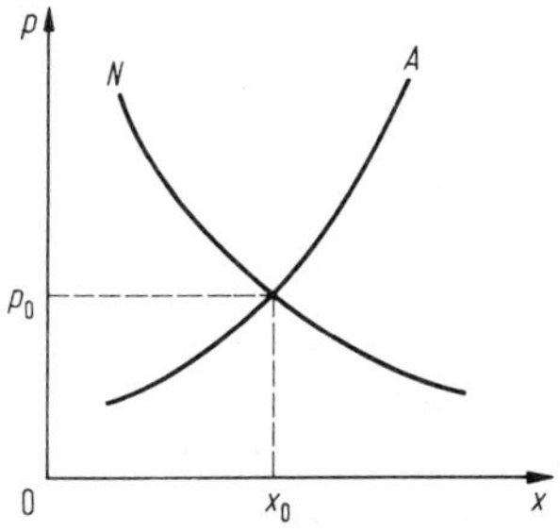

Figur 28

Es kommt stets nur ein einziger Preis zustande, nämlich der Preis p_0. Bei diesem Preis ist die nachgefragte Gütermenge gleich der angebotenen Gütermenge.

Bei dieser Gütermenge ist der Markt in Ruhe; es herrscht Gleichgewicht. p_0 ist der Gleichgewichtspreis, x_0 die Menge, die bei diesem Preis verkauft wird.

Nun da der Gleichgewichtspreis bekannt ist, kann jeder Konsument und jeder Produzent feststellen, welche Gütermenge er nachfragen bzw. anbieten wird. Aus dem Gesagten wird deutlich, daß der Gleichgewichtspreis auf dem Markte zustandekommt, und daß vorher stets beachtet wird, was beide Gruppen von Wirtschaftssubjekten bei alternativen Preisen tun würden. Hinterher, d.h. nach dem Prozeß zur Bestimmung des Gleichgewichts auf dem Markt, sind individuelle Nachfrage und Angebot erst bestimmt.

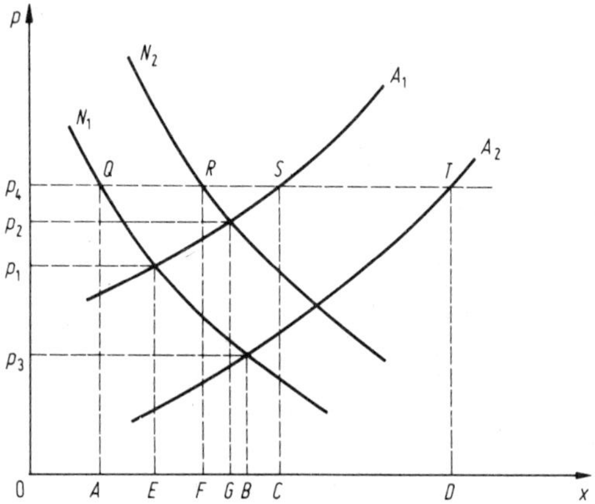

Figur 29

In Kapitel VII haben wir die Gesamtnachfragefunktion abgeleitet. Bei der Ermittlung der Funktionalbeziehung zwischen dem Preis und der gesamten nachgefragten Gütermenge haben wir folgende Größen als konstant angenommen:

1. die Bedürfnisschemata der Konsumenten,
2. die Einkommen der Konsumenten,
3. die Zahl der Konsumenten, die dieses Gut kaufen,
4. die Preise aller anderen Güter.

Ändert man eine dieser Größen, dann kann dies zur Folge haben, daß bei demselben Preis mehr (weniger) nachgefragt wird. Die Nachfragekurve verschiebt sich dann nach rechts (links). In Figur 29 ist eine Verschiebung der Nachfragekurve dargestellt worden. Durch die Zunahme der Zahl der Nachfrager, durch Erhöhung der Einkommen, durch Preisänderung der anderen Güter oder einfach, weil die Konsumenten über mehr Einheiten dieses Gutes verfügen wollen, fragen sie bei einem Preis p_4 nicht A Einheiten dieses Gutes nach, sondern F. Bei jedem anderen Preis wird mehr nachgefragt als verglichen mit der Menge, die aus der Nachfragefunktion N_1 resultiert. Man sagt dann: „Die Nachfrage nimmt zu". Die Nachfragefunktion kann sich auch nach links verschieben, wenn als Folge der vier genannten Ursachen die Konsumenten bei einem bestimmten Preis weniger nachfragen würden als verglichen mit der Nachfragefunktion N_1. Man sagt dann: „Die Nachfrage nimmt ab".

Auch die Gesamtangebotskurve kann sich verschieben. Die Ursachen, die sie verändern können, sind:

1. Der Stand der Technik,
2. die Preise der Produktionsmittel,
3. die Zahl der Anbieter,
4. die Veränderung des fixen Produktionsfaktors.

Eine Veränderung der Zahl der Anbieter bedeutet, daß es freien Zutritt (und Austritt) zum (vom) Markt gibt. Diese Voraussetzung ist wichtig, weil anders der Charakter der vollkommenen Konkurrenz verloren gehen würde. Eine Einschränkung des Angebots kann immer dazu führen, daß jeder Einzelne Einfluß auf den Ablauf des Marktgeschehens bekommt. Der Zutritt zum Markt wird solange erfolgen, bis keiner der Anbieter mehr als normale Vergütung für die Produktion erhält.

Das Angebot nimmt zu, wenn als Folge von Änderungen der drei oben genannten Ursachen die Angebotskurve sich nach rechts von A_1 nach A_2 verschiebt. Beim Preis p_4 werden zuerst C und nach Änderung obiger Parameter D Einheiten des Gutes angeboten. Nimmt das Angebot ab, dann wird sich die Angebotskurve nach links verschieben.

Bei gegebener Nachfragefunktion N_1 und der Angebotsfunktion A_1 wird der Preis p_1 zustande kommen und die Menge E bei diesem Preis abgesetzt werden.

Verschiebt sich die Nachfragekurve von N_1 nach N_2, dann wird bei unveränderter Angebotsfunktion A_1 der Gleichgewichtspreis p_2 zustande kommen. Als Folge einer Zunahme der Nachfrage steigt also der Preis von p_1 auf p_2. Wenn nicht die Nachfrage, sondern das Angebot zugenommen hat (Angebotskurve verschiebt sich von A_1 nach A_2), dann wird der Gleichgewichtspreis p_3 (Schnittpunkt N_1 mit A_2) sich einstellen. Als Folge einer Zunahme des Angebotes wird der Preis dann von p_1 auf p_3 fallen.

Man muß die Verschiebung von Nachfrage- und/oder Angebotskurve gut unterscheiden von einer Veränderung von nachgefragter und/oder angebotener Gütermenge als Folge einer *Bewegung* längs der Kurve.

Ersteres beruht auf Veränderungen der Modelldaten, das Zweite ist die Folge von Änderungen der nachgefragten oder angebotenen Gütermengen, verursacht durch Preisänderungen bei gleichbleibenden Modelldaten.

Résumé

Bei vollkommener Konkurrenz wird der Gleichgewichtspreis auf dem Markt durch einen Ausgleich von nachgefragter und angebotener Gütermenge bestimmt. Durch Verschiebungen der Gesamtnachfrage – und/oder Gesamtangebotsfunktion kann das Gleichgewicht auf einem anderen Niveau zustandekommen.

3. Ein einfaches Modell der Preisbildung bei vollkommener Konkurrenz

Das im voranstehenden Paragraphen besprochene Marktgleichgewicht kann mit Hilfe eines mathematischen Gleichungssystems noch etwas genauer dargestellt werden. Das Modell umfaßt dabei zwei Funktionen und eine Gleichgewichtsbedingung. Wir haben eine Gesamtnachfragefunktion, eine Gesamtangebotsfunktion sowie den Ausgleich von Gesamtnachfrage und Gesamtangebot kennengelernt.

Bezeichnen wir die Nachfragemenge mit dem Symbol q und den Preis mit dem Symbol p, dann gilt $q_N = f(p)$, d.h. die nachgefragte Gütermenge ist eine Funktion des Preises. Nehmen wir an, daß die Nachfragefunktion linear verläuft, dann können wir diese wie folgt schreiben:

(1) $$q_N = \alpha p + \beta\,;\ \alpha < 0,\ \beta > 0.$$

Der negative Parameter α bedeutet, daß wir einen fallenden Verlauf der Nachfragefunktion unterstellen. Setzen wir für $\alpha = -2$ und für $\beta = 6$, dann lautet die Gesamtnachfragefunktion: $q_N = -2p + 6$.

Wenden wir uns nun der Gesamtangebotsfunktion zu. Dazu bezeichnen wir das Gesamtangebot mit dem Symbol q_A und den Preis mit p. Die Beziehung zwischen q_A und p wird dann durch $q_A = g(p)$ umschrieben. Wird auch in diesem Fall eine lineare Beziehung zwischen dem Gesamtangebot und dem Preis unterstellt, dann folgt:

(2) $$q_A = \gamma p + \delta\,;\ \gamma > 0,\ \delta > 0.$$

Daß γ positiv gewählt wurde, bedeutet, daß die Angebotsfunktion einen ansteigenden Verlauf besitzt. Setzen wir für $\gamma = 1$ und für $\delta = 3$, dann ergibt sich für die Gesamtangebotsfunktion: $q_A = p + 3$.

Ein Marktgleichgewicht stellt sich ein, wenn der Preis so hoch ist, daß das Gesamtangebot gleich der Gesamtnachfrage ist. Diese Tatsache wird durch die Gleichgewichtsbedingung

(3) $$q_A = q_N$$

zum Ausdruck gebracht. Das Modell, das die Situation auf dem gegebenen Markt beschreibt, ist nun vollständig; es besteht aus drei Gleichungen:

$$q_N = -2p+6,$$
$$q_A = p+3,$$
$$q_A = q_N.$$

Man kann nun den Gleichgewichtspreis auf diesem Markt ermitteln, indem das Modell aufgelöst wird. Es gilt dann:

$$\bar{p}+3 = -2\bar{p}+6$$
$$3\bar{p}=3$$
$$\bar{p}=1.$$

Der Gleichgewichtspreis beträgt also $\bar{p}=1$; die Gleichgewichtsmenge erhält somit den Wert $\bar{q}_A=\bar{q}_N=4$. Ersetzt man die Parameter α, β, γ und δ nicht durch Zahlenwerte, dann kann der Gleichgewichtspreis auf allgemeine Weise abgeleitet werden (vgl. Aufgabe 5). Dabei wird $\bar{p}$ in α, β, γ und δ ausgedrückt. In diesem Fall sind p, q_A und q_N die endogenen Variablen, die erklärt werden, während α, β, γ und δ die exogenen Variablen sind, d.h. die Größen aus denen die endogenen Variablen erklärt werden.

Résumé

Ein Modell stellt in verkürzter Schreibweise einen Aspekt der Realität dar; in unserem Beispiel ist dies die Preisbildung auf einem Markt bei vollkommener Konkurrenz.

4. Der Elastizitätsbegriff

Es ist von einer gewissen Bedeutung zu wissen, in welchem Ausmaß sich die nachgefragte Gütermenge eines Gutes ändert, wenn dessen Preis eine kleine Änderung erfährt. Wenn eine Fuhrunternehmung die Tarife ändert, sind Kenntnisse um die Wirkung dieser Maßnahme auf die Zahl der Reisenden recht nützlich.

Betrachten wir einmal die in Figur 30 gezeichnete Nachfragekurve. Bei dem Preis p_1 ist die nachgefragte Gütermenge x_1, beim Preis p_2 ist sie x_2. Eine Preisänderung von p_1 auf p_2 führt deshalb zu einer entgegengesetzten Änderung der nachgefragten Gütermenge von x_1 auf x_2. Man ist geneigt, das Verhältnis $\frac{x_2-x_1}{p_2-p_1}$ für ein gutes Maß für den Effekt einer Preisänderung auf die Nachfrage, anzusehen. Dies ist aber nicht der Fall. Um dies zu verstehen, betrachten wir folgendes Beispiel. Wenn $p_1 = 2,-$ DM und $p_2 = 1{,}98$ DM, dann ist $p_2-p_1 = -0{,}02$ DM.

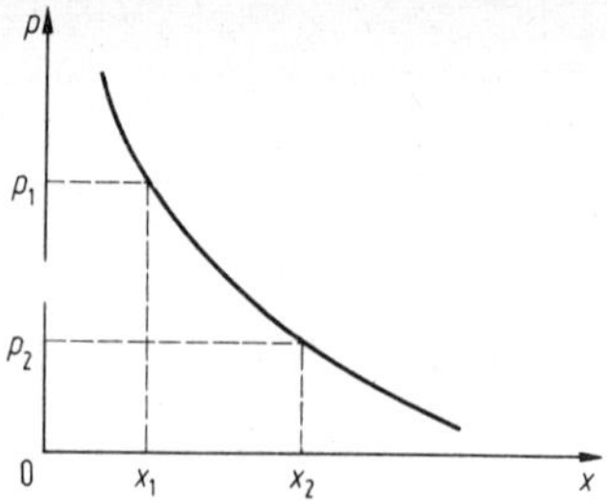

Figur 30

Gesetzt den Fall, bei p_1 betrage die nachgefragte Gütermenge $x_1 = 10$ kg und bei p_2 werde $x_2 = 10{,}5$ kg nachgefragt. $x_2 - x_1$ ist also gleich 0,5 kg. Das Verhältnis ist dann $\frac{0{,}5}{-0{,}02} = -25$.

Drücken wir die Menge $x_2 - x_1$ in Pfund aus, dann erhalten wir

$$\frac{x_2 - x_1}{p_2 - p_1} = \frac{1}{-0{,}02} = -50.$$

Mit anderen Worten, das Verhältnis ist abhängig von den Einheiten, in denen Preisänderungen und Mengenänderungen ausgedrückt sind und ist deshalb in dieser Form ungeeignet, um als Maßstab zu dienen und die Wirkung einer Variablen auf die andere zum Ausdruck zu bringen. Drückt man die Preisänderung in Prozenten des ursprünglichen Preises aus und die Gütermengenänderung in Prozent der ursprünglichen Gütermenge, dann bildet das Verhältnis prozentuale Gütermengenänderung zu prozentualer Preisänderung ein recht gutes Maß, um den Effekt der Preisänderung auf die nachgefragte Gütermenge zum Ausdruck zu bringen.

Die prozentuale Mengenänderung beträgt in obenstehendem Beispiel 5 %, die prozentuale Preisänderung 1 %. Die Veränderungen haben ein entgegengesetztes Vorzeichen. Das Verhältnis ist dann $\frac{+5\,\%}{-1\,\%} = -5$.

Dieses Verhältnis nennt man die Preiselastizität der Nachfrage.

Um die prozentuale Mengenänderung zu bestimmen, drückt man im allgemeinen die Mengenänderung $x_2 - x_1$ nicht in Prozenten von x_1, sondern in Prozent des Mittels von x_1 und x_2 aus. Die Preisänderung berechnet man dementsprechend in Prozent des Mittels der Preise p_1 und p_2.

Die Preiselastizität der Nachfrage ist also das Verhältnis zwischen der prozentualen Mengenänderung und der prozentualen Preisänderung. Streng genommen muß es sich hierbei um eine marginale Preisänderung handeln. Diese Elastizität wird meist mit dem Buchstaben ε bezeichnet. Im oben angeführten Beispiel ist ε gleich -5.

Wenn als Folge einer Preisänderung die nachgefragte Gütermenge unverändert bleibt, dann ist $\varepsilon = 0$. Die Nachfrage ist dann völlig unelastisch. In Figur 31 haben wir eine derartige, völlig unelastische Nachfragekurve gezeichnet.

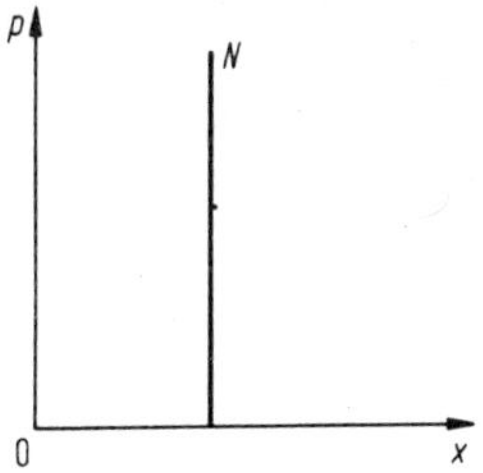

Figur 31

Diese Situation ist bei lebensnotwendigen Gütern gegeben.

Bei Luxusartikeln wird die Nachfragekurve mehr so laufen, wie wir es in Figur 32 zum Ausdruck gebracht haben. ε erreicht bei derartigen Gütern sehr hohe Werte.

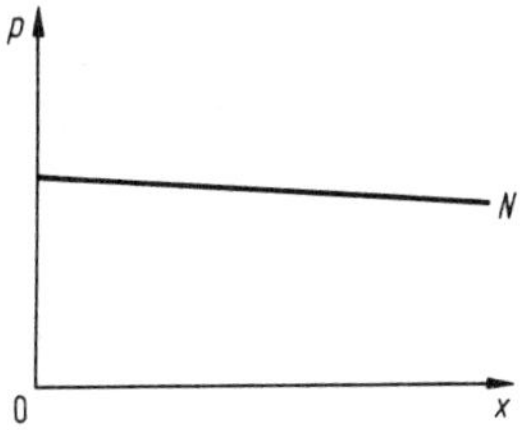

Figur 32

Résumé

Die Preiselastizität der Nachfrage ist das Verhältnis der prozentualen Gütermengenänderung zur prozentualen Preisänderung.

5. Staatliche Eingriffe

Der Preis, der auf einem Markt mit vollkommener Konkurrenz unter Einfluß von Nachfrage und Angebot zustande kommt, ist das Ergebnis einer freien Preisbildung. Der Preisbildungsprozeß wird nicht behindert durch irgendeine Form staatlicher Eingriffe.

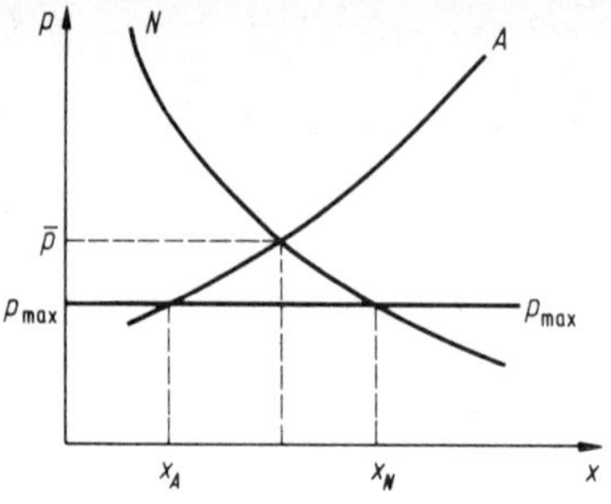

Figur 33

Die freie Preisbildung garantiert nicht, daß keine Preise sich einspielen, die aus sozialem Gesichtswinkel unerwünscht sind. Gesetzt den Fall, daß durch einen plötzlichen ernsten Fehlbetrag an Getreide der Brotpreis unverhältnismäßig als Folge eines unbehinderten Arbeitens des Nachfrage- und Angebotsprozesses ansteigt. Der Preis eines der Produktionsmittel nimmt zu und die Angebotskurve verschiebt sich nach links, wodurch der Preis für Brot hochgetrieben wird. In einer derartigen Situation drohen ernsthafte politische Probleme. Der Staat wird dann eingreifen, indem er Höchstpreise setzt, die selbstverständlich unter jenem Preis liegen, der sich anders einspielen würde. Die Setzung eines Höchstpreises wird in Figur 33 demonstriert.

Der Preis p, der entstehen würde, wird aus politischen Gründen als unvertretbar angesehen. Der Staat setzt den Höchstpreis p_{max} fest, zu dem verkauft werden muß. Bei diesem Preis liegt aber kein Gleichgewicht zwischen Nachfrage und Angebot vor. Die nachgefragte Gütermenge x_N ist größer als die angebotene Gütermenge x_A. Hier zeigt sich eine typische Erscheinung, die sich bei staatlichen Eingriffen – wie notwendig sie auch immer seien – immer beobachten läßt. Die Preissetzung zwingt nämlich dazu, weitere Maßnahmen in Form von Rationierungsmaßnahmen für das Brot zu ergreifen. Nachfrager, die durch den Preisbildungsprozeß ausgeschaltet sein würden, weil sie nicht genügend Kaufkraft besitzen, kommen nun ebenso zum Zuge wie die kaufkräftigeren Nachfrager.

Geht es bei der Höchstpreispolitik vor allem um den Schutz des Verbrauchers, so versucht die Mindestpreispolitik vor allem die Belange der Erzeuger zu schützen. Die Möglichkeit ist gegeben, daß durch eine temporär schwächere Nachfrage eine Unternehmung die Produktion einstellen müßte, weil der Gleichgewichtspreis weit abgesunken ist. In einem solchen Fall kann der Staat eingreifen, indem er einen Minimumpreis festsetzt, der oberhalb des Preises liegt, der auf Grund freier Preisbildung entstehen würde und auf diese Weise eine weitere Produktion garantieren.

Résumé

Die freie Preisbildung führt nicht immer zu politisch vertretbaren Resultaten. Staatliche Eingriffe in Form von Höchst- und Mindestpreisen werden deshalb als notwendig erachtet. Die staatlichen Eingriffe ziehen in der Regel weitere Maßnahmen nach sich.

6. Schlußbemerkungen

Erst in diesem Kapitel haben wir den Gleichgewichtspreis für einen Markt abgeleitet, auf dem die Marktpartner ausschließlich Mengenanpassung treiben können. Ferner haben wir mit der Besprechung der Marktform vollkommene Konkurrenz begonnen. Diese Konkurrenzsituation tritt auf, wenn sehr viele Nachfrager und Anbieter auf einem vollkommenen Markt operieren.

Der Leser möge sich die Beziehung zu den vorangehenden, mehr makroökonomisch orientierten Kapiteln, gut vor Augen halten. Dort sprechen wir von gesamtwirtschaftlichem Konsum. In diesem Kapitel haben wir den Preis auf beispielsweise dem Kaffeemarkt abgeleitet. Das Produkt aus Preis und insgesamt verkaufter Menge gibt den für Kaffee ausgegebenen Betrag wieder. Bei der Konsumfunktion geht es um die Summe aller Ausgaben zu Konsumzwecken. Wir sehen also, daß uns die mikroökonomische Analyse ein Verständnis der Struktur des Gesamtkonsums ermöglicht.

Deutlich geworden ist, daß sowohl die Nachfrageseite als auch die Angebotsseite wichtig für das Zustandekommen des Gleichgewichtspreises ist. Die klassische Schule, die ausschließlich dem Angebot, und die Grenznutzenschule, die vor allem der Nachfrage Beachtung geschenkt hatte, sind also beide einseitig. Die objektive Wertlehre, die von den Klassikern wohl als objektiv bezeichnet wird, weil man die Preise aus einer objektiven Größe, nämlich den Produktionskosten zu erklären trachtete, und die subjektive Wertlehre, die speziell die subjektiven Überlegungen der Wirtschaftssubjekte untersuchte, wurden durch den englischen Nationalökonomen ALFRED MARSHALL (1842–1924) zu einer Synthese vereint. Das Modell der vollkommenen Konkurrenz findet man, deutlich ausgedrückt, in Marshall's Werk; auch der Elastizitätsbegriff wurde von ihm behandelt.

Die Ökonomen haben lange Zeit überwiegend der Marktform der vollkommenen Konkurrenz Beachtung geschenkt und blieben auf diese Weise einigermaßen blind für eine zunehmende Monopolisierung und Machtbildung, die sich in der Wirtschaft vollzog. Deshalb hatte man auch soviel Vertrauen in den Preismechanismus; durch die Konkurrenz sollten immer die niedrigst möglichen Preise entstehen. Tatsächlich ist es aber offenbar, daß durch allerlei Ursachen ein freier Marktzutritt nicht gegeben ist. Auf diese Weise kann der Verkauf eines bestimmten Gutes in Händen einer einzelnen großen Unternehmung liegen. Das beste praktische Beispiel für vollkommene Konkurrenz ist heute noch die Preisbildung an den Effektenbörsen.

Man kann nun auf die Funktion des Preismechanismus noch etwas näher eingehen. Den Klassikern unter den Ökonomen stand immer das Bild der vollkommenen Konkurrenz vor Augen, wenn sie von der guten Wirkungsweise des Preismechanismus aus dem Blickwinkel der Verwendung knapper Güter und der Allokation der Produktionsfaktoren sprachen. ADAM SMITH entwarf selbst das Bild von der unsichtbaren Hand, die dafür sorgt, daß ungeachtet des auf den Vorteil des Einzelnen gerichteten Strebens der Konsumenten und der Produzenten, sich ein für die Gesellschaft als Ganzes optimales Ereignis einstellen sollte. Bei vollkommener Konkurrenz deckt der Preis auf lange Sicht immer gerade die Stückkosten, da die am Markt operierenden Produzenten die Betriebe vergrößern und neue Unternehmer auf den Plan treten solange noch Gewinnmöglichkeiten bestehen. Diese Gewinnmöglichkeiten hängen von der Intensität der Nachfrage ab. Eine Zunahme der Nachfrage führt immer zu einem höheren Gleichgewichtspreis durch eine Verschiebung der Nachfragekurve nach rechts. Auf die veränderte Situation reagieren wieder die Anbieter, sodaß leicht die Ansicht entstehen kann, daß die Konsumenten durch die Wiedergabe ihrer Präferenzen sowohl Art als auch Umfang der Produktion steuern.

In dieser Beziehung darf nicht übersehen werden, daß ausschließlich die kaufkräftigen Präferenzen auf dem Markt erscheinen. Außerdem kann auf einem Markt mit vollkommener Konkurrenz als Folge fortlaufender Verschiebungen der Nachfrage- und Angebotsfunktionen große Unruhe herrschen. Die nachteiligen Folgen sind beispielsweise in den Entwicklungsländern zu beobachten, deren Wirtschaft oft von einem einzigen auf dem Weltmarkt gehandelten Produkt abhängig ist. Schließlich gibt es auch bei vollkommener Konkurrenz keine Garantie, daß externe Nachteile der Produktion wie z.B. Luftverschmutzung durch rauchende Schornsteine automatisch in die Produktionskosten und damit in die Preise eingehen. So kann deshalb die Funktion des Preismechanismus bereits im Fall der vollkommenen Konkurrenz zur Diskussion gestellt werden; bei unvollkommener Konkurrenz allerdings ist dazu eher mehr denn weniger Anlaß gegeben.

Fragen:

1. a) *Was versteht man unter „Markt"?*
   b) *Was ist ein vollkommener Markt?*
   c) *Was versteht man unter vollkommener Konkurrenz?*
2. *Auf Grund welcher Ursachen verschiebt sich die Angebotskurve?*
3. *Auf Grund welcher Ursachen verschiebt sich die Nachfragekurve?*
4. *Was versteht man unter der Preiselastizität der Nachfrage?*
5. *Zeichnen Sie eine unelastische Nachfragekurve.*

Aufgaben:

1. a) *Ist der Automarkt homogen?*
   b) *Ist dieser Markt transparent?*
   c) *Existieren auf ihm so viele Anbieter, daß der Preis für jeden ein Datum ist?*
2. *Zeigen Sie, wie der Eintritt eines neuen Anbieters in den Markt den Gewinn des einzelnen Anbieters beeinflußt.*
3. *Kann es bei vollkommener Konkurrenz Kostenunterschiede zwischen den Anbietern geben?*
4. *Auf einem Markt mit vollkommener Konkurrenz beträgt der Gleichgewichtspreis 1,50 DM. Der Staat wünscht einen Mindestpreis zu setzen, durch den der Verbrauch halbiert wird. Wenn die Preiselastizität der Nachfrage konstant −2,5 ist, auf welchem Niveau muß sich dann dieser Minimumpreis bewegen?*
5. *Es ist gegeben:*
   $q_N = \alpha p + \beta;\ \alpha < 0,\ \beta > 0.$
   $q_A = \gamma p + \delta;\ \gamma > 0,\ \delta > 0.$
   $q_A = q_N.$
   a) *Berechnen Sie den Gleichgewichtspreis.*
   b) *Bestimmen Sie die Gleichgewichtsmenge.*
   c) *Wie verändert sich der Gleichgewichtspreis, wenn* β *verdoppelt wird?*
6. *Berechnen Sie die Preiselastizität der Nachfrage und des Angebotes im Gleichgewicht, wenn:*
   $\alpha = -2,\ \beta = +6,\ \gamma = 1$ *und* $\delta = 3.$
7. *Gegeben ist die Gesamtangebotsfunktion* $q_A = 2p$.
   a) *Zeichnen Sie diese Angebotsfunktion.*
   b) *Berechnen Sie die Preiselastizität des Angebots.*
   c) *Was fällt Ihnen auf?*

X. Das Marktgleichgewicht bei Preisstrategie

1. Preisstrategie

In unserer modernen Gesellschaft weicht vor allem die Situation auf der Angebotsseite stark von dem Bild ab, das im vorigen Kapitel gezeichnet wurde. Kapitel IX ist deshalb jedoch nicht etwa unnütz, weil bestimmte Märkte, wie etwa der Getreidemarkt und die Effektenbörsen, recht nahe an das Bild einer vollkommenen Konkurrenz heranreichen, während die weiter von diesem Bild abweichenden Marktformen besser mit Hilfe dieses X. Kapitels beschrieben werden können.

Die oben gemachte Annahme homogener Güter und homogener Marktbedingungen ist in der Realität selten anzutreffen. Damit gewinnt der Begriff Gut eine gewisse Unbestimmtheit. Können wir denn von einem Gut Kaffee sprechen, wenn verschiedene Marken um die Gunst der Käufer wetteifern? Qualitätsunterschiede, Unterschiede in den Dienstleistungen usw. machen den Markt heterogen. Die Konsequenz dieses Tatbestandes ist, daß die Konsumenten sich nicht allein vom Preis in ihrer Entscheidung lenken lassen, sondern auch von anderen Überlegungen. Sie sind bereit, lieber etwas mehr zu bezahlen, wenn sie meinen, daß der betreffende Verkäufer z. B. einen besseren Kundendienst bietet. Der Markt ist dann nicht mehr vollkommen. Ist jedoch die Zahl der Anbieter sehr groß, dann spricht man von monopolistischer Konkurrenz. Diese auf den ersten Blick etwas befremdende Namensgebung für diese Marktform hakt bei der Tatsache ein, daß jeder Anbieter Monopolist ist in bezug auf eine bestimmte Marke, die er verkauft, obwohl er jedoch mit den anderen Marken zu konkurrieren hat.

Während der Marktbegriff des vorigen Kapitels deutlich umrissen war, weil es sich um homogene Güter drehte, hat der Marktbegriff dieses Kapitels notwendigerweise eine gewisse Unbestimmtheit. Der Markt ist nun das zusammenhängende Ganze von Nachfrage und Angebot nach artverwandten Gütern. Durch das Zufügen des Wortes „verwandt" ist der Markt nicht mehr scharf abgegrenzt.

Wenn man z.B. den Markt für Personenwagen in Deutschland betrachtet, kann man sich die Frage stellen, ob das Volkswagenwerk Monopolist ist. Nach den vorausgegangenen Erklärungen dürfte klar sein, daß das Volkswagenwerk stets insofern ein Monopol hat, als es der einzige Anbieter von Volkswagen ist. Auf demselben Markt für Personenwagen bieten zahllose Unternehmen konkurrierende Marken an. Wenn wir uns nicht auf den Automobilmarkt beschränken, sondern den Markt für Personenbeförderung im allgemeinen betrachten, müssen wir zugleich allen Substituten für Autoverkehr, wie z. B. die öffentlichen Verkehrsmittel, das Fahrrad usw. Rechnung tragen.

Der heterogene Charakter der Güter bewirkt, daß die Unternehmer den Preis ihrer von ihnen verkauften Güter nicht als gegeben betrachten müssen, sondern im Gegenteil diese Preise selbst bestimmen können. Sie können also Preispolitik treiben. Von einer Angebotsfunktion, die wiedergibt, was sie bei verschiedenen Preisen tun würden, kann keine Rede mehr sein, weil sie selbst den Preis fixieren.

Sie können jedoch nicht allein nur den Preis bestimmen, sondern bei allen diesen Marktformen müssen sie auch Qualitätspolitik und Werbung treiben. Die Produzenten bieten verschiedene Güterqualitäten an, und ein jeder von ihnen wird mittels Werbung versuchen, den Konsumenten vom überlegenen Charakter seiner Produkte zu überzeugen. Es bedarf keines Beweises, daß im Fall der Mengenanpassung, wie im vorigen Kapitel besprochen, Werbung nicht möglich ist. Qualitätspolitik und Werbung werden im folgenden hie und da genannt werden; unser Augenmerk wird aber hauptsächlich auf die Preispolitik gerichtet sein.

Zwei Fälle von Preisstrategie untersuchen wir näher, nämlich das Monopol und das Oligopol. Ein Monopolist kann den optimalen Preis setzen, ohne daß er mit anderen Anbietern zu rechnen hat. Von Oligopol spricht man, wenn wenige Anbieter den Markt beherrschen. Sie müssen dann bei ihrer Preispolitik mit Reaktionen der Konkurrenten rechnen. Gerade diese letztere Situation kommt in der Realität vielfach vor.

Résumé

In der Realität kommen homogene Güter selten vor. Durch die Heterogenität der Güter werden die Grenzen des Marktes unbestimmt. Preisstrategen können Preispolitik treiben. Es existiert unter diesen Umständen keine Angebotsfunktion mehr. Demgegenüber liegt aber immer noch eine Gesamtnachfragefunktion vor, weil für die Konsumenten die durch die Unternehmung fixierten Preise wieder den Charakter eines Datums tragen. Monopol und Oligopol implizieren eine Zugangsbeschränkung zum Markt.

2. Das Gleichgewicht des Monopolisten

Die Absatzfunktion des Monopolisten kann mit Hilfe der Preis-Absatzfunktion dargestellt werden. Diese Preis-Absatzfunktion, die auf der Gesamtnachfragefunktion basiert, hat ebenfalls einen fallenden Verlauf. Der Monopolist kann eine größere Gütermenge absetzen, wenn er einen niedrigeren Preis festsetzt. In Figur 34 ist eine Gerade als Preis-Absatzfunktion angenommen worden. Der Monopolist wird, so nehmen wir an, die Kombination von Preis und Absatz wählen, bei der sein Gewinn maximal ist. Dieser Fall ist gegeben, wenn soviel produziert wird, daß Grenzerlös und Grenzkosten gleich sind. Die Grenz- und Durchschnittskosten können genauso gezeichnet werden wie im Fall vollkommener Konkurrenz. Die Kurve des Grenzerlöses verläuft aber anders. Der Grenzerlös ist nun gleich dem Erlös

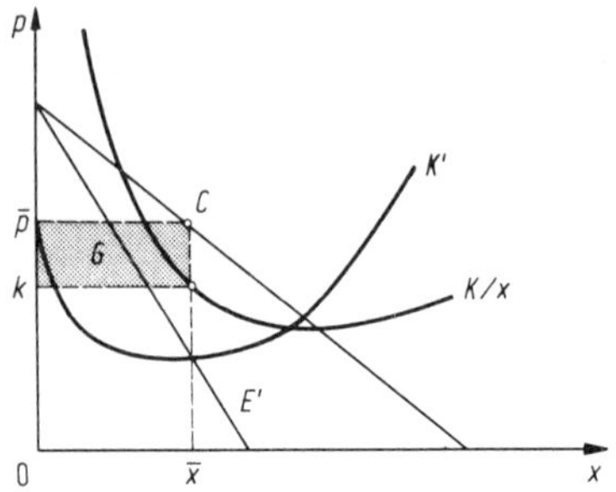

Figur 34

der letzten Einheit, vermindert um die Ertragsminderung, die die Folge eines Preisnachlasses ist, der auch auf die übrigen verkauften Einheiten gegeben werden muß. Wenn 10 Einheiten zu einem Preis von 2,— DM pro Stück verkauft werden können und 11 Einheiten zu einem Preis von 1,90 DM pro Stück, ist der Grenzerlös gleich 1,90 DM (der Erlös für die 11. Einheit), vermindert um 10 × —,10 DM (der Preisminderung der vorigen 10 Einheiten), also —,90 DM. Dieses Ergebnis erhält man auch, indem man die Gesamterlöse für 10 bzw. 11 Einheiten vergleicht: 10 Einheiten à 2,— DM ergeben insgesamt 20,— DM und 11 Einheiten à 1,90 DM insgesamt 20,90 DM. Das Beispiel zeigt, daß der Grenzerlös kleiner als der Preis ist. Die Kurve des Grenzerlöses verläuft also links von der Preis-Absatzfunktion. Dies ist nicht nur in diesem Beispiel, sondern auch allgemein der Fall. Man kann beweisen, daß im Fall einer linearen Preis-Absatzfunktion die Grenzerlöskurve ebenfalls eine Gerade ist. Die Kurve schneidet die Abszisse beim halben Abszissenabschnitt der Preis-Absatzfunktion. Da die Steigungen beider Kurven negativ sind, ist also die Steigung der Grenzerlöskurve halb so groß wie die der Preis-Absatzfunktion.

Zusammen mit den Kostenfunktionen können wir nun das Gleichgewicht bestimmen. Bei der Gütermenge $\bar{x}$ sind die Grenzkosten gleich dem Grenzerlös, und deshalb ist der Gewinn maximal. Der Preis beträgt $\bar{p}$, so daß der Stückgewinn gleich $(\bar{p}-k)$ ist, weil die Durchschnittskosten bei einer Produktionsmenge $\bar{x}$ gleich k betragen. Der Gewinn ist gleich dem Stückgewinn $(\bar{p}-k)$, multipliziert mit der Zahl der abgesetzten Gütereinheiten $(\bar{p}-k)\cdot\bar{x}$.

Den Punkt C auf der Preis-Absatzfunktion nennt man auch den Cournot'schen Punkt, weil der Franzose COURNOT bereits im Jahre 1838 diese Gleichgewichtslösung formulierte. COURNOT war seiner Zeit weit voraus, weil er auch bahnbrechende Arbeit auf dem Gebiete der Oligopoltheorie geleistet hat, obwohl in seiner Zeit jeder das Bild vollkommener Konkurrenz vor Augen hätte.

Résumé

Bei gegebener Preis-Absatzfunktion setzt der Monopolist seinen Preis selbst. Dabei ist es nicht etwa so, daß der Monopolist den Preis willkürlich hochtreiben kann, denn dann würde er allen seinen Absatz verlieren. Der Cournot'sche Punkt ist so bestimmt worden, daß in dieser Situation der Monopolist maximalen Gewinn erwirtschaftet.

3. Ein einfaches Modell der monopolistischen Preisbildung

Die graphische Bestimmung der Gleichgewichtssituation des Monopolisten kann in Modellform dargestellt werden, wenn wir eine Preisabsatzfunktion und die Gesamtkostenfunktion explizit einführen. Nennen wir den Absatz q, die Gesamtkosten K und den Preis p, dann läßt die Preisabsatzfunktion $p=f(q)$ und die Gesamtkostenfunktion $K=F(q)$. Es ist auffällig, daß sowohl in der Preisabsatzfunktion als auch in der Kostenfunktion die Variable q gebraucht wird. Dies bedeutet, daß – wie dies auch im voranstehenden Abschnitt implizit geschehen ist – von Lagerhaltung abgesehen wird. In diesem Fall kann man Absatz und Produktionsmenge gleichsetzen. Nennt man die Lagerhaltung S, dann gilt allgemein $S=x-q$, wenn x die Produktion ist. Wir nehmen aber an, daß $S=0$.

Der Einfachheit halber unterstellen wir einen linearen Verlauf der Preisabsatzfunktion und der Gesamtkostenfunktion. Diese sollen wie folgt lauten:

(1) $$p=-2q+17$$

und

(2) $$K=q+10.$$

Aus (1) kann der Gesamterlös als Funktion von q abgeleitet werden:

(3) $$U=p\cdot q=-2q^2+17q.$$

Die graphische Darstellung der Gesamterlösfunktion zeigt eine umgestülpte Parabel. Für den gesamten Gewinn als Funktion von q ergibt sich nun:

(4) $$\begin{aligned}G&=-2q^2+17q-q-10\\&=-2q^2+16q-10.\end{aligned}$$

Wird angenommen, daß der Monopolist nach Gewinnmaximierung strebt, dann muß das Maximum von G durch Optimierung der Absatzmenge q gefunden werden.

Dieses Problem läßt sich mit Hilfe der Differentialrechnung lösen. Es muß gelten:

$$\frac{dG}{dq}=0 \text{ und } \frac{d^2G}{dq^2}<0.$$

Der Gleichgewichtswert für q, den wir $\bar{q}$ nennen, folgt dann aus:

$$-4\bar{q}+16=0$$
$$\bar{q}=4.$$

Der Gleichgewichtspreis ist auf diese Weise ebenfalls bestimmt. Er läßt sich ermitteln, wenn wir $\bar{q}=4$ in die Gleichung (1) einsetzen. Wir erhalten so $\bar{p}=9$. Der Vollständigkeit halber berechnen wir noch den Grenzerlös als Funktion von q und die Grenzkosten ebenfalls als Funktion von q. Wir bekommen:

$$\frac{dG}{dq}=-4q+17$$

und

$$\frac{dK}{dq}=1.$$

Da der gesamte Gewinn gleich der Differenz zwischen dem gesamten Erlös und den Gesamtkosten ist, bedeutet das Nullsetzen der ersten Ableitung der Gewinnfunktion nach q, daß der Grenzerlös und die Grenzkosten in der Gleichgewichtssituation gleich sein müssen:

$$-4\bar{q}+17=1 \text{ oder } \bar{q}=4.$$

Résumé

Die Preisbildung beim Monopol kann durch ein einfaches Modell beschrieben werden. Auf diese Weise werden die getroffenen Annahmen scharf herausgearbeitet.

4. Das Oligopol

Oligopole kommen in der Realität häufig vor, doch von einer befriedigenden Oligopoltheorie kann noch keine Rede sein. Sobald auf einem Markt einige Anbieter miteinander konkurrieren, sind unterschiedliche Verhaltensweisen der Anbieter denkbar. Einerseits besteht die Möglichkeit eines Konkurrenzkampfes auf Leben und Tod, der alle benachteiligt und dem die Schwächsten zum Opfer fallen, andererseits ist eine mehr oder weniger weitgehende Kooperation nicht ausgeschlossen.

Die Schwierigkeit besteht darin, daß die Unternehmer, die nach maximalem Gewinn streben, merken, daß jede Aktion zu einer Reaktion der Konkurrenten führt. Über diese Reaktionen können viele Hypothesen aufgestellt werden, aus denen man ohne weiteres keine Wahl treffen kann. So kann man z. B. annehmen, daß eine Reaktion des Konkurrenten nicht erfolgt oder daß die Konkurrenten ihre Preise um denselben Betrag ändern werden. Bei jeder Hypothese resultiert ein anderes Gleichgewicht.

Meist scheinen die Preise auf einem oligopolistischen Markt ziemlich starr zu sein, was aus einer gewissen Abneigung erklärt wird, die Preise als Waffen im Konkurrenzkampf zu gebrauchen. Die Unternehmer konkurrieren dann über die Mittel Werbung, Qualität und Kundendienst.

Diese Elemente der Unternehmenspolitik faßt man auch unter dem angelsächsischen Begriff "marketing-mix" zusammen. Das marketing-mix umfaßt die Fertigungspolitik, die Preispolitik, die Distributionspolitik und die Werbepolitik.

Die Fertigungspolitik, die sich weiter in Produkt- und Sortimentspolitik unterteilen läßt, bezieht sich auf Zahl und Art der geführten Produkte, die Eigenschaften, die ihnen gegeben werden sollen, das Ausmaß der Produktdifferenzierung und die Entwicklung ganz neuer Produkte.

Die Preispolitik umfaßt die Festlegung der Güterpreise. In der Realität lassen sich in dieser Hinsicht viel mehr Möglichkeiten feststellen, als man aus der Gewinnmaximierungshypothese herleiten könnte. Es kann beispielsweise erwägenswert sein, den Preis niedriger als nach dem Gewinnmaximierungskalkül festzusetzen, um ein schnelleres Wachstum des Marktes zu erreichen.

Bei der Distributionspolitik unterscheidet man in der Wahl der Produktionswege verschiedene Möglichkeiten. Es gibt beispielsweise Alternativlösungen, die eine direkte Belieferung von Einzelhändlern wie auch eine Warenverteilung über den Großhandel vorsehen. Daneben gibt es Alternativlösungen, bei denen man die Güterdistribution mit militärischer Logistik angeht. Endlich existieren Alternativprobleme bei der Frage, wie die Verkaufsanstrengungen der Zwischenstufen bei gegebenem Absatzweg stimuliert werden können.

Schließlich bleibt die Werbepolitik, ein Teil der Unternehmenspolitik, mit der freilich jeder täglich in Berührung kommt. Hier eröffnet sich eine ganze Anzahl von Wahlproblemen. Welche Themen müssen in die Werbekampagne aufgenommen werden? Welche finanziellen Mittel müssen für Werbung ausgegeben werden im Vergleich zu den Beträgen, die für die anderen absatzpolitischen Instrumente zur Verfügung stehen? Wenn der Umfang des Werbehaushalts festgelegt ist, stellt sich die Frage der zeitlichen Ausgabenverteilung und die Mittelverteilung auf die verschiedenen Werbeträger.

Der Wettbewerb auf einem oligopolistischen Markt wird nicht nur durch den Einsatz der absatzpolitischen Instrumente bestimmt, den die etablierten Firmen vornehmen, sondern auch durch die Drohung der latenten Konkurrenz. Wenn die bestehenden Unternehmungen beträchtliche Gewinne erwirtschaften, ist der Markt für neue Anbieter anziehend. Denkbar ist jedoch, daß die bereits auf dem Markt bestehenden Unternehmungen diese Möglichkeit in ihre Preisfestsetzung einbeziehen. Die Preiskonkurrenz tritt dann auf einem oligopolistischen Markt nur noch rein zufällig von Zeit zu Zeit auf. In diesem Fall spricht man von einem Preiskrieg, so wie er beispielsweise gelegentlich auf dem Benzinmarkt unter dem Einfluß der freien Tankstellen entbrennt.

Ein Oligopol kann sich aber auch langsam zu einem Machtblock einiger weniger Unternehmen entwickeln, was sowohl den Zutritt neuer Anbieter auf den Markt, wie auch den zwischenbetrieblichen Wettbewerb beispielsweise durch Absprachen verhindert. Eine derartige Übereinkunft zwischen selbständigen Unternehmungen in einem Wirtschaftszweig, bei der die zwischenbetriebliche Konkurrenz geregelt oder begrenzt wird, nennt man ein Kartell. Werden Preisabsprachen getroffen, dann liegt ein Preiskartell vor. Aus volkswirtschaftlicher Sicht besteht die Gefahr, daß ein Kartell zum einen ineffiziente Produktionsmethoden konserviert zum anderen für hohe Güterpreise verantwortlich ist. Der Staat tritt deshalb auf der Grundlage des Gesetzes gegen Wettbewerbsbeschränkungen gegen Kartellierungen auf.

In dieser Beziehung läßt sich feststellen, daß der Staat große Aufgaben bei Fusions- und Konzentrationserscheinungen in unserer Wirtschaft hat. Die Zusammenlegung bislang selbständiger Unternehmungen greift laufend um sich, wobei auch oft ersichtlich ist, daß ein Betrieb A einen Betrieb B vollständig schluckt. Die Mittel- und Kleinbetriebe kommen auf diese Weise in eine immer schwierigere Lage. Die Frage, ob die Konzentrationsbewegung aus der Sicht des Wachstums und der technischen Entwicklung positiv gewertet werden darf, muß an dieser Stelle unbesprochen bleiben.

Résumé

Die Oligopoltheorie ist sehr kompliziert, weil sehr viele denkbare Verhaltensweisen der Oligopolisten berücksichtigt werden müssen. In der Praxis kann man beobachten, daß bei Oligopolen sehr oft eine gewisse asymmetrische Preisstarrheit auftritt. Asymmetrisch deshalb, weil Preiserhöhungen möglich bleiben, jedoch keine Preissenkungen. Sehr oft beruht ein derartiges Verhalten auf einer Kartellabsprache, hinter der in Wahrheit eine Machtkonzentration einiger Unternehmer steht.

5. Das Gesetz gegen Wettbewerbsbeschränkungen

Die ineffiziente Produktion und die preisverhärtende Wirkung von Kartellabsprachen sind für den Staat Anlaß, durch geeignete Maßnahmen zu versuchen, den Wettbewerb auf einem ausreichenden Niveau zu halten.

Zu diesem Zweck wurde in der Bundesrepublik Deutschland das Gesetz gegen Wettbewerbsbeschränkungen erlassen. Wichtigster Bestandteil des Gesetzwerkes ist das sogenannte Verbotsprinzip, das im Paragraphen 1 formuliert wurde. Danach sind Verträge, die Unternehmen oder Vereinigungen von Unternehmen zu einem gemeinsamen Zweck schließen, und Beschlüsse von Vereinigungen von Unternehmen unwirksam, soweit sie geeignet sind, die Erzeugung oder die Marktverhältnisse für den Verkehr mit Waren oder gewerblichen Leistungen durch Beschränkung des Wettbewerbs zu beeinflussen. Im gleichen Absatz 1 des § 1 wird jedoch betont: „Dies gilt nicht, soweit in diesem Gesetz etwas anderes bestimmt ist." In der Bundesrepublik sind demzufolge wettbewerbsmindernde Verträge und Beschlüsse prinzipiell verboten. Weitere Paragraphen (§ 2 – § 14) regeln Ausnahmen vom Verbotsprinzip.

Im Paragraphen 2 wird das Kartellverbot speziell für sogenannte Konditionenkartelle, d.h. für Kartelle, die die einheitliche Anwendung allgemeiner Geschäfts-, Lieferungs- und Zahlungsbedingungen zum Gegenstand haben, aufgehoben.

Rabattkartelle, Strukturkrisenkartelle, Rationalisierungskartelle sowie Spezialisierungskartelle wie auch Ausfuhr-, Einfuhr- und sogenannte Sonderkartelle unterliegen dem Verbot des § 1 ebenfalls nicht.

Verträge und Beschlüsse der eben angeführten Sonderregelungen bedürfen zu ihrer Wirksamkeit jedoch der Anmeldung beim Bundeskartellamt. Das Bundeskartellamt verfügt über die Möglichkeit, die Erteilung der Erlaubnis von Auflagen abhängig zu machen. Bei einem eventuellen Mißbrauch kann die Kartellbehörde die Verträge und Beschlüsse für unwirksam erklären.

Der zweite Abschnitt des Gesetzes gegen Wettbewerbsbeschränkungen befaßt sich im § 15 mit der grundsätzlichen Wichtigkeit von Preis- und Konditionenvereinbarungen-, im § 16 mit der vertikalen Preisbindung, sowie in späteren Paragraphen mit Verträgen, die die wirtschaftliche Bewegungsfreiheit einschränken, sowie mit Regelungen über Patente, Gebrauchsmuster und Sortenschutzrechte.

Der dritte Abschnitt (insgesamt 6 Abschnitte) schließlich behandelt die wirtschaftliche Konzentration, sofern es sich um Unternehmenszusammenschlüsse dreht, die eine marktbeherrschende Stellung einnehmen.

Wettbewerbspolitik ist keine einfache Sache. Wir wissen, wie schillernd der Marktbegriff im Lichte der Heterogenität der Güter ist. Die meisten Güter sind durch Substitute ersetzbar. Aus diesem Grund ist es nicht einfach festzustellen, wann eine wirtschaftliche Machtstellung aufgebaut ist. Dabei kommt noch hinzu, daß oligopolistische und monopolistische Unternehmungen neben den angesprochenen Nachteilen auch günstige Aspekte aufweisen. In größeren Unternehmenseinheiten kann durch weitergehende Arbeitsteilung und modernste Produktionstechniken eine größere Produktivität erreicht werden. Ebenso kann sich eine größere Unternehmung zielgerichtete Forschung leisten. Auf diese Weise kann eine kostensparende Gütererzeugung auch zum Nutzen des Konsumenten sein. Die technische Entwicklung ist obendrein, wie wir noch sehen werden, ein wichtiges Stimulans des wirtschaftlichen Wachstums. In der Wettbewerbspolitik tritt man so einerseits gegen den Mißbrauch von Machtstellungen ein, während auf der anderen Seite darüber gewacht wird, daß die Vorteile der Massenproduktion und der Forschung und Entwicklung nicht angetastet werden. Das Abwägen der Vor- und Nachteile enthält dabei außerökonomische Wertvorstellungen.

Résumé

Das Gesetz gegen Wettbewerbsbeschränkungen zielt auf die Erhaltung eines ausreichenden Wettbewerbs ab.

6. Schlußbemerkungen

In diesem Kapitel haben wir uns mit einigen Fällen unvollkommener Konkurrenz befaßt. Die Theorie der unvollkommenen Konkurrenz ist – abgesehen von dem Beitrag Cournot's – vor allem nach 1933 durch die Veröffentlichungen des amerikanischen Nationalökonomen E.H. Chamberlin und der Engländerin Mrs. Joan Robinson entwickelt worden. Beide wiesen darauf hin, daß die Marktform der vollkommenen Konkurrenz ein idealtypisches Produkt wissenschaftlichen Elfenbeinturmdenkens zu werden drohte, und betonten die praktische Bedeutung von Monopol, Oligopol und der monopolistischen Konkurrenz.

Für uns ist vor allem der Gedanke von Bedeutung, daß eine Schwächung der Konkurrenz zu einer Machtkonzentration führt und zu mehr oder weniger einseitiger Fixierung der Preise durch die Unternehmer. Die Preise werden starr und verlieren ihre Flexibilität, die sie bei vollkommener Konkurrenz haben, bei der jede Änderung der Daten auf die Preise durchschlägt. Wenn keine vollkommene Konkurrenz herrscht, wird ein höherer Grundstoffpreis munter in den Verkaufspreis hochgerechnet, aber ein Sinken der Grundstoffpreise wird als Sondergewinn kassiert, indem man die Verkaufspreise beibehält. Auch kann bei einer Mindestpreisregelung der ineffiziente Grenzbetrieb seine Produktion aufrechterhalten.

Es ist begreiflich, daß der Staat bei derartigen Entwicklungen einzugreifen wünscht. In der Bundesrepublik Deutschland wurde die rechtliche Basis durch das Gesetz gegen Wettbewerbsbeschränkungen im Jahre 1957 geschaffen. Das Hauptanliegen des Gesetzgebers war die Förderung eines gesunden Wettbewerbs durch das Verbot unzulässiger Praktiken.

Fragen:

1. Warum kann man beim Monopol keine Angebotsfunktion ableiten?
2. In welcher Hinsicht besitzt die Deutsche Bundesbahn ein Monopol?

3. *Warum ist es schwierig, zu beschreiben, was eine wirtschaftliche Machtstellung ist?*

Aufgaben:

1. *Nennen Sie verschiedene Analogien zwischen der Theorie des Konsumentenverhaltens und der Produktionstheorie.*
2. *Beantworten Sie die obige Aufgabe für die Beispiele vollkommene Konkurrenz und Monopol.*
3. *Geben Sie einige praktische Beispiele für Oligopole.*
4. *Beobachten Sie einige Zeit die Werbeangebote einiger Waschmittelfabriken in Zeitungen und Illustrierten. Registrieren Sie Sonderangebote, Preisänderungen usw.*
5. *Nennen Sie einige Kartelle in Deutschland.*
6. *Nehmen wir an, der in Paragraph 2 dieses Kapitels angeführte Monopolist strebe nicht nach maximalem Gewinn, sondern nach maximalem Gesamterlös. Zeigen Sie graphisch, welcher Gleichgewichtspreis zustande kommt.*
7. *Die Preis-Absatzfunktion eines Monopolisten lautet:* $p = -3q + 12$. *Die Kostenfunktion ist:* $K = 2q + 5$.
   a) *Bestimmen Sie den Gleichgewichtspreis, wenn dieser Monopolist nach maximalem Gesamterlös strebt.*
   b) *Bestimmen Sie den Gleichgewichtspreis, wenn dieser Monopolist den maximalen Gewinn ansteuert.*
   c) *Berechnen Sie in beiden Fällen die Preiselastizität im Gleichgewicht.*

XI. Die Preisbildung bei Arbeit und Kapital

1. Die Theorie der Klassiker

Wir haben nun etwas Einblick in die Preisbildung bei Konsumgütern gewonnen. Die Anbieter von Konsumgütern – die Unternehmungen – haben diese Güter erst herstellen müssen. Für diese Produktion brauchten sie Produktionsfaktoren. Wir haben wohl gesehen, wie sich der Produzent auf dem Absatzmarkt verhält, aber wissen noch nicht, wie er sich auf den Märkten verhält, auf denen er als Nachfrager agiert.

Auf den Faktormärkten kauft er Grund und Boden, Arbeit und Realkapital zu bestimmten Preisen. Es stellt sich uns die Frage, welche Gesetzmäßigkeiten die Preisbildung bei Produktionsfaktoren beherrschen. Nun ist es unzweifelhaft, daß die Nachfrage nach Produktionsmitteln eine abgeleitete Nachfrage ist, basierend auf der Nachfrage nach Endprodukten. Die Produktionsmittel gewinnen ihren Wert also aus der Nachfrage nach Konsumgütern.

Die betreffenden Preise, um die es hier geht, sind Lohn, Bodenrente und Zins. Der Lohn ist der Preis für die Anwendung von Arbeit, die Bodenrente ist der Preis für den Gebrauch natürlicher Hilfsmittel, der Zins ist die Vergütung für die Nutzung des Geldkapitals, das von der Unternehmung in Kapitalgüter verwandelt wird.

Lange Zeit hat man versucht, auch diese Preise mit Hilfe des Modells der vollkommenen Konkurrenz zu erklären.

Unter dem Einfluß von Nachfrage und Angebot kommen die Gleichgewichtspreise der Produktionsfaktoren zustande. Ein Unternehmer fragt mehr Einheiten eines bestimmten Produktionsfaktors nach in dem Maße, in dem der Preis niedriger ist. So entsteht die individuelle Nachfragefunktion nach z. B. Arbeit. Indem man alle individuellen Nachfragekurven aggregiert, erhält man die Gesamtnachfragefunktion.

Die Gesamtnachfragefunktion für jeden Produktionsfaktor muß nun mit der kollektiven Angebotsfunktion konfrontiert werden. Man nimmt an, daß eine Gesamtangebotsfunktion für Arbeit konstruiert werden kann. Diese Funktion drückt aus, daß insgesamt gesehen mehr Arbeit angeboten wird, wenn der Lohn höher ist. Zusammen mit der fallenden Nachfragefunktion ist dann der Arbeitslohn bestimmt. In Figur 35 haben wir dargestellt, wie in diesem Gedankengang der Gleichgewichtslohn zustandekommt.

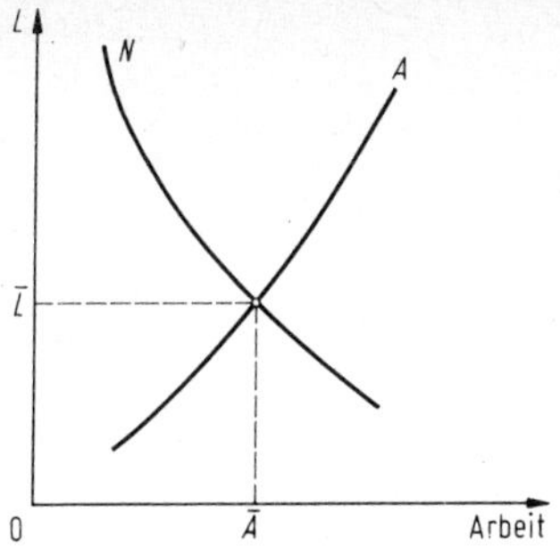

Figur 35

Das Gesamtangebot an natürlichen Ressourcen kann als vollkommen unelastisch betrachtet werden. Unabhängig vom Preis ist dâs Gesamtangebot gegeben. Die Angebotsfunktion ist eine Gerade und verläuft parallel zur Ordinate, auf der bekanntlich die Preise abgetragen sind. So ist also die Höhe der Bodenrente durch die Nachfrage determiniert. Figur 36 stellt diesen Zusammenhang dar.

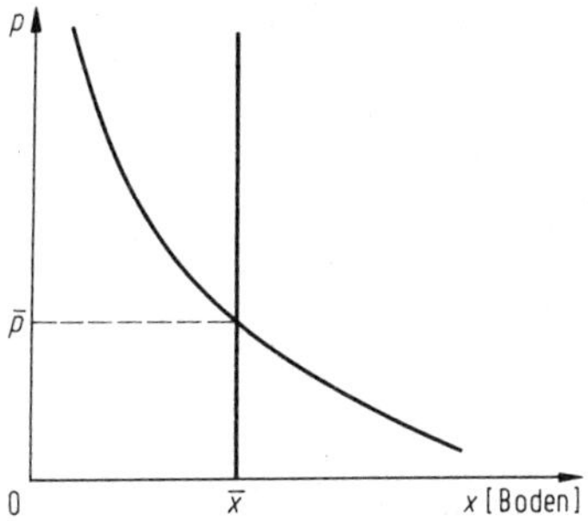

Figur 36

Im System der Klassiker kommt das Angebot an Geldkapital durch die Spartätigkeit zustande. Die Nachfrage nach Geldkapital, die aus der Notwendigkeit der Finanzierung von Lagerbestandsänderungen resultiert, heißt hier investieren. Wenn der Zins hoch ist, wird weniger investiert werden und dementsprechend mehr gespart. Es existiert aus diesem Grunde ein Gleichgewichtswert für den Zins, der Sparen und Investieren zum Ausgleich bringt: Der Schnittpunkt der Nachfrage- mit der Angebotskurve nach Geldkapital. Wie der Gleichgewichtswert für den Zins ermittelt wird, ist in Figur 37 graphisch dargestellt.

Für unsere weiteren Ausführungen sind nun insbesondere die Lohnbildung und die Zinsbildung von Interesse, und wir werden deshalb der Frage nachgehen, wie dieses traditionalistische Bild von der modernen Theorie geändert wurde.

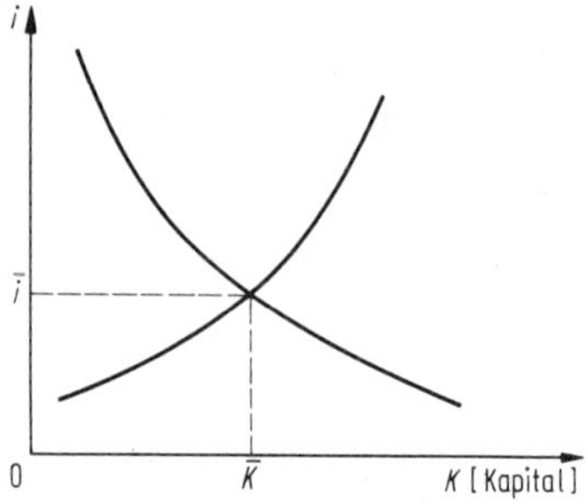

Figur 37

Résumé

Auch die Theorie der Preisbildung bei den Produktionsfaktoren hat lange Zeit unter dem Einfluß des Modells der vollkommenen Konkurrenz gestanden, demzufolge der Gleichgewichtspreis durch Gesamtnachfrage- und Gesamtangebotsfunktion bestimmt wird.

2. Arbeitsmarkt und Lohn

Den Markt, auf dem sich Nachfrage und Angebot nach Arbeit begegnen, nennen wir Arbeitsmarkt. Auf dem Arbeitsmarkt wird die Höhe des Lohnes ausgehandelt. Der Arbeitsmarkt ist sehr heterogen. Es werden sehr unterschiedliche Arbeitsqualitäten nachgefragt und angeboten. Es handelt sich deshalb um eine Vereinfachung, wenn wir von *der* Arbeit und *dem* Lohn sprechen. In der Realität existiert ein ganzer Komplex verschiedener Lohnsätze: die Lohnstruktur.

In Deutschland kann man beim besten Willen nicht von vollkommener Konkurrenz auf dem Arbeitsmarkt sprechen. Auf der Angebotsseite ist ein größerer Prozentsatz der Arbeitnehmer organisiert, d.h. Mitglieder einzelner Gewerkschaften, die ihre Interessen vertreten. Beispiele für diese Einzelgewerkschaften sind etwa die Industriegewerkschaft Metall, die Industriegewerkschaft Bau, Steine, Erden, usw. Alle Einzelgewerkschaften zusammen sind vereinigt im Dachverband Deutscher Gewerkschaftsbund. Auf der Nachfrageseite ist ebenfalls ein großer Teil der Arbeitgeber organisiert in Arbeitgebervereinigungen gemäß den entsprechenden Wirtschaftszweigen. Sämtliche einzelnen Arbeitgeberverbände sind im Dachverband Bundesverband der Deutschen Industrie vereinigt.

Die Konkurrenzsituation auf dem Arbeitsmarkt führt dazu, daß das Lohnniveau nicht mit Hilfe von Nachfrage- und Angebotsfunktionen ermittelt werden kann. Auf beiden Seiten sind nachgefragte, bzw. angebotene Zahl der Arbeitskräfte stark beschränkt, weil die betreffenden Organisationen als Sachwalter der Interessen ihrer Mitglieder auftreten. Es liegt also sowohl auf der Nachfrage- als auch auf der Angebotsseite des Marktes eine Monopolisierung vor. Auf diese Weise sind Lohnniveau und Lohnstruktur Verhandlungsgegenstand zwischen Arbeitgeber- und Arbeitnehmerorganisationen geworden. Die Machtposition der an den Verhandlungen teilnehmenden Partner wird in hohem Maße durch die Situation auf dem Arbeitsmarkt beeinflußt. Wenn die Arbeitsmarktlage gespannt ist, können die Gewerkschaften höhere Forderungen stellen, als wenn der Arbeitsmarkt mehr oder weniger ausgeglichen ist. Neben günstigen sekundären Arbeitsbedingungen wie Urlaubsregelungen und soziale Fürsorge, versuchen die Gewerkschaften einen möglichst hohen Reallohn für ihre Mitglieder zu erstreiten. Ihre Lohnpolitik orientiert sich nicht am Nominallohn, sondern daran, wieviel Güter mit diesem Nominallohn gekauft werden können. Die Arbeitgebervereinigungen sind in erster Linie gegründet worden, um der Machtposition der Gewerkschaften den entsprechenden Widerpart entgegenstellen zu können.

In der Bundesrepublik Deutschland herrschte nach dem zweiten Weltkrieg über längere Zeitabschnitte Arbeitsfrieden, weil die betreffenden Parteien die Bedeutung des Lohnniveaus für die wirtschaftliche Stellung unseres Landes beachteten. Eine starke Anhebung der Löhne schwächt unsere Konkurrenzposition auf den ausländischen Märkten und stimuliert die inländische Nachfrage. Ein relativ niedriges Lohnniveau führt zu sozialen Spannungen, weil übermäßige Gewinne entstehen, doch wären in der Folge die in der Bundesrepublik produzierten Waren auf den internationalen Märkten so preisgünstig, daß die ausländische Nachfrage einen starken Impuls verliehen bekäme.

Eine der heikelsten Fragen ist, welches Kriterium für Lohnerhöhungen gewählt werden sollte. Im Prinzip wird dem Preisindex für Lebenshaltung eine gewisse Bedeutung in dieser Frage zugemessen, doch ebenso der Entwicklung der Durchschnittsproduktivität, der Produktivität in den betreffenden Wirtschaftsbereichen und der Lohnquote, d.h. dem prozentualen Anteil der Löhne und Gehälter am gesamten Volkseinkommen. Offengeblieben ist aber, daß ein praktisches Vorgehen der Lohnpolitik anhand dieser Kriterien in konkreten konjunkturellen Situationen mehr oder weniger große Nachteile hat. Insbesondere wenn die Arbeitsmarktsituation überspannt ist, büßen diese Kriterien schnell an Bedeutung ein. Die Erfahrung hat gelehrt, daß die Arbeitgeber in dieser Situation höhere Löhne bezahlen als in Tarifverträgen vereinbart wurde. Man spricht in diesem Fall von Lohndrift. Eine Lohndrift bringt zum Ausdruck, daß die Arbeitsmarktlage überspannt ist; die Nachfrage nach Arbeitskräften übersteigt das Angebot.

Résumé

Da auf beiden Seiten des Arbeitsmarktes eine Monopolisierung vorliegt, ist das Lohnniveau unbestimmt. Die Lohnfindung wird zur Machtfrage. Je nach der konjunkturell bestimmten Arbeitsmarktsituation sind einmal die Arbeitgeberorganisationen oder aber die Gewerkschaften in der besseren Verhandlungsposition. Da das allgemeine Lohnniveau von großer Bedeutung für die Exportmarktsituation der westdeutschen Industrie ist, wird ihm im Rahmen der Wirtschaftspolitik auch die entsprechende Bedeutung beigemessen.

3. Kapitalmarkt und Zins

Im ersten Paragraphen des IV. Kapitels haben wir die monetären Aspekte des wirtschaftlichen Kreislaufes behandelt. Die Kreditleihe der Haushalte an die Unternehmungen wurde als einfacher Vorgang dargestellt. In Wirklichkeit liegt aber auch hier ein Markt vor, auf dem sich Nachfrage und Angebot nach Geldkapital begegnen: der Kapitalmarkt.

In der vereinfachten Darstellung, die im ersten Paragraphen dieses Kapitels von den Vorstellungen der Klassiker gegeben wurde, wird das Angebot an Kapital durch das Sparen getragen, wohingegen Geldkapital zu Investitionszwecken nachgefragt wird. KEYNES sieht das Sparen nicht so sehr als Funktion des Zinses an, sondern als Funktion des Volkseinkommens. In dem Maße, in dem das Einkommen wächst, wird mehr gespart. Die Klassiker legten ihr Augenmerk einseitig auf die Determinante Zins. Was die Nachfrageseite betrifft, nahmen sie an, daß mehr investiert werde, wenn der Zins niedriger sei. Auch an dieser Theorie zweifelt KEYNES ernstlich. Ob die Unternehmer investieren werden, hängt mehr von ihren Gewinnerwartungen ab als von einer bestimmten, willkürlichen Kostenkomponente wie dem Zinssatz. In der Keynes'schen Analyse bringt denn auch nicht der Zins die Investitionen I und das Sparen S zum Ausgleich, sondern Geldnachfrage und Geldangebot. Mit anderen Worten, der Zinssatz beeinflußt die Form, in der gespart wird, und die Art und Weise der Finanzierung einer bereits getätigten Investition. Bei Keynes wird vor allem der monetäre Aspekt des Zinses betont.

Der Kapitalmarkt kann in kurzfristigen Kapitalmarkt (Geldmarkt) und langfristigen Kapitalmarkt (eigentlicher Kapitalmarkt) unterteilt werden. Der Geldmarkt ist der Teil des Kapitalmarktes, auf dem Schuldtitel mit einer Laufzeit von maximal einem Jahr gehandelt werden. Ein Beispiel hierfür sind die Handelswechsel. Der langfristige Kapitalmarkt ist der ökonomische Ort, an dem Schuldtitel mit Laufzeiten länger als ein Jahr, gerechnet vom Datum der Ausgabe, gehandelt werden. Als Beispiel mögen z.B. Effekten (Aktien und Obligationen) dienen.

Das Angebot auf dem Geldmarkt stellen vor allem die Banken, die ihre temporär überflüssigen Mittel auf kurze Zeit anlegen wollen. Nachfrage üben Banken aus, die z.B. in Liquiditätsschwierigkeiten geraten sind, und auch Unternehmungen.

Ein wichtiger Teil des langfristigen Kapitalmarktes ist die Effektenbörse. Täglich werden an diesen Börsen, z.B. in Frankfurt, Düsseldorf, München u.a. Aktien und Obligationen gehandelt. Ein Anteilseigner ist Mitbesitzer eines Unternehmens und nimmt in diesem Umfang am Risiko der Unternehmung teil. Die Dividende stellt daher nicht nur eine Vergütung für den Verzicht auf persönliche Liquidität – den Zins – sondern obendrein eine Prämie für die Übernahme eines Risikos dar. Der Inhaber einer Obligation ist Gläubiger einer Unternehmung. Betriebe, die langfristiges Kapital brauchen, können z.B. an der Effektenbörse sich die entsprechenden Mittel beschaffen. Sie können aber auch versuchen, unter der Hand eine Anleihe zu plazieren. Dieser Teil des Kapitalmarktes entzieht sich der öffentlich-rechtlichen Aufsicht. Auch der Staat verfolgt eine bestimmte Politik auf dem offenen Kapitalmarkt (siehe Kapitel XIV). Das Angebot auf dem Kapitalmarkt geht von einzelnen Sparern aus, die ihr Geld u.a. über die Banken anlegen wollen. Eine weitere Quelle sind die sogenannten institutionellen Anleger. Institutionelle Anleger sind etwa Investmentfonds und Lebensversicherungs- sowie Altersfürsorgegesellschaften, die große Beträge an Mitteln sammeln. Im allgemeinen müssen diese Mittel risikomindernd angelegt werden, weil die institutionellen Anleger stets in der Lage sein müssen, ihren Verpflichtungen nachzukommen.

Der knappe Abriß des Geld- und Kapitalmarktes suggeriert bereits, daß man, ebensowenig wie beim Lohn nur von *dem* Zins sprechen kann. Es existieren, abhängig von der spezifischen Art und der Laufzeit der Kredite, verschiedene Zinssätze. In der Regel ist der Zins auf dem Geldmarkt niedriger als auf dem Kapitalmarkt.

Résumé

Der Kapitalmarkt läßt sich in kurzfristigen Kapitalmarkt (Geldmarkt) und langfristigen Kapitalmarkt (eigentlicher Kapitalmarkt) differenzieren. Obwohl in der Realität eine Vielzahl von Zinssätzen existiert, spricht man meist doch nur von dem Zins.

4. Die Zinstheorie von KEYNES

Keynes zufolge bringt der Zins den Ausgleich von Investition und Sparen nicht zustande, sondern nur zwischen Geldnachfrage und Geldangebot. Das Geldangebot stammt von den monetären Institutionen; es ist die gesamte in Umlauf gebrachte Geldmenge.

Die Wirtschaftssubjekte fragen Geld für die aktive und die inaktive Kasse nach. Die aktive Kasse nennt man auch Transaktionskasse. Der notwendige Umfang dieser Kassenhaltung hängt nicht vom Zinssatz ab, sondern vom Umfang der zu tätigenden Transaktionen. Mit anderen Worten: Unabhängig von der Höhe des Zinses wird eine bestimmte Geldmenge für täglich fällige Zahlungen nachgefragt. In Figur 38 ist die Nachfragekurve nach Liquidität für die aktive Kasse L_1 denn auch eine parallel zur Ordinate verlaufende Gerade.

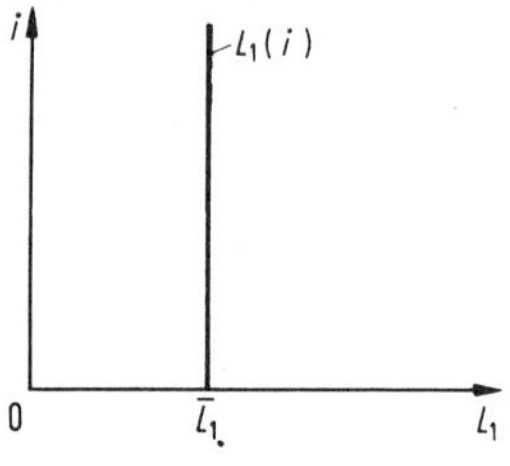

Figur 38

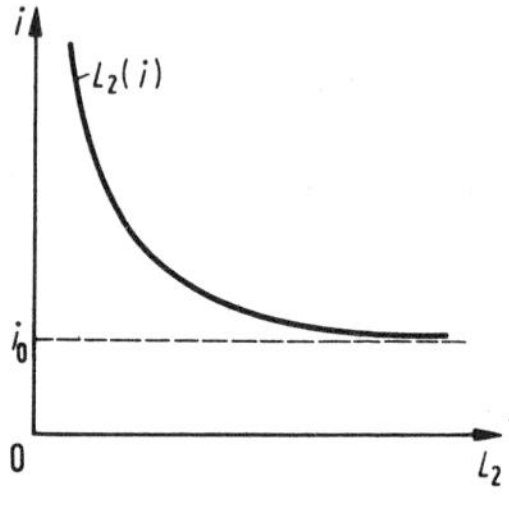

Figur 39

In Paragraph 1 des Kapitels V haben wir gesehen, daß die Wirtschaftssubjekte auch eine inaktive Kasse halten. Diese Geldmenge stellt einen Notgroschen dar. Man kann in diesem Zusammenhang also von einer bestimmten Liquiditätsvorliebe sprechen. Die Nachfrage nach Liquidität für die inaktive Kasse wird durch die Liquiditätspräferenzkurve L_2 ausgedrückt. Es ist klar, daß man bei niedrigem Zins viel Geld in der inaktiven Kasse zu halten wünscht (der Zinsverlust ist dann gering).

Bei einem Zins i_0 z. B. hält man alles Geld in der inaktiven Kasse. Bei höherem Zins ist der Zinsverlust so groß, daß man weniger Geld in der inaktiven Kasse zu halten wünscht.

Addieren wir nun die beiden Nachfragekurven nach Liquidität, dann erhalten wir die Kurve $L_1 + L_2$, die die Gesamtnachfrage nach Liquidität zum Ausdruck bringt.

Stellen wir dieser Nachfrage nach Liquidität das Angebot der monetären Institutionen, sprich das unabhängig vom Zins bestimmte Geldangebot M gegenüber, dann resultiert der Gleichgewichtszins i. Aus dem Schaubild können wir also ablesen, daß sich bei eben diesem Zinssatz auch die Geldmenge M_1 in den aktiven Kassen befindet, wohingegen der Rest in den inaktiven Kassen steckt.

Wenn die Liquiditätsvorliebe der Wirtschaftssubjekte zunimmt, so daß sich die Gesamtnachfragekurve $L_1 + L_2$ nach rechts verschiebt, resul-

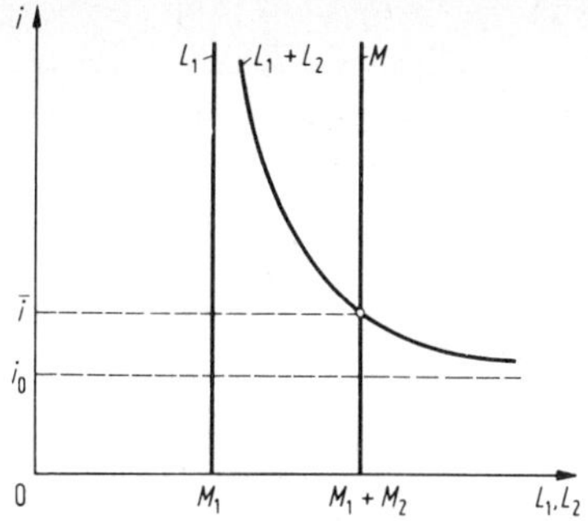

Figur 40

tiert ein höherer Gleichgewichtszins. Nimmt hingegen die angebotene Geldmenge zu, dann bildet sich ein niedrigerer Gleichgewichtszins heraus.

Résumé

Der Liquiditätspräferenztheorie KEYNES' *zufolge bestimmt sich der Gleichgewichtszins durch Nachfrage nach und Angebot von Geld. Die Wirtschaftssubjekte fragen Geld für die aktiven und inaktiven Kassen nach. Die gesamte in Umlauf gebrachte Geldmenge bildet das Geldangebot.*

5. Die kategoriale und die personelle Einkommensverteilung

Löhne und Gehälter, Zins und Bodenrente sind wichtige Größen im Zusammenhang mit der kategorialen Einkommensverteilung. Als kategoriale Einkommensverteilung bezeichnet man die Aufteilung des Volkseinkommens in Löhne und Gehälter, Bodenrente, Zinsgewinne und die Gewinne der Unternehmer. Für die ersten drei Kategorien gilt, daß diese im Wert gleich dem Preis des Produktionsfaktors, multipliziert mit der Zahl der Einheiten dieses Produktionsfaktors (bei Vollbeschäftigung der Produktionsfaktoren) sind.

Der Unternehmergewinn ist ein Residualeinkommen. Er fällt dem Unternehmer zu, der Produktionsfaktoren kombiniert und dabei ein bestimmtes Risiko eingeht. Der Unternehmer ist die dynamische Figur in unserer Gesellschaft. Er nimmt, fortwährend mehr oder weniger auf sein Fingerspitzengefühl angewiesen, Entscheidungen in einer Welt der Unsicherheit vor. Richtige Entscheidungen werden durch Gewinne belohnt, falsche Entschlüsse durch Verluste bestraft.

Aus gesamtwirtschaftlicher Sicht betrachtet, ist die kategoriale Einkommensverteilung von großer Bedeutung. Die Verteilung des Volkseinkommens auf die Besitzer der Produktionsfaktoren kann Anlaß zu sozialen Spannungen geben und ist eine der Quellen politischer Gegensätze. Gerade bei Lohnverhandlungen wird die Lohnquote, sprich: Anteil der Arbeitnehmer am Volkseinkommen, als wesentliches Argument in die Waagschale geworfen.

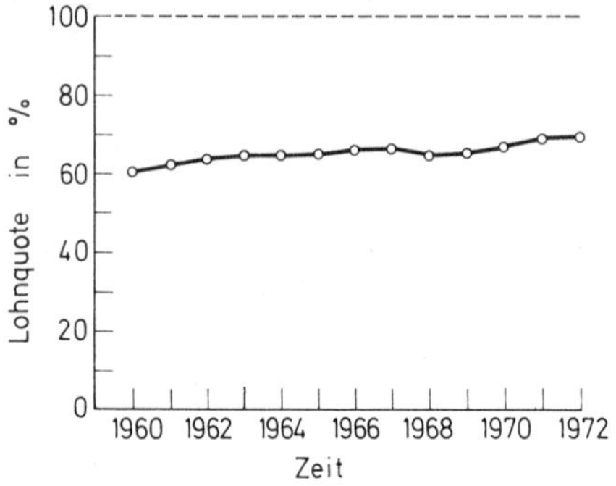

Figur 41

Quelle: Statistisches Bundesamt (Hrsg.), Statistisches Jahrbuch für die Bundesrepublik Deutschland 1973, Stuttgart und Mainz 1973.

Neben der kategorialen Einkommensverteilung kennen wir auch eine personelle Einkommensverteilung, die sich auf die Einkommen einzelner Personen bezieht.

In der Tabelle Einkommensverteilung der Haushalte im Jahre 1959 und in Figur 42 ist die Einkommensverteilung für das Jahr 1959 wiedergegeben

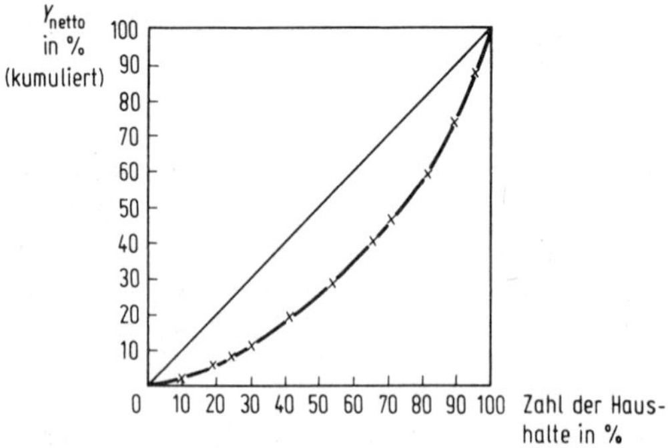

Figur 42

worden. Die Darstellungen sind insofern von großer Bedeutung, als sie ausdrücken, inwieweit es einzelnen Gruppen unserer Bevölkerung gelingt, am gesamten Volkseinkommen zu partizipieren.

Einkommensverteilung auf die Haushalte im Jahre 1959

Monatliches Haushalts-einkommen in DM	Haushalte insgesamt					
	Zahl			Jahreshaushaltseinkommen		
	1 000	v. H.	kumuliert	Mill. DM	v. H.	kumuliert
unter 100	50	0,3	3	52	0,0	0
100 - 150	451	2,6	2,9	719	0,5	0,5
150 - 200	586	3,4	6,3	1265	0,8	1,3
200 - 250	675	3,9	10,2	1859	1,2	2,5
250 - 300	723	4,2	14,4	2418	1,5	4,0
300 - 350	781	4,5	18,9	3080	1,9	5,9
350 - 400	887	5,2	24,1	4013	2,5	8,4
400 - 450	1024	5,9	30,0	5243	3,3	11,7
450 - 500	1105	6,4	36,4	6293	3,9	15,6
500 - 550	1083	6,3	42,7	6832	4,3	19,9
550 - 600	1006	5,9	48,6	6943	4,4	24,3
600 - 650	907	5,3	53,9	6791	4,3	28,6
650 - 700	808	4,7	58,6	6533	4,1	32,7
700 - 750	714	4,2	62,8	6198	3,8	36,5
750 - 800	621	3,6	66,4	5750	3,6	40,1
800 - 900	1047	6,1	72,5	10696	6,7	46,8
900 -1 000	900	5,2	77,7	10229	6,4	53,2
1 000 -1 100	759	4,4	82,1	9502	6,0	59,2
1 100 -1 200	634	3,7	85,8	8702	5,5	64,7
1 200 -1 300	507	2,9	88,7	7574	4,8	69,5
1 300 -1 400	420	2,4	91,1	6762	4,3	73,8
1 400 -1 500	347	2,0	93,1	6052	3,8	77,6
1 500 -1 750	426	2,5	95,6	8209	5,2	82,8
1 750 -2 000	334	1,9	97,5	7480	4,7	87,5
2 000 und mehr	430	2,5	100,0	19805	12,5	100,0

Quelle: G. Göseke, Verteilung und Schichtung der Einkommen der privaten Haushalte in der Bundesrepublik 1955 bis 1959, Sonderhefte des DIW, Nr. 66, S. 101 f.

Die Prozentwerte der Tabelle verdeutlichen die ungleiche Einkommensverteilung. Ebenfalls ist diese Ungleichheit im Schaubild wiederzuerkennen. Die Abweichung der gezeichneten Lorenz-Kurve von der 45°-Linie bringt die Ungleichheit zum Ausdruck.

Résumé

Die kategoriale Einkommensverteilung beruht auf der Preisbildung der Produktionsfaktoren. Eine allzu mikroökonomische Interpretation wirkt aber irreführend. Bereits bei der Ermittlung des Lohnniveaus spielen makroökonomische Überlegungen eine Rolle, wohingegen die Verteilung des Volkseinkommens auf Löhne und Gehälter, Zinsen, Bodenrente und Gewinne doch näher bei einer makroökonomischen als bei einer mikroökonomischen Erklärung stehen dürfte.

6. Schlußbemerkungen

In diesem Kapitel sind wir näher auf die Struktur zweier wichtiger Märkte, nämlich den Arbeitsmarkt und den Kapitalmarkt eingegangen. Beide Märkte sind sowohl für den einzelnen Haushalt als auch für den einzelnen Betrieb von großer Wichtigkeit. Doch ist es klar geworden, daß sowohl die Bedeutung des Lohnes als auch die des Zinses erst gut durchschaubar wird, wenn makroökonomische Überlegungen zu Hilfe genommen und in die Analyse einbezogen werden.

Im Rahmen der Lohnpolitik wird u. a. der allgemeinen konjunkturellen Lage Rechnung getragen sowie der bei der Zinsbildung eine große Rolle spielenden Größen wie Sparen, Investieren, Geldangebot und Geldnachfrage. So verlassen wir langsam wieder das mikroökonomische Terrain, um, ausgestattet mit unseren neuen preistheoretischen Kenntnissen, noch auf weitere makroökonomische Zusammenhänge einzugehen.

Fragen:

1. *Wie kann im Rahmen der Theorie der Klassiker ein anderer Lohn entstehen?*
2. *Was versteht man unter Lohndrift?*
3. *Deuten Sie den Prozeß der Realkapitalbildung an.*
4. *Was versteht man unter dem Begriff „Börsenkurs einer Aktie"?*
5. *Was versteht man unter kategorialer Einkommensverteilung?*
6. *Was versteht man unter funktionaler Einkommensverteilung?*
7. *Was versteht man unter personeller Einkommensverteilung?*
8. *Beschreiben Sie die Zinstheorie von* KEYNES.

Aufgaben:

1. *Es ist möglich, daß die Arbeitnehmer die gestiegene Wohlfahrt in Form zusätzlicher Freizeit genießen wollen. Man sagt, es liege ein inverser Ver-*

lauf der Arbeitsangebotskurve vor. Zeichnen Sie eine inverse Gesamtangebotsfunktion für den Faktor Arbeit.

2. *In welcher Situation neigen die Löhne dazu, stärker zu steigen als die Arbeitsproduktivität?*
3. *Verfolgen Sie anhand der Börsenberichte einer Tageszeitung die Aktienkurse der Volkswagenaktie über einige Zeit. Entwerfen Sie ein Schaubild, das den Kursverlauf deutlich wiedergibt.*
4. *Welche Wirkung hat die Abnahme der Liquiditätspräferenz auf die Höhe des Zinses in der Theorie von* KEYNES*? Illustrieren Sie Ihre Antwort mit Hilfe eines Schaubildes.*
5. *Erläutern Sie, warum in der Bundesrepublik in den vergangenen Jahren die Preise für Grund und Boden so stark angestiegen sind.*

XII. KEYNES und die Klassiker

1. Die Lehrmeinung der Klassiker

Wenn KEYNES von *den* Klassikern spricht, meint er nicht nur die klassische Schule, sondern hat auch all seine Vorläufer vor seinem geistigen Auge, die kein Problem in der Höhe des nominalen Volkseinkommens erblickten und sich ausschließlich der *Verteilung* des Volkseinkommens zuwandten. Der Lehre KEYNES' zufolge hängt das Volkseinkommen Y von der effektiven Nachfrage ab. Wenn die effektive Nachfrage zu gering ist, resultiert Arbeitslosigkeit und niedriges Volkseinkommen. Ist die effektive Nachfrage zu groß, droht Überbeschäftigung, die sich in Preissteigerungen entlädt.

Die Klassiker sind der Ansicht, daß die Höhe des Volkseinkommens durch die Produktionskapazität bestimmt ist. Die verfügbaren Mengen an Produktionsfaktoren bestimmen, wieviel produziert werden kann. Die Menge, die produziert werden kann, wird auch produziert. Gesetzt nun der Fall, einige Arbeiter seien arbeitslos. Dies bedeutet, daß das Angebot an Arbeit größer ist als die Nachfrage. Nach Ansicht der Klassiker werden in diesem Fall die Löhne sinken, so daß bei niedrigerem Lohnniveau die ganzen verfügbaren Arbeitskräfte wieder eingestellt werden, weil der Lohnrückgang als Gewinnsteigerung interpretiert werden kann. Dies bedeutet, daß den Klassikern zufolge immer Vollbeschäftigung herrscht, weil eventuelle Störungen des Gleichgewichts auf Grund der Wirksamkeit des Preismechanismus ausgeglichen werden. Es resultiert also ein Sozialprodukt, das sich aus der zur Verfügung stehenden Arbeitsbevölkerung berechnen läßt. Auf diesem Wege ist auch das Volkseinkommen bestimmt. In Figur 43 haben wir das Keynes'sche Gleichgewicht mit dem der Klassiker verglichen. Die Produktionskapazität sorgt für einen Wert der Produktion in Höhe von OA; $C+I$ ist dann OC, weil die Klassiker und KEYNES hier auf Grund von $W=C+I$ zum gleichen Ergebnis gelangen. Bei KEYNES ist aber nicht die Produktionskapazität, sondern die effektive Nachfrage bestimmend für den Gleichgewichtswert von W. Auf diese Weise entsteht für das Sozialprodukt der Wert OE oder OF. Allein im Spezialfall, in dem die Kurve der effektiven Gesamtnachfrage durch S geht, fallen beide Gleichgewichte zusammen.

Man kann sich natürlich auch fragen, ob die erzeugte Produktion auch zu verkaufen sei. Die Klassiker vertrauen in dieser Hinsicht auf das Say'sche Gesetz. Diesem Gesetz zufolge schafft jedes Angebot seine eigene Nachfrage. Das Angebot an Gütern führt automatisch zu einer neuen Nachfrage nach Gütern; das bei der Produktion verdiente Geld wird unverzüglich wieder ausgegeben. Der wirtschaftliche Kreislauf pendelt sich stets auf demselben Niveau ein. Nach Ansicht der Klassiker ist dies immer das Vollbeschäftigungsniveau, weil der Preismechanismus nachgefragte und angebotene Arbeit zum Ausgleich bringt.

Bei gegebenem Volkseinkommen ist für die Klassiker ausschließlich die kategoriale Einkommensverteilung sowie die Verteilung des Volkseinkommens Y auf die Aggregate C und I ein Problem. Speziell dieser letzten Fragestellung werden wir noch einige Aufmerksamkeit schenken.

Den Klassikern zufolge wird investiert werden, wenn genügend gespart wurde. Der Sparprozeß induziert automatisch Investitionen. I und S gleichen sich auf dem Wege über den Zinsmechanismus an. Wenn das Sparen S größer als die Investitionen I zu werden droht, fällt der Zins, so daß wieder $I = S$. Einen ähnlichen Prozeß haben die Klassiker vor Augen, wenn I S übersteigen sollte. Stets vertrauen sie auf die gleichgewichtserzeugende Wirkung des Preismechanismus.

Die Klassiker sehen das Sparen als außerordentlich wertvoll an, denn es fördert über die Investitionen die Produktivität und damit das wirtschaftliche Wachstum. Der Konsum wird im Rahmen ihrer Theorie als notwendiges Übel angesehen.

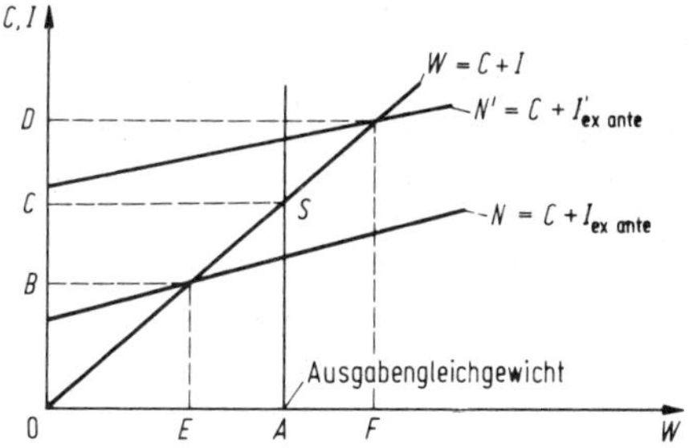

Figur 43

Résumé

Den Klassikern zufolge ist das Volkseinkommen durch die Produktionskapazität determiniert. Auf Grund des Say'schen Gesetzes wird die Produktion stets vom Markt aufgenommen. Störungen dieser gleichgewichtigen Situation sind ausschließlich temporärer Natur, weil der Preismechanismus für ein Gleichgewicht sorgt.

2. Die Theorie von J. M. KEYNES

Die Kritik von KEYNES am System der Klassiker richtet sich sowohl gegen das Say'sche Gesetz als auch gegen die angenommene Wirksamkeit der Preismechanismen. Das Say'sche Gesetz trägt der abgeleiteten Funktion des Geldes, nämlich der Wertaufbewahrungsfunktion, nicht Rechnung. Es ist keineswegs sicher, daß jemand, der aus dem Verkauf von Gütern Geld erlöst hat, dieses Geld auch wieder vollständig ausgibt. Ein Teil dieses Geldes kann zur Vergrößerung des Betrages in den inaktiven Kassen verwendet werden. Ein bestimmtes Gesamtangebot an Gütern garantiert nicht, daß die effektive Nachfrage auch entsprechend dem Angebot nachzieht. Die effektive Nachfrage kann zurückgehen; es handelt sich dann um einen Prozeß, der mit Horten verbunden ist. Das nominale Volkseinkommen fällt; die Folge ist Arbeitslosigkeit.

Was den Lohn anbelangt, weist KEYNES nach, daß die Klassiker allzusehr dem Kostenaspekt und zu wenig dem Einkommensaspekt Beachtung geschenkt haben. Der Lohn besitzt für den Unternehmer Kostencharakter und ist zugleich Einkommen für die Arbeitnehmer. Die Klassiker haben in der Hauptsache die Produktionsseite und weniger die Nachfrageseite untersucht. Ein Sinken der Löhne bedeutet weniger Kaufkraft in Händen der Konsumenten, was außerdem die effektive Nachfrage ungünstig beeinflußt. Warum sollten die Unternehmer bei niedrigerem Lohn mehr Arbeiter beschäftigen, wenn gleichzeitig die Absatzmöglichkeiten eingeschränkt sind? Die Nachfrage nach Arbeitskräften ist in der Realität nicht lohnempfindlich. Viel wichtiger sind die Gewinnerwartungen der Unternehmer. Wenn diese entsprechend ausgeprägt sind, ist den Unternehmern das Lohnniveau völlig gleichgültig.

Eine ähnliche Ansicht hat Keynes über den Zinsmechanismus. Der Unternehmer wird nicht mehr investieren, wenn der Zins niedriger ist. Auch die Investitionstätigkeit ist abhängig von Erwartungen. Die erwarteten Erlöse werden von den Unternehmern auf den Zeitpunkt der Investition abdiskontiert und der dabei auftretende Diskontsatz mit dem Zins verglichen. Es wird investiert werden, wenn der Zins unter diesem Diskont liegt. Wenn dies nicht der Fall ist, wird von der Investition abgesehen. Der Zins spielt also erst in zweiter Linie eine Rolle, nämlich nach der Diskontierung der erwarteten Erträge. Primär sind die Erwartungen in bezug auf die wirtschaftliche Entwicklung.

Auch was die Spartätigkeit anbelangt, glaubt Keynes nicht so sehr an eine Beziehung zum Zins. Das Sparen ist mehr vom Volkseinkommen Y abhängig. Der Konsumfunktion zufolge besteht eine Funktionalbeziehung zwischen dem Konsum C und dem Volkseinkommen Y. Da das Sparen S das Komplement zum Konsum C ist, ist auch S eine Funktion von Y: Diese Beziehung bezeichnen wir als Sparfunktion. Während die marginale Konsumquote das Verhältnis des zusätzlichen Konsums ΔC und des zusätzlichen Einkommens ΔY angibt, ist die marginale Sparquote s das Verhältnis zwischen ΔS und ΔY. Wir können dies also wie folgt schreiben:

$$c = \frac{\Delta C}{\Delta Y} \quad \text{und} \quad s = \frac{\Delta S}{\Delta Y}$$

so daß $c+s=1$ gilt.

Hiermit hat KEYNES die Zinstheorie der Klassiker verworfen und es ist daher begreiflich, daß er eine neue Zinstheorie entwickelt hat. In seinem System gleicht der Zins i nicht die Investition I und das Sparen S aus, sondern Geldnachfrage und Geldangebot. KEYNES steht dem Sparen anders gegenüber als die Klassiker. Bei den Klassikern ist S eine Alternative zum Konsum C. Bei KEYNES bedeutet sparen Konsumverzicht. Warum sollten die Unternehmer den Betrag S leihen, um damit längere Produktionsumwege einzuschlagen? Das Sparen ist geradezu ein Hinweis darauf, daß die Konsumenten nicht geneigt sind, viel zu konsumieren. Die Gewinnerwartungen der Unternehmer sind schlecht und sie werden aus diesem Grunde nicht investieren.

Résumé

Während nach Ansicht der Klassiker eine Gleichgewichtssituation vorliegt, zu der das Wirtschaftssystem immer zurückfindet, ist hingegen nach KEYNES' *Lehre auf jedem Beschäftigungsniveau ein Gleichgewicht denkbar. Das Volkseinkommen ist nämlich durch die effektive Nachfrage determiniert und nicht durch die Produktionskapazität. Das Say'sche Gesetz berücksichtigt nicht, daß die Wirtschaftssubjekte ihre verfügbaren Mittel auch horten können. Der Lohn besitzt neben seinem Kostencharakter auch einen Einkommensaspekt, und der Zins ist nicht verantwortlich für den Ausgleich von I und S, sondern allein für den von Geldnachfrage und Geldangebot.*

3. Der Multiplikator

Im Paragraphen 6 des Kapitels III haben wir eine Beziehung zwischen dem Zuwachs des Gleichgewichtseinkommens Y und erhöhten Ausgaben zu Investitionszwecken I_0 abgeleitet. Diese Beziehung lautet wie folgt:

(1) $$\Delta \overline{Y} = \frac{1}{1-c} \cdot \Delta I_0 .$$

Da $s=1-c$, können wir feststellen, daß der Multiplikator k gleich dem reziproken Wert der Sparquote s ist, jedenfalls wenn wir staatliche Aktivität und Wirtschaftsbeziehungen mit dem Ausland nicht ins Modell einbeziehen. Der Multiplikator ist größer als 1, weil die Sparquote kleiner als 1 ist. Da immer etwas gespart wird, kann der Multiplikator nicht unendlich groß werden.

Die praktische Bedeutung des Multiplikatoreffektes erwächst aus der Möglichkeit, das Volkseinkommen um ein Vielfaches der ursprünglichen Einkommensvermehrung zu steigern. Diese Tatsache ist für die Wirtschaftspolitik eines Landes in einer Depression von großer Bedeutung, da durch Erhöhung der Staatsausgaben die effektive Nachfrage stimuliert und damit die Beschäftigungssituation verbessert werden kann. Im Paragraphen 9 des folgenden Kapitels, in dem wir die Wirkungen der staatlichen Aktivität betrachten wollen, kommen wir auf diese Tatsache noch zurück. Der Multiplikatoreffekt kann aber auch in dem bisher unterlegten Modell demonstriert werden, im Rahmen dessen eine Veränderung von I_0 eine Erhöhung oder Einschränkung der autonomen Investitionen bedeutet.

Die Gleichung (1) läßt leicht das Mißverständnis aufkommen, daß eine einmalige Erhöhung der autonomen Investitionen I_0 zu einer Zunahme des Volkseinkommens $\bar{Y}$ führt, die k-Mal so groß ist. Betrachtet man diesen Prozeß im Zeitablauf, dann ist dieser Schluß richtig, wenn man alle Einkommenszuwächse aufsummiert. Hält man sich z.B. vor Augen, daß zur Zeit der Gründung des Deutschen Reiches (1871) große Investitionen vorgenommen wurden, dann ist die Summe der auf diese Weise hervorgerufenen Einkommenszuwächse größer als die in jener Zeit getätigten Investitionen. Kein Mensch addiert aber sein Einkommen über eine Reihe von Jahren und auch in makroökonomischer Hinsicht ist dies ein ungebräuchliches Vorgehen.

Wir haben also die Frage zu klären, ob eine derartige Investitionspolitik im Zeitablauf denkbar ist, daß in einem bestimmten Zeitintervall das erwachsende zusätzliche Volkseinkommen ein Vielfaches der vorgenommenen Investitionen ist. Mit anderen Worten: die Summation der Einkommenseffekte über einige Jahre lassen wir dann außer acht. Wenn die Investitionen während einer Reihe von Jahren vorgenommen werden, kann gezeigt werden, daß es ein Jahr gibt, in dem das zusätzlich entstehende Einkommen ein Vielfaches der jedesmal durchgeführten Investitionen ist. Der Effekt einer einmaligen Investition verebbt im Laufe der Zeit, wenn

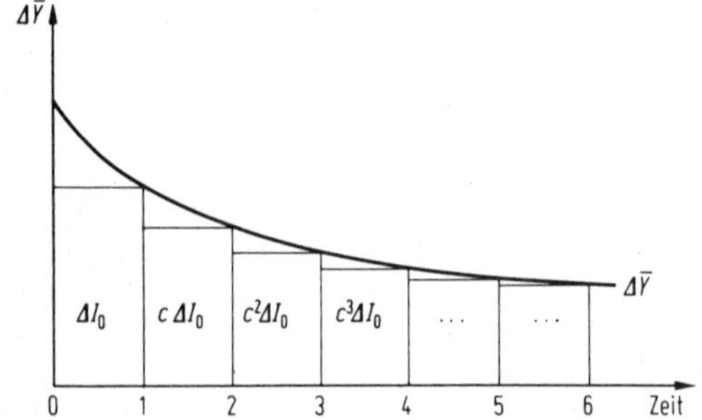

Figur 44

man pro Periode das zusätzlich entstehende Einkommen betrachtet. Allein eine laufend durchgeführte Investition bewerkstelligt, daß die Zunahmen des Volkseinkommens in einer bestimmten Periode das k-fache der ursprünglichen Investition betragen.

In Figur 44 haben wir demonstriert, daß der Einkommenszuwachs in jedem Jahr besonders abnimmt. In jeder folgenden Periode ist das zusätzliche Einkommen um die zusätzliche Investition der ersten Periode, also um ΔI_0 stets geringer. Summiert man über sehr viele Perioden die einzelnen Einkommenszuwächse, dann resultiert ein Betrag $k \cdot \Delta I_0$. Das Resultat sieht wie folgt aus: $\Delta \bar{Y} = \Delta I_0 + c.\Delta I_0 + c^2.\Delta I_0 \ldots$ usw. Die Summe dieser unendlichen geometrischen Reihe mit ΔI_0 als erstem Ausdruck und c als echtem Bruch ergibt der allgemeinen Formel zufolge:

$$S = \frac{a}{1-r},$$

also in unserem Falle:

$$\Delta \bar{Y} = \frac{\Delta I_0}{1-c} = \frac{1}{1-c} \cdot \Delta I_0 = k \cdot \Delta I_0 .$$

Die Summation der nominalen Einkommenszuwächse über unendlich viele Perioden ist allerdings eine etwas sonderbare Beschäftigung. Die Absicht ist, das Einkommen in einer *bestimmten* Periode um einen genau definierten Betrag zu vergrößern.

Wollen wir nun in einer bestimmten Periode erreichen, daß das Einkommen um ein Vielfaches des Investitionsbetrages anwächst, dann dürfen wir uns nicht auf einen einmaligen Investitionsstoß beschränken, sondern müssen jedes Jahr einen Betrag ΔI_0 investieren. Dann wird auf die Dauer

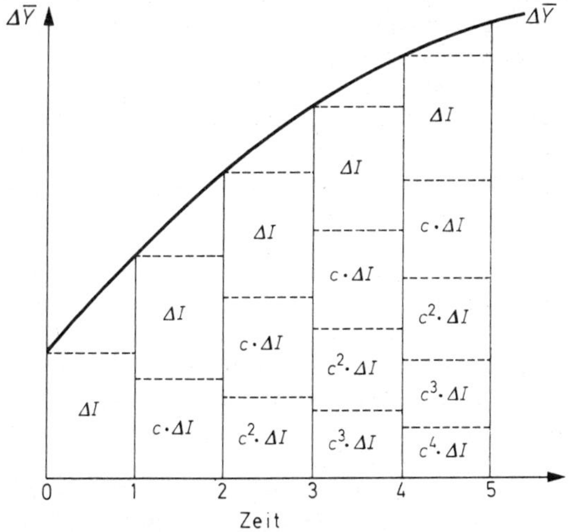

Figur 45

in einer einzigen Periode auf Grund der nachebbenden Effekte der Investitionsstöße aus vorangehenden Perioden insgesamt eine Einkommenserhöhung entstehen, die ein Vielfaches der Summe beträgt, die laufend investiert wird. Dies ist in Figur 45 angedeutet worden. Wenn in jeder Periode ein Betrag ΔI_0 investiert wird, entsteht nun schließlich in vertikaler Richtung eine Säule, die sich in Figur 45 durch horizontale Addition ergibt. Mit anderen Worten: es wird jetzt in einer Periode ein vielfacher Einkommenszuwachs auf Grund der Investition ΔI_0. erreicht, während im vorigen Fall dieser Zuwachs allein dadurch entsteht, daß über alle Perioden die Einkommenszuwächse aufsummiert wurden.

Résumé

Der Multiplikator gibt das Verhältnis zwischen der endlichen Veränderung des Volkseinkommens und der primären Änderung des Volkseinkommens an. Wenn man eine große Zahl von Perioden, z.B. die Investitionen des Staates um den Betrag von ΔI_0 verändert, verändert sich das Volkseinkommen pro Periode um $\Delta \bar{Y} = k \cdot \Delta I_0$.

4. Einkommens- und Preisanpassung

Aus der Analyse des vorhergehenden Paragraphen wird deutlich, daß vollkommen brachliegende Produktionsfaktoren es möglich machen, die Investition I und damit das Volkseinkommen Y zu erhöhen. Man spricht in einer derartigen Situation von einem Ausgabendefizit, denn ansonsten geht die Kapitalgüterproduktion zu Lasten der Erzeugung von Konsumgütern. Die Keynes'sche Theorie ist denn auch in einem Zustand der Unterbeschäftigung von Bedeutung. Eine ihrer Ergebnisse besagt, daß in einer derartigen konjunkturellen Situation vom Staat Investitionen vorgenommen werden sollten, um Arbeitsplätze zu schaffen. Es ist dann nicht notwendig einen Betrag zu investieren, der gleich dem Unterschied zwischen dem Vollbeschäftigungseinkommen und dem aktuellem Volkseinkommen ist, weil auf Grund der Multiplikatorwirkung ein geringerer Betrag dazu ausreicht.

Obwohl die Keynes'sche Theorie vor allem auf depressive Situationen anwendbar ist, scheint die Konstruktion des Begriffsapparates auch in einer Situation der Überbeschäftigung anwendbar zu sein. Die in jener Konjunkturphase auftretenden Phänomene können indes besser mit Hilfe der klassischen Theorie approximiert werden. Ein Investitionsstoß bei Ausgabengleichgewicht kann nur zu Preissteigerungen führen. In dieser Situation beginnt die Preispolitik interessant zu werden. Es kommt zu einer Art Wettstreit zwischen den Preisen der Kapital- und der Konsumgüterindustrie. Von einem realen Zuwachs des Volkseinkommens kann keine Rede sein. In dieser Situation kommt der klassische Gedanke in bezug auf die Rolle des Zinses im Ausgleichsprozeß von I und S zum Tragen. Sparen wird wieder zur Alternative zum Konsum.

Die Wirtschaft kommt dann bei einem höheren Preis- und Lohnniveau wieder zur Ruhe. In diesem Fall sorgt in der Tat der Preismechanismus für die Herstellung eines Gleichgewichtes. Die Anpassung über Preise und Löhne bringt aber Geldentwertung mit sich.

Bei Unterbeschäftigung, oder genauer: bei bestehendem Ausgabendefizit, gilt die Keynes'sche Theorie, derzufolge das Gleichgewicht auf dem Wege über Änderungen des Volkseinkommens Y erreicht wird. Es ist in jeder Situation ein Gleichgewicht denkbar. Die Zinshöhe bestimmt sich aus dem Geldangebot und dem Ausmaß, in dem man auf Liquidität verzichten will. Wenn das Ausgabengleichgewicht überschritten ist, wird bei anhaltender effektiver Nachfrage sich ein Gleichgewicht durch Preisanpassung einstellen. In diesem Fall kann von Horten keine Rede sein und wird ein Großteil des verfügbaren Geldes in die aktive Sphäre gepumpt. Das Zinsniveau reguliert dann das Ausmaß, in dem dieses Geld zu Investitionszwecken verwendet wird. Gleichgewicht ist erreicht, wenn durch Variationen des Zinses i, I und S sich einander angepaßt haben. Löhne und Preise steigen, bis sich Nachfrage und Angebot überall das Gleichgewicht halten.

Résumé

Die Konfrontation der Theorie von Keynes mit der der Klassiker ist keine Frage von richtig oder falsch, sondern von aktuell oder nicht aktuell. Wenn wir eine unterbeschäftigte Wirtschaft vor uns haben, können die realen Tatbestände am besten mit der Theorie von KEYNES *verstanden werden und Preisänderungen kommen in dieser Situation keine Bedeutung zu. Bei Überbeschäftigung ist der von Keynes entwickelte Begriffsapparat ebenfalls überlegen, aber in diesem Zustand ist faktisch die Produktionskapazität bestimmend für das reale Wachstum des Volkseinkommens, weil die effektive Nachfrage größer ist als bei Ausgabengleichgewicht. Durch Preissteigerungen nimmt das nominale Volkseinkommen zu, bis bei einem höheren Preisniveau ein neues Gleichgewicht erreicht ist.*

5. Schlußbemerkungen

In diesem Kapitel haben wir die Theorie von KEYNES mit der der Klassiker verglichen. Die Klassiker waren der Ansicht, daß ausschließlich temporäre Abweichungen von der Vollbeschäftigung vorkommen könnten, weil sie auf die Wirksamkeit des Preismechanismus vertrauten. KEYNES hat gezeigt, daß dieses Vertrauen im allgemeinen nicht gerechtfertigt ist, daß bei jedem Beschäftigungsniveau ein Einkommensgleichgewicht denkbar ist, und daß, allein wenn alle Produktionsmittel vollbeschäftigt sind, die Preise wieder eine Rolle zu spielen beginnen.

Weiterhin haben wir den Multiplikatorprozeß dargestellt, der an erster Stelle in einer Phase der Unterbeschäftigung von Bedeutung ist; dieser Mechanismus besagt, daß durch Erhöhung von z.B. der Staatsausgaben zu Investitionszwecken das Volkseinkommen Y um ein Vielfaches der Ausgabensteigerung wachsen wird. Es muß aber auch bedacht werden, daß eine Einschränkung, beispielsweise der Staatsinvestitionen, das Volkseinkommen ebenfalls um ein Vielfaches schrumpfen läßt.

Fragen:

1. *Was passiert nach Ansicht der Klassiker, wenn mehr Arbeitskräfte nachgefragt als angeboten werden?*
2. *Gibt es nach der Theorie von Keynes weitere Konsequenzen?*
3. *In welcher Zeit standen sich die Anhänger der klassischen Theorie und der von* KEYNES *in Deutschland konträr gegenüber?*
4. *Wie groß ist der Multiplikator, wenn die marginale Konsumquote sich auf $\frac{2}{3}$ beläuft?*
5. *Warum muß nach Keynes'scher Ansicht gerade der Staat bei Unterbeschäftigung investieren?*

Aufgaben:

1. *Diskutieren Sie, warum in der klassischen Theorie jedes Einkommensgleichgewicht ein Ausgabengleichgewicht ist.*
2. *Das Volkseinkommen ist um 50 Mrd. DM zu niedrig, um Vollbeschäftigung zu garantieren. Die marginale Sparquote ist $\frac{1}{5}$. Wieviel muß der Staat investieren?*
3. *Besprechen Sie die Konsequenzen, die aus einem Irrtum über die Höhe der Sparquote resultieren können.*
4. *Das Volkseinkommen übersteigt das Vollbeschäftigungseinkommen um 120 Mrd. DM. Die marginale Konsumquote ist $\frac{3}{4}$. Um welchen Betrag sollte der Staat die Investitionen einschränken?*
5. *Illustrieren Sie die Situation der Aufgabe 4 mit einem Schaubild analog der Figur 7 im Kapitel III.*
6. *Gegeben ist das folgende Keynes'sche Modell:*
   $C = \frac{5}{6}Y + 20,$
   $I = 40,$
   $Y = C + I.$
   a) *Berechnen Sie Y.*
   b) *Wir führen nun die Zeit als Variable ein, indem wir annehmen, daß die Investition in den Perioden 1, 2, 3... um 10 Mrd. DM erhöht wird. Entwerfen Sie eine Tabelle, aus welcher die Auswirkungen auf das Volkseinkommen zu ersehen sind.*

Anleitung:

t	ΔI	ΔC	ΔY
1			
2			
3			
.			
:			

c) *Stellen Sie die Zunahme von Y in einer bestimmten Periode durch eine geometrische Reihe dar.*

XIII. Das Volkseinkommen in der Zeit

1. Die Entwicklung des Volkseinkommens

Bis zu diesem Zeitpunkt haben wir uns stets darauf beschränkt, das Volkseinkommen in einer bestimmten Periode zu betrachten. Nach Ansicht der Klassiker ist es durch die vorhandene Produktionskapazität determiniert, KEYNES zufolge durch die effektive Nachfrage. Die Synthese beider Gesichtspunkte, die sich im vorigen Kapitel bereits abzeichnete, kann weiter herausgearbeitet werden, indem wir uns die Determinanten des Volkseinkommens im Zeitablauf etwas näher ansehen.

In der folgenden Tabelle haben wir das Nettosozialprodukt für die Jahre 1960–1972 in Mrd. DM eingetragen:

Jahr	Volkseinkommen
1960	235,7
1961	258,0
1962	277,5
1963	295,8
1964	324,3
1965	355,3
1966	377,1
1967	376,0
1968	416,9
1969	460,7
1970	529,2
1971	582,8
1972	634,4

Quelle: Statistisches Bundesamt (Hrsg.), Statistisches Jahrbuch für die Bundesrepublik Deutschland 1973, Stuttgart und Mainz 1973.

Aus der Tabelle ist zu ersehen, daß das Volkseinkommen in den letzten Jahren schnell gestiegen ist. Selbstverständlich ist in diesem Wachstum auch der Anstieg der Preise enthalten, doch hat insbesondere auch die Realgüterproduktion beträchtlich zugenommen. Den Ausdruck Volkseinkommen ohne weiteren Zusatz gebraucht man in der Regel, um das Nettovolkseinkommen zu Faktorkosten zu beschreiben. Darunter versteht man ein Bruttosozialprodukt, abzüglich der Abschreibungen, indirekten Steuern, vermehrt um die Subventionen. Unter Nettosozialprodukt zu Marktpreisen versteht man ein Volkseinkommen, in dem die indirekten Steuern einbezogen sind, doch abzüglich der Subventionszahlungen.

Betrachten wir die Entwicklung des Volkseinkommens im Zeitablauf, dann ist es nicht mehr zu verantworten, die Produktionskapazität als gegebene Größe anzunehmen (vgl. Paragraph 6 des Kapitels III und Paragraph 4 von Kapitel V). Die Bevölkerung – und somit die Arbeitsbevölkerung – wächst, der Kapitalstock vergrößert sich, und die technische Entwicklung nimmt ihren Lauf. Diese Angebotsfaktoren bestimmen gewissermaßen die Produktionsgegebenheiten, wohingegen es von den Nachfragefaktoren abhängt, inwieweit die Produktionsmöglichkeiten ausgeschöpft werden. Betrachtet man die Faktoren, die die Höhe des Volkseinkommens in der Zeit bestimmen, dann können wir auf diesem Wege Angebots- und Nachfragefaktoren unterscheiden. Die Angebotsfaktoren beherrschen die Entwicklung der Produktionskapazität, die Nachfragefaktoren bestimmen den Grad, bis zu dem die Kapazität ausgelastet werden kann. Man sagt deshalb auch, die Nachfragefaktoren seien konjunktureller und die Angebotsfaktoren struktureller Natur. Die Angebotsfaktoren untersucht man insbesondere in der Wachstumstheorie, wohingegen die Nachfragefaktoren seit jeher in der Konjunkturtheorie behandelt werden.

Résumé

Die Entwicklung des Volkseinkommens in der Zeit wird durch Angebots- und Nachfragefaktoren determiniert. Angebotsfaktoren bestimmen die Produktionskapazität, Nachfragefaktoren determinieren den Grad, bis zu dem die Produktionskapazität ausgelastet wird.

2. Angebotsfaktoren

Wie wir bereits festgestellt haben, konzentriert sich die Wachstumstheorie auf die Faktoren, die das Angebot, d.h. die Produktionskapazität bestimmen. Das Produktionspotential eines Landes hängt im allgemeinen von den Mengen und Qualitäten der Produktionsfaktoren, dem Ausmaß der Arbeitsteilung und dem Stand des technischen Wissens ab.

Die Menge Arbeit, die verfügbar ist, ist abhängig vom Bevölkerungswachstum. Das Bevölkerungswachstum ist ein Angebotsfaktor, insofern als die Produktionskapazität vergrößert wird; es ist Nachfragefaktor, insoweit als einem Bevölkerungswachstum immer eine erhöhte Güternachfrage einhergeht. Auf Grund des Ertragsgesetzes kamen verschiedene Klassiker zu pessimistischen Ansichten in bezug auf Bevölkerungswachstum und Ernährungssituation. Auf Grund überschüssiger Arbeitskräfte resultieren niedrige Arbeitslöhne und damit verbunden Armut und Elend. Insbesondere MALTHUS (1766–1834) war der Meinung, daß das Bevölkerungswachstum wesentlich stärker sei als das gleichzeitige Wachstum der Subsistenzmittel. Ein großer Teil der Bevölkerung müßte deshalb Hungers sterben. MALTHUS nahm ein derart starkes Bevölkerungswachstum an, daß er der technischen Entwicklung kaum Beachtung schenkte. In den Ländern der westlichen Welt nahm aber die Bevölkerung nicht so stark zu wie MALTHUS annahm. Aus diesem Grunde kommt dem technischen Fortschritt eine wichtige Rolle zu, nämlich zur Lösung der Spannung zwischen Bevölkerungswachstum und Wachstum der Subsistenzmittel beizutragen.

Indessen ist für den Wachstumsprozeß nicht nur die verfügbare Menge des Faktors Arbeit von Bedeutung, sondern vor allem dessen Qualität. Die Förderung von Unterricht und Bildung kann wachstumstheoretisch als wachstumsfördernde Investition in menschliches „Kapital" angesehen werden. Eine derartige Wachstums- sprich: Bildungspolitik ist eine der wichtigsten Methoden, die Wachstum des Sozialprodukts auf längere Sicht garantieren.

Auch im Hinblick auf den Produktionsfaktor Kapital kann man Menge und Qualität unterscheiden. Wenn man mehr Kapital einsetzt, kann man mehr produzieren. Bei den Investitionen unterscheidet man in solche, die zu capital-widening und solche, die zu capital-deepening führen. Von capital-widening spricht man, wenn z.B. einem Komplex von fünf Maschinen und zehn Arbeitnehmern eine sechste Maschine desselben Typs zugefügt wird, so daß auch zwei weitere Arbeitnehmer zu beschäftigen sind. Beim capital-deepening werden Maschinen in Dienst gestellt, die menschliche Arbeitskraft ersetzen. Es bedarf keiner Betonung, daß die Arbeitsproduktivität, d.h. die Produktion pro Arbeiterstunde vor allem durch capital-deepening stimuliert wird.

Die Produktion weiterer Kapitalgüter impliziert temporären Konsumverzicht; es ist nötig, entsprechend zu sparen. Sparen ermöglicht, weitere Produktionsumwege einzuschlagen.

Die Qualität der Kapitalgüter, die in den Produktionsprozeß eingebracht werden, wird vor allem durch die Entwicklung der Technik bestimmt. Die Fortschritte der Technik verkörpern die kreativen Fähigkeiten des Menschens.

Schließlich ist darauf hinzuweisen, daß die stets weitergehende Arbeitsteilung das Produktionspotential erhöht.

Résumé

Das Wachstum des Produktionspotentials wird von verschiedenen Faktoren, wie etwa Menge und Qualität von Arbeit und Kapital und Fortschritten im technischen Wissen determiniert.

3. Technische Entwicklung

Von den erwähnten Wachstumsfaktoren ist die technische Entwicklung der spektakulärste. Zugleich ist sie aber der am wenigsten greifbare Faktor, obwohl wir alle täglich die Resultate des technischen Wandels vor Augen haben. Meist definiert man die technische Entwicklung in engem Sinne. Sie schließt dann Veränderungen ein, die sich speziell beim Einsatz der Produktionsfaktoren Arbeit und Kapital ereignen und durch die pro Arbeiterstunde eine größere Produktion zu erreichen ist. Hierzu ist zu bemerken, daß die technische Entwicklung fast immer neben quantitativen Aspekten auch qualitative umfaßt. So ist es etwa offensichtlich, daß im Verlaufe des technischen Wandels eine Vielzahl neuer Produkte entwickelt wird. Aus diesem Grunde kann man versuchen, die technische Entwicklung in einer weiteren Definition zu fassen. Im weiteren Sinne spricht man von technischem Wandel, wenn alle Aspekte berücksichtigt werden, die eine Änderung der Bedingungen, unter denen die Produktion stattfindet, mit sich bringen. In diesem Sinne ist z.B. eine weitergehende Arbeitsteilung ein Aspekt des technischen Wandels.

Ob man nun technischen Wandel im engen oder im weiten Sinne definiert, hat keinen Einfluß darauf, daß die Fortschritte in der Technik einen fundamentalen Einfluß auf fast alle wirtschaftlichen Tatbestände besitzen, ebenso wie auf eine sehr große Zahl nicht in das Feld der Volkswirtschaftslehre zu rechnender Phänomene. Fortschritte im technischen Wissen lassen selbst theologische Überlegungen nicht unberührt.

Es ist notwendig, der Beziehung zwischen technischem Wandel und der Beschäftigungssituation besondere Beachtung zu schenken. Im Rahmen der von Marx entworfenen Sicht des Wirtschaftsprozesses wird behauptet, daß Fortschritte der Technik zu Massenarbeitslosigkeit führen. In diesem Zusammenhang denkt man insbesondere an die Substitution menschlicher Arbeit durch Kapital, was wiederum zur Freisetzung von Arbeitskräften führt. Diese Form der Arbeitslosigkeit muß genau von der konjunkturellen Arbeitslosigkeit unterschieden werden, die bei der Darstellung der keynesianischen Theorie angesprochen wurde. Dort lag die Ursache in der unzureichenden effektiven Nachfrage und als Ergebnis blieben sowohl der Produktionsfaktor Arbeit als auch der Produktionsfaktor Kapital unbeschäftigt. Bei technologisch bedingter Arbeitslosigkeit liegt die Ursache der Freisetzung in der technischen Entwicklung und nicht in unzureichender Nachfrage. Die Verhältnisse auf der Angebotsseite des Wirtschaftsprozesses haben sich geändert. Diese technologisch bedingte Arbeitslosigkeit ist ein Spezialfall der strukturellen Arbeitslosigkeit, die im allgemeinen durch Störungen auf der Angebotsseite der Wirtschaft entsteht.

Die Marx'sche Prognose, nach der der Kapitalismus unter dem Einfluß von Fortschritten der Technik zu einer Massenarbeitslosigkeit führen sollte, ist nicht eingetroffen. Einerseits gab es neben arbeitssparendem technischem

Fortschritt auch kapitalsparende technische Entwicklung. Andererseits ist durch die Kapitalakkumulation auch eine Nachfrage nach Arbeitskräften entstanden. Andauernde Massenarbeitslosigkeit ist bis heute deshalb nicht zu verzeichnen gewesen.

Wohl ist erkennbar, daß sich durch die Fortschritte in der Technik eine Freisetzung von Arbeitskräften in verhältnismäßig bescheidenem Rahmen ereignet. Diese können jedoch nach meist nur kurzer Zeit an anderer Stelle des Produktionsprozesses wieder Arbeit finden. Die Probleme der Umschulung und des Arbeitsplatzwechsels dürfen übrigens nicht unterschätzt werden. Hartnäckige Arbeitslosigkeit struktureller Art wird auch in einigen strukturschwachen Regionen unseres Landes angetroffen. Die Kapitalbildung, beispielsweise in Form der Industrialisierung, reicht nicht aus, um sämtliche Arbeitskräfte zu beschäftigen. Dieser strukturelle Kapitalmangel muß genau von unzureichender Nachfrage unterschieden werden, durch die konjunkturelle Arbeitslosigkeit entsteht. Auch aus wirtschaftspolitischer Sicht ist diese Begriffstrennung von außerordentlicher Bedeutung, denn abhängig vom Typus der Arbeitslosigkeit müssen unterschiedliche Maßnahmen ergriffen werden.

Allgemein kann festgehalten werden, daß die Arbeitsmarktpolitik als Folge der technischen Weiterentwicklung eine stark mikroökonomische und langfristige Orientierung erfordert, wobei der strukturellen Entwicklung des Wirtschaftsprozesses große Bedeutung zukommt.

Résumé

Vor allem der technische Wandel zwingt dazu, bei der Erklärung wirtschaftlicher Phänomene eingreifende und schnelle Veränderungen zu berücksichtigen.

4. Die Nachfragefaktoren

Die in den Paragraphen 2 und 3 besprochenen Angebotsfaktoren determinieren in Verbindung mit den Wirkungen des im letzten Paragraphen beschriebenen technischen Wandels die zur Erzeugung des Volkseinkommens verfügbare Produktionskapazität. Das Produktionspotential seinerseits wird von den Konsumenten, den Produzenten, dem Staat und dem Ausland in Anspruch genommen. Die von Konsumenten und Produzenten entwickelte effektive Nachfrage wurde bereits ausführlich besprochen. In den noch folgenden Kapiteln werden die staatliche Aktivität und die außenwirtschaftlichen Beziehungen noch zur Sprache kommen müssen. Aus dieser Tatsache ist also die Bedeutung der Nachfragefaktoren im allgemeinen bereits zu ersehen.

Was den Umfang der effektiven Nachfrage anbelangt, gibt es drei Möglichkeiten: Die Nachfrage kann so gering sein, daß nicht die ganze Produktionskapazität ausgelastet werden kann; die Nachfrage hat genau die der Produktionskapazität angemessene Höhe und schließlich kann die Nachfrage noch größer sein als die Produktion, die maximal erzeugt werden könnte. Im ersten Fall ist die faktische Größe des Volkseinkommens in der Tat durch die Nachfrage determiniert. Tatsächlich wäre die Volkswirtschaft dazu in der Lage, mehr zu produzieren; das Arbeitspotential ist nicht voll ausgenutzt. Es herrscht Arbeitslosigkeit. Das Wachstum des Volkseinkommens stagniert nicht auf Grund unzureichender Angebotsfaktoren, sondern auf Grund auf der Nachfrageseite liegender Ursachen. Man spricht in diesem Fall von einem Ausgabendefizit.

Im zweiten Fall wird stets produziert werden, was maximal überhaupt erzeugt werden kann. Die Nachfrage bewegt sich gleichsam im Gleichschritt mit dem Angebot. Der Arbeitsmarkt ist im Gleichgewicht; an keiner Stelle sind Engpässe zu erkennen.

Dem dritten Fall, der Situation der Überbeschäftigung, kommt in der letzten Zeit in Deutschland eine gewisse Aktualität zu. Wir nehmen momentan die verfügbare Produktionskapazität mehr in Anspruch als diese zu erzeugen vermag. Dies bedeutet, daß das reale Volkseinkommen im Wachstum durch die Produktionskapazität begrenzt ist, während die Höhe des nominalen Volkseinkommens durch die Nachfrage bestimmt wird. Wann immer die Nachfrage größer als die an sich auch wachsende Produktionskapazität ist, müssen die Preise steigen. Im Wirtschaftsleben spricht man in diesem Fall von einer Hochkonjunktur. Der Arbeitsmarkt ist überbeansprucht, d.h. es werden mehr Arbeitskräfte nachgefragt als vorhanden sind. Die anhaltende Nachfrage schafft ein günstiges Investitionsklima. Anfangs werden auch leicht und ohne Schwierigkeiten Kredite eingeräumt. Auf die Dauer schlagen die Engpaßerscheinungen aber auch auf den Kapitalmarkt durch. Es bildet sich ein Mangel an Finanzierungsmitteln heraus, die Banken werden etwas zurückhaltender, der Zins steigt. Einige Unternehmungen geraten in Liquiditätsschwierigkeiten. In verschiedenen Fällen wird offenbar, daß man allzu enthusiastisch auf die Nachfrage reagiert hat, so daß Überkapazitäten entstanden sind. Wenn diese Erscheinungen in größerem Umfange auftreten, spricht man von einer Wirtschaftskrise. Die Hochkonjunktur schlägt dann in eine Rezession um. Die Nachfrage ist rückläufig; Produktionsfaktoren werden freigesetzt. Die unter dem Einfluß der Nachfragefaktoren stehenden Auf- und Abbewegungen der Wirtschaft nennt man auch Konjunkturbewegungen. Gegenwärtig sind die konjunkturellen Bewegungen weit weniger ausgeprägt als in früheren Zeiten.

Résumé

Die Entwicklung des Volkseinkommens in der Zeit muß aus dem Zusammenspiel der Angebots- mit den Nachfragefaktoren erklärt werden. In der Bun-

desrepublik Deutschland haben wir häufig eine im Vergleich zur Produktionskapazität zu starke Nachfrage, wodurch die nominale Steigerung des Volkseinkommens größer als die reale ist.

5. Schlußbemerkungen

In diesem Kapitel sind wir etwas auf die Entwicklung des Volkseinkommens in der Zeit eingegangen. Während in den Kapiteln III und XII das Volkseinkommen in einer bestimmten Periode Gegenstand unserer Ausführungen war, so daß wir von einer gegebenen Produktionskapazität ausgehen konnten, verdiente nun ausdrücklich der Vergrößerung der Produktionskapazität Rechnung getragen zu werden. Das Wachstum des realen Volkseinkommens hängt mit dem Wachstum der Produktionskapazität zusammen, weil die effektive Nachfrage allein das Wachstum im realen Sinne beeinflußt, wenn die Produktionskapazität die effektive Nachfrage übersteigt.

Es ist wichtig zu bemerken und festzuhalten, daß ein hohes Wachstumstempo der volkswirtschaftlichen Produktion nicht automatisch bedeutet, daß unsere Wohlfahrt schnell zunimmt. Wohlfahrt knüpft mit ihrem Begriffsinhalt am realisierten Niveau der Bedürfnisbefriedigung an. Denkbar ist z. B., daß wir unsere Produktion vergrößern können, indem wir am Samstag arbeiten. Dann sprechen wir von Wachstum im Sinne einer Zunahme der Produktion. Wenn die zusätzliche Produktion weniger hoch gewertet wird als die verlorene Freizeit, dann wird auf diese Weise unsere Wohlfahrt abnehmen. Obwohl als Wachstumskriterium meist die volkswirtschaftliche Produktion pro Kopf der Wohnbevölkerung gewählt wird, sollte man diesem Maß keine absolute Bedeutung zumessen.

Außerdem muß noch einmal auf die Nachteile des Wachstums der Produktion unter Umweltgesichtspunkten hingewiesen werden. Externe negative Effekte des Produktionswachstums, wie das Einleiten von Kühlwasser in Flüsse, die Verunreinigung der Luft, die Lärmentwicklung und die Vernichtung der natürlichen Umwelt müssen im Rahmen der Wohlfahrtsökonomik explizit untersucht werden. Aus diesem Anlaß ist eine Relativierung des Wachstumsindikators 'Pro Kopf-Produktion' geboten. Es darf zudem nicht aus dem Auge verloren werden, daß die Wohlfahrt künftiger Generationen durch die heutigen Entscheidungen beeinflußt wird.

Unter dem Einfluß der Nachfrageentwicklung kann sich in der Wirtschaft eine deutliche Hochkonjunktur abzeichnen. Vor dem Zweiten Weltkrieg stellte man fest, daß eine derartige Hochkonjunktur mit großer Sicherheit über eine Wirtschaftskrise in eine Depression umschlug. Da heute der Staat ein beträchtlicher stabilisierender Nachfragefaktor im Wirtschaftsleben ist, kann man nach dem Zweiten Weltkrieg von einer derart ausgeprägten Konjunkturbewegung kaum mehr etwas festellen.

Gegenwärtig nehmen vor allem diejenigen Probleme unsere Aufmerksamkeit in Anspruch, die sich aus der Entwicklung des Angebotes ergeben (z. B. rascher technischer Wandel). Die größere Bedeutung der Fragestellungen, die sich aus dem wirtschaftlichen Wachstum ergeben, hat in der Nationalökonomie zur Entwicklung von Wachstumsmodellen geführt, in denen die Angebotsfaktoren des Wirtschaftsprozesses zueinander in Beziehung gesetzt werden. Auf einige dieser Modelle gehen wir in Teil 2, Kapitel V ein.

Fragen:

1. *Auf welche Ursachen ist die Vergrößerung der Produktionskapazität eines Landes zurückzuführen?*
2. *In welchem Fall ist das nominale Wachstum des Volkseinkommens gleich seinem realen Zuwachs?*
3. *Von wem wird das westdeutsche Produktionspotential in Anspruch genommen?*
4. *Welche Nebenerscheinungen beobachten wir in einer Hochkonjunktur?*
5. *Nennen Sie Beispiele, die technischen Fortschritt verdeutlichen.*
6. *Welchen Einfluß hatte die Einführung des Computers auf die Nachfrage nach Buchhaltern und auf die Nachfrage nach Programmierern?*
7. *Kann durch Fusion verschiedener Unternehmungen Arbeitslosigkeit entstehen?*
8. *Inwiefern hängt die Verschmutzung unserer Flüsse mit der industriellen Produktion zusammen?*

Aufgaben:

1. *Zeichnen Sie die Entwicklung des Volkseinkommens in der Zeit anhand der im Paragraphen 1 dieses Kapitels gegebenen Daten. Interpretieren Sie das Schaubild. Unterscheiden sich Ihrer Meinung nach reale und nominale Entwicklung des Volkseinkommens in der gegebenen Periode?*
2. *Nennen Sie einige Produkte, die ihre Existenz ausschließlich dem technischen Fortschritt verdanken.*
3. *Besprechen Sie einige Aspekte der technischen Entwicklung, die in den Haushalten eine Rolle spielen.*
4. *In der Nachbarschaft eines Wohngebietes sollen Industriebetriebe angesiedelt werden. Sie sollen Ihre Meinung bei einer Podiumsdiskussion vertreten. Welche Argumente für und wider die Ansiedlung der Unternehmungen dürften zur Sprache kommen?*

XIV. Der Staat

1. Die Wirtschaftsordnung

Wir können zwei grundsätzliche Organisationsformen des Wirtschaftslebens unterscheiden, nämlich einerseits die Zentralplan- oder Zentralverwaltungswirtschaft und andererseits die freie Marktwirtschaft. In der Realität kommen ausschließlich Mischformen vor, wobei bei der einen Wirtschaftsform der Akzent auf der zentralen Lenkung liegt, bei der anderen auf der unbehinderten Funktion des Markt- und Preismechanismus. So gleichen die westlichen Volkswirtschaften meist freien Marktwirtschaften, doch besitzt auch der Staat gegenwärtig einen großen Einfluß auf den Gang des wirtschaftlichen Lebens. Die Volkswirtschaften der osteuropäischen Länder basieren überwiegend auf der Grundform der zentralen Leitung des Wirtschaftsprozesses, obwohl in den letzten Jahren die Neigung besteht, den einzelnen Unternehmungen eigene Entscheidungsgewalt zu überlassen.

In einer vollständig zentral gelenkten Volkswirtschaft wird der Wirtschaftsablauf von oben bis in alle Einzelheiten geregelt. Es gibt dann keinen Raum für eigenständige Entscheidungen der Konsumenten und Produzenten, weil auch der Markt als Treffpunkt von Angebot und Nachfrage ausgeschaltet ist. Die Zentralpläne haben dann nicht Prognosecharakter wie z. B. der Centraal Economisch Plan in den Niederlanden, sondern stellen Vorschriften dar, an die sich alle untergeordneten Instanzen zu halten haben. Eine Variante der vollständig zentral gelenkten Wirtschaft entsteht, wenn niedrigere Instanzen das Recht auf eigenständige Entscheidung über Art und Umfang der Produktion erhalten, so daß in gewissem Umfang Dezentralisierung vorliegt. In diesem Fall stößt man alsbald auf die Frage, wie die Abstimmung der Produktion auf die Präferenzen der Bevölkerung bewerkstelligt werden soll, ein Problem, das auch auf der zentralen Ebene vorhanden ist, dort aber ohne weiteres auf diktatorische Weise gelöst wird.

In der freien Marktwirtschaft steht der Marktmechanismus an zentraler Stelle. Die Wünsche der Konsumenten werden in Form von Kaufkraft zum Ausdruck gebracht. Die Produzenten reagieren auf die Wünsche der Konsumenten und verlegen sich auf die Produktion der Güter, deren die Konsumenten offensichtlich bedürfen. Über den Markt beschließen die Konsumenten dann über Art und Umfang der Produktion, so daß in diesem Sinn eine dezentralisierte Entscheidungsfindung vorliegt. Der Gedanke einer freien Marktwirtschaft ist beinahe immer eng mit der Marktform der vollkommenen Konkurrenz verknüpft, wobei namentlich unter dem Einfluß des freien Marktzuganges keiner der Anbieter eine Machtposition auf dem Markt einnimmt.

An der reinen Ausprägung der freien Marktwirtschaft schließt der klassische Liberalismus an. Dieser wirtschaftspolitischen Richtung zufolge müssen die Eingriffe des Staates in das Wirtschaftsleben auf ein Minimum beschränkt bleiben, weil der Preismechanismus automatisch alle Störungen aus dem Weg räumen wird. Für die Finanzen des Staates gilt dann: der kleinste Etat ist der beste Etat. Diese extreme Form des Liberalismus existiert freilich kaum mehr. Der moderne Neoliberalismus erkennt an, daß der Preismechanismus unvollständig arbeiten kann, so daß Korrekturen notwendig sind. Auch in bezug auf die konjunkturelle und strukturelle Entwicklung der Wirtschaft wird eine Steuerung durch den Staat nicht von vornherein ausgeschlossen. Wie tiefgreifend korrigierende Maßnahmen sein müssen, ist mehr eine Frage, die aufgrund der konkreten Situation beantwortet werden muß als mit Hilfe explizit vorformulierter politischer Richtlinien und Normen. Die Neoliberalen haben sich mit dem Umstand arrangiert, daß der öffentliche Sektor in unserer Gesellschaft neben der Privatwirtschaft eine sehr wichtige, oft vorherrschende Rolle spielt. Trotz alledem wird der unternehmerischen Produktion weiterhin ein sehr großes Gewicht beigemessen. Sieht man in einer freien Unternehmerwirtschaft das essentielle Kennzeichen des Kapitalismus, dann sind die bislang beschriebenen wirtschaftspolitischen Strömungen für das Aufrechterhalten der kapitalistischen Ordnung, die man in der Folge Schritt für Schritt abhängig von verschiedenen Werturteilen und Präferenzen verändern will.

Die wirtschaftspolitischen Vorstellungen, die eine zentral geplante Ordnung vorsehen, sprechen sich für eine Ausschaltung der für den Markt produzierenden Unternehmung aus. Die Kommunisten, die in KARL MARX (1818–1883) ihren geistigen Vater sehen, wollen alle Produktionsmittel vergesellschaften. Der Marktmechanismus ist vollständig ausgeschaltet, so daß den einzelnen Präferenzen der Konsumenten und Produzenten keine eigenständige Rolle mehr bei der Entscheidung über Art und Umfang der Produktion zukommt. Ob MARX, der im Jahr 1848 zusammen mit FRIEDRICH ENGELS das Kommunistische Manifest schrieb, die russische Interpretation als vereinbar mit seinen Vorstellungen erachten würde, kann bezweifelt werden. Die Garantie der Grundrechte wie freie Meinungsäußerung und Pressefreiheit läßt sich in der Praxis schwer mit einer kommunistischen, zentral geleiteten Produktionsweise vereinbaren.

Der moderne Sozialismus geht im allgemeinen nicht so weit zu fordern, daß alle Produktionsmittel vergesellschaftet werden. Allerdings ist man der Meinung, daß einige wichtige Industriezweige, die Banken und die Lebensversicherungsgesellschaften verstaatlicht werden sollten. Daneben wird allerdings ein privater Sektor weiterhin beibehalten. Obwohl auf den ersten Blick der moderne Sozialismus nicht so fern vom Neoliberalismus steht, werden in der praktischen Politik oft mehr oder weniger wichtige Unterschiede deutlich. Sozialisten greifen schneller zum Mittel der Vergesellschaftung von Unternehmungen als Neoliberale, wenn es z.B. um die Lösung von Umweltproblemen geht.

In vielen Ländern ist die faktische Wirtschaftsordnung eine Mischform aus Zentralplanung und freier Marktwirtschaft. Diese Feststellung gilt im Prinzip auch für die Bundesrepublik Deutschland. Neben Privatinvestitionen kennen wir öffentliche Investitionen, neben privatem Konsum gibt es öffentlichen Konsum und neben Privatunternehmungen existieren Staatsbetriebe. Die Freiheit von Konsum und Produktion wird aber durch den Staat in einer Anzahl von Punkten durch ein System gesetzlicher Regelungen eingeschränkt.

Résumé

Es können verschiedene Vorstellungen in bezug auf die Wirtschaftsordnung unterschieden werden. Gegenwärtig sind in der westlichen Welt vor allem der moderne Sozialismus und der Neoliberalismus von Bedeutung.

2. Die Staatswirtschaft

Ebenso wie eine Unternehmung, die Schuhe produziert, ist der Staat ein Produktionsbetrieb. Im Bereich der Staatswirtschaft werden Dienstleistungen verrichtet und Leistungen erbracht, die zur Wohlfahrt beitragen. Im Gegensatz zu den Produktionswirtschaften des privaten Sektors werden die Zielsetzungen des Staates überwiegend durch gemeinschaftliche Belange bestimmt. Die wirtschaftliche Bedeutung der staatlichen Aktivität kommt durch die Inanspruchnahme knapper, alternativ verwendbarer Güter zum Ausdruck. Auch im Bereich der Staatswirtschaft besteht andauernd der Zwang zur alternativen Entscheidung. Während im privaten Sektor der Marktmechanismus noch immer bei den Entscheidungen über die Allokation der Produktionsfaktoren eine bedeutende Rolle spielt, wird die Diskussion über die Verwendung begrenzt verfügbarer Güter im öffentlichen Bereich in hohem Maße durch die Entscheidungsfindung über Größe und Gliederung des Staatshaushaltes beherrscht. Man spricht in dieser Beziehung auch vom Gegensatz zwischen Marktdemokratie und Budgetdemokratie. Die Abwägung der verschiedenen Interessen hat in unserer parlamentarischen Demokratie im Prinzip ihren Sitz im Parlament, das bei diesem Vorhaben nicht selten unter starken Druck der in der Gesellschaft bestehenden Interessengruppen zu stehen kommt. Das Ausmaß, in dem der einzelne Bürger Einfluß auf die Verwendung von Staatsausgaben hat, ist im allgemeinen sehr bescheiden.

Zum Sektor 'Staat' rechnet man in der Bundesrepublik nicht nur die Organe des Bundes, der Länder und Gemeinden. In weiter gefaßter Definition versteht man darunter auch die Einrichtungen der sozialen Sicherheit sowie selbständig auftretende Institutionen aus Forschung und Lehre.

Die typische Funktion des Staates kommt speziell zum Ausdruck bei Gütern, für die ein finanzielles Entgelt nach Maßgabe der Inanspruchnahme technisch nicht möglich ist. Diese sogenannten kollektiven Güter sind dadurch gekennzeichnet, daß eine Aufteilung in individuell verfügbare Einheiten nicht möglich ist. Der Empfänger dieser Güter kann kein Entgelt entsprechend der Inanspruchnahme dieser Leistungen bezahlen. Die Finanzierung dieser Güter wie Rechtsprechung, nationale Verteidigung und Verwaltung unseres Landes geschieht dann auch durch öffentliche Mittel. Individuelle Güter, die im Gegensatz zu kollektiven Gütern einzeln vom Konsumenten genutzt werden, wie etwa Straßen und Schulbildung, werden überwiegend aus öffentlichen Mitteln finanziert, weil die Organisation gerechter Ausgleichszahlungen sehr schwierig ist und auch auf ernste politische Widerstände stoßen dürfte. Der Staat übernimmt außerdem die Produktion und den Verkauf von Gütern die ebenfalls von der Privatwirtschaft erzeugt werden könnten, dort aber oft zu einer Monopolstellung führen würden (z.B. Bundesbahn). So sorgt der Staat für die Lieferung individueller Güter im Bereich der Post, im Telegramm- und Telefondienst, teilweise bei der Elektrizitäts-, Gas- und Wasserversorgung und in öffentlichen Verkehrsbetrieben. Der Vorteil dieser Lösung liegt u.a. darin, daß Aufgaben, die nach privatwirtschaftlicher Kalkulation unrentabel sind, aus öffentlichem Interesse durchgeführt werden, wobei Verluste im allgemeinen aus öffentlichen Mitteln getragen werden.

Résumé

Im Sektor Staat stehen in der Regel Gemeinschaftsaufgaben im Vordergrund des Interesses. Die konkrete Form dieser Aufgaben spiegelt den Erfolg und Mißerfolg der Budgetdemokratie wider.

3. Die Wirtschaftspolitik

Bevor wir näher auf die Einnahmen- und Ausgabenpolitik des Staates eingehen, wenden wir unsere Aufmerksamkeit einigen allgemeinen Aspekten der Wirtschaftspolitik zu. Unter Wirtschaftspolitik verstehen wir die Gesamtheit der staatlichen Maßnahmen, die auf die Beeinflußung und Steuerung des wirtschaftlichen Lebens gerichtet sind. Die Wirtschaftspolitik geht von politisch formulierten Zielsetzungen aus, die durch geplanten Einsatz wirtschaftspolitischer Mittel und Instrumente erreicht werden sollen. In diesem Zusammenhang ist es von großer Bedeutung, sich im klaren zu sein, daß diese Ziele und Instrumente der Wirtschaftspolitik nicht aus der Wirtschaftswissenschaft abgeleitet werden können. Die Festlegung der Ziele und Instrumente der Wirtschaftspolitik ist eine politische Aufgabe, die nicht mit theoretischen

Überlegungen sondern mit Werturteilen zu lösen ist. Die Werturteile enthalten Aussagen über die gewünschten Veränderungen der Wirtschaftsordnung und über die Art und Weise wie diese erreicht werden können. Der Wirtschaftswissenschaft können diese Urteile, die auf Lebensanschauung und politischen Überzeugungen beruhen, nicht entlehnt werden. Wohl kann die Wirtschaftswissenschaft hilfreich sein bei der Formulierung und vor allem der Quantifizierung der Ziele und Instrumente der Politik, da sie mit einem Vorsprung ausgestattet ist, die Konsequenzen verschiedener und alternativer politischer Vorhaben ins rechte Licht zu setzen.

Eine wichtige Unterscheidung in der Wirtschaftspolitik ist die in Konjunkturpolitik und Strukturpolitik. Die Konjunkturpolitik setzt auf der Nachfrageseite des Wirtschaftsprozesses an. Es geht dabei um die Beeinflussung der Zusammensetzung und der Größe der öffentlichen und privaten Ausgaben. Die Strukturpolitik des Staates bezieht sich vor allem auf die Angebotsseite des Wirtschaftsprozesses. Das Schwergewicht liegt u.a. in der Beeinflussung des Umfanges und der Art der Kapitalbildung, der Qualität der Arbeitskräfte, des technischen Wandels und der Struktur der Wirtschaft. Ein Beispiel für Strukturpolitik ist die Förderung der Wirtschaftsentwicklung in Fördergebieten wie etwa dem Zonenrandgebiet. In einer Reihe von Fällen können konjunktur- und strukturpolitische Überlegungen in Konflikt geraten. Die Kürzung öffentlicher Investitionen in einer überhitzten konjunkturellen Situation kann aus der Sicht der Verbesserung der Infrastruktur sehr nachteilig sein. Aus strukturpolitischen Überlegungen kann die Anhebung des Ausbildungsniveaus erwünscht sein, wogegen die konjunkturelle Situation zusätzliche Investitionen nicht ratsam erscheinen läßt. Hier offenbart sich im Bereich der Wirtschaftspolitik der Umstand, daß eine Investition sowohl einen Einkommens- als auch einen Kapazitätseffekt besitzt. In der Keynes'schen Theorie steht der Einkommenseffekt an zentraler Stelle, wohingegen in der Wachstumstheorie die Betonung auf dem Kapazitätseffekt liegt.

Das Abwägen konjunktureller Überlegungen gegen strukturelle Vorhaben im Falle von Zielkonflikten beruht auf Werturteilen die nicht dem Bereich der Wirtschaftswissenschaft entstammen.

In bezug auf die Wirtschaftspolitik unterscheidet man oft zwischen kurzfristiger und langfristiger Orientierung. Diese Differenzierung wird meist auf das Kalenderjahr bezogen und ist nicht ohne Willkür. So werden Einjahrespläne als kurzfristig bezeichnet, während solche über fünf und mehr Jahre als mittel- oder langfristig gelten. Diese Interpretation kurz- und langfristiger Politik ist nicht ganz befriedigend. Gelegentlich begegnet man auch dem Gedanken, daß Konjunkturpolitik identisch sei mit kurzfristiger Politik und Strukturpolitik mit langfristiger Politik. Diese Ansicht verkennt aber ebensosehr wie die erstgenannte Interpretation, daß es vor allem darum geht, im Rahmen der Wirtschaftspolitik von gegebenen Bedingungen auszugehen. In dem Maße, in dem man mehr Faktoren als Variablen sieht, die einer Beeinflussung zugänglich sind, kann man von langfristiger Betrachtung sprechen.

Nehmen wir als Beispiel den Arbeitsmarkt. Betrachtet man das Angebot an Arbeitskräften als gegeben, sodaß die Nachfrage nach Arbeit im Blickpunkt des Interesses steht, dann hat die Arbeitsmarktpolitik in stärkerem Maße kurzfristigen Charakter als wenn die Zusammensetzung des Arbeitsangebotes als zu beeinflussender Faktor angesehen wird.

Résumé

Obwohl Wirtschaftstheorie und Wirtschaftspolitik nicht verwechselt werden dürfen, zeigt uns die Theorie der Wirtschaftspolitik u.a., daß die Knappheit der Güter zum Abwägen und zu politischen Entscheidungen zwingt.

4. Ziele der Wirtschaftspolitik

Es gibt wenige Gebiete der Volkswirtschaftslehre, die sich in den letzten dreißig Jahren so schnell wie die Theorie der Wirtschaftspolitik entwickelten. Die Depression zwischen den zwei Weltkriegen und die Intensivierung der internationalen Wirtschaftsbeziehungen nach 1945 haben u.a. dazu geführt, daß Ziele und Instrumente der Wirtschaftspolitik sorgfältiger formuliert und auf ihre praktische Verwendbarkeit getestet wurden. Unter Wirtschaftspolitik versteht man den Komplex von staatlichen Maßnahmen, die auf die Beeinflußung des Wirtschaftslebens gerichtet sind. Man hat von seiten der Volkswirtschaftslehre als wissenschaftlicher Disziplin einzelne Ziele als Entscheidungshilfen für die Wirtschaftspolitik neutral zu formulieren versucht. Die politisch-normative Entscheidung in der Zielwahl bzw. Zielfixierung dagegen ist ausschließlich Aufgabe der wirtschaftspolitischen Instanzen.

In Deutschland werden die folgenden Ziele der Wirtschaftspolitik mehr oder minder allgemein akzeptiert:
1. Vollbeschäftigung,
2. Stabiles Preisniveau,
3. Ausgleich der Zahlungsbilanz,
4. Gerechte Einkommensverteilung,
5. Stetiges und angemessenes Wachstum der gesamten Volkswirtschaft.

In der letzten Zeit gibt es Stimmen, die fordern, die Erhaltung der natürlichen Umwelt in den wirtschaftspolitischen Zielkatalog aufzunehmen. Wenn man den Wachstumsbegriff nicht allzu materialistisch faßt, kann man den Wunsch nach intakter Umwelt unter der Forderung nach gleichgewichtigem Wachstum subsumieren. Im allgemeinen gilt freilich, daß eine Konkretisierung dieser Zielsetzungen in starkem Maße von politischen Überlegungen und Wertungen abhängt. Dies wird insbesondere deutlich, wenn man beabsichtigt, die in Frage kommenden Absichten zu quantifizieren. Wie stabil muß das Preisniveau bleiben? Wie gerecht muß die Einkommensverteilung sein? Die Beantwortung dieser und ähnlicher Fragen ist namentlich dann lästig, wenn die Realisierung von Zielen durch Zielkonflikte erschwert wird. So kann das Ziel der Vollbeschäftigung leicht dem Ziel der Preisstabilität zuwiderlaufen. Dieser Umstand weist darauf hin, daß es notwendig ist, die genannten wirtschaftspolitischen Ziele in ihrem wechselseitigen Zusammenhang zu sehen.

Es ist jedoch trotzdem sinnvoll, die einzelnen Ziele einzeln unter die Lupe zu nehmen. Wir beginnen mit dem gleichgewichtigen Arbeitsmarkt.

Für die meisten politischen Strömungen bedeutet Arbeitsmarktgleichgewicht nicht nur die Ausschaltung von Arbeitslosigkeit sondern auch die Vermeidung einer angespannten Arbeitsmarktsituation. Im allgemeinen wird beispielsweise Arbeitslosigkeit auf der einen Seite und die Beschäftigung außerordentlich zahlreicher ausländischer Arbeitskräfte auf der anderen Seite als Ungleichgewicht angesehen. Die paradoxe Situation, daß billige Arbeitskräfte aus den Anwerbeländern importiert wurden und daneben – wenn auch in bescheidenerem Umfang – strukturelle Arbeitslosigkeit in bestimmten Regionen vorkommt, läßt sich begreifen, wenn man sich den Konflikt zwischen konjunkturellen und strukturellen Maßnahmen in Erinnerung ruft.

Es ist zu erwarten, daß die Arbeitsmarktpolitik in den kommenden Jahren mehr im Zeichen struktureller als konjunktureller Probleme stehen wird. Die strukturelle Arbeitslosigkeit in bestimmten Regionen und in bestimmten Sektoren erfordert die Anwendung feinerer Instrumente, als wenn als Ursache der Arbeitslosigkeit unzureichende effektive Nachfrage diagnostiziert wird.

Daß in der Bundesrepublik Deutschland noch immer das Ziel eines stabilen Preisniveaus verfolgt wird, mutet angesichts laufender jährlicher Preissteigerungen von 6, 7 oder gar 8% in den letzten Jahren einigermaßen paradox. Obwohl wir uns an erhöhte Inflationsraten zu gewöhnen scheinen, nimmt diese Frage eine immer zentralere Stellung in der wirtschaftspolitischen Diskussion ein. Ein Teil der inflatorischen Entwicklung dürfte dabei aus dem Ausland importiert werden, doch darf wohl nicht übersehen werden, daß auch die Einkommen und Löhne stärker steigen als die Arbeitsproduktivität. Die Preise werden durch die starke Nachfrage in die Höhe gezogen (demand pull inflation) und/oder durch starke Kostensteigerungen nach oben gedrückt (cost push inflation). In Abhängigkeit von ihrer Machtposition erhöhen die Unternehmer in dieser Situation ihre Preise in stärkerem Maße. Vorläufig kann das Ziel in bezug auf Preisniveausteigerungen denn auch schwerlich unter einer Grenze von vielleicht 4% pro Jahr festgesetzt werden.

Das Ziel einer gleichgewichtigen Zahlungsbilanz umfaßt die Gewährleistung gleichgewichtiger Zahlungsbewegungen zwischen der Bundesrepublik Deutschland und dem Ausland im Rahmen des Güter-, Dienstleistungs- und Kapitalverkehrs. Auf diese wirtschaftspolitische Zielsetzung gehen wir entsprechend unserer inhaltlichen Gliederung erst im folgenden und letzten Kapitel ein.

Die Zielsetzung einer gerechten Einkommensverteilung illustriert vielleicht noch deutlicher als andere den politischen Charakter der Wirtschaftspolitik. Jede gesellschaftliche Gruppierung hat in bezug auf die Gerechtigkeit der Einkommensverteilung eine andere Auffassung. Bei den vielen Diskussionen über die personelle Einkommensverteilung wird oft übersehen, daß durch die Progression des Einkommenssteuertarifs die Verteilung der verfügbaren Einkommen erheblich weniger schief ist als diejenige der Einkommen vor Abzug der Steuer. Im übrigen darf nicht vergessen werden, daß die Einkommensverteilung auf längere Sicht gesehen vermutlich vor allem durch die externe Demokratisierung von Unterricht und Bildung beeinflußt wird.

Mit der Forderung nach gleichgewichtigem Wachstum beabsichtigt man in erster Linie die quantitative Zunahme und die qualitative Verbesserung der Produktionskapazität der Volkswirtschaft. Dabei wird gegenwärtig den externen Nachteilen des wirtschaftlichen Wachstums im engeren Sinne (Pro Kopf-Produktion) mit der Folge der Umweltschädigung mehr Aufmerksamkeit geschenkt. Die Nachteile aus der Umweltbeeinträchtigung müssen gegen die Vorteile der neugeschaffenen Arbeitsplätze und des Wachstums der Produktion abgewogen werden. Es kommt der Einsicht in diese Wahlprobleme zugute, wenn man erkennt, daß der Schutz der Natur ebenso von Einfluß auf die Wohlfahrt ist wie die Vergrößerung der industriellen Produktionsmöglichkeiten. Nicht selten dürfte in unserem dichtbesiedelten Land der Wohlfahrt durch einen Verzicht auf Produktion im engeren Sinne mehr gedient sein als durch eine weitere Steigerung. So betrachtet kann die isolierte Aufzählung einzelner Ziele der Wirtschaftspolitik das Verständnis des nach Ort und Zeit wechselnden Inhalts der gesellschaftlichen und individuellen Wohlfahrt behindern.

Résumé

Die praktische Durchführung der Wirtschaftspolitik ist eine schwierige Sache, da häufig Wahlprobleme auftreten.

5. Die Instrumente der Wirtschaftspolitik

Zur Realisierung der wirtschaftspolitischen Zielvorstellungen steht dem Staat eine Reihe von Instrumenten zur Verfügung. Einige der wichtigsten Instrumente sind:

1. Finanzpolitik,
2. Geldpolitik,
3. Einkommens-, Lohn- und Preispolitik,
4. Außenwirtschaftspolitik,
5. Wachstumspolitik,
6. Wettbewerbspolitik.

Auf die Finanzpolitik kommen wir später noch zu sprechen. Wir können uns somit auf die Bemerkung beschränken, daß im Rahmen der Budgetpolitik Art und Umfang der Staatseinnahmen und Staatsausgaben variiert werden, um auf diese Weise den Ablauf des Wirtschaftsgeschehens zu beeinflussen.

Die Geldpolitik versucht die Zusammensetzung und die Menge der liquiden Mittel mit dem Ziel zu steuern, die Kaufkraft der DM so gut als möglich zu regulieren (siehe auch Kapitel VI). Wegen des offenen Charakters unserer Volkswirtschaft ist der Spielraum für eine selbständige monetäre Politik der Zentralbank eingeschränkt, da die Deutsche Bundesbank zu jeder Zeit DM abgeben muß, wenn z.B. durch eine aktive laufende Rechnung der Zahlungsbilanz Devisen angeboten werden. Doch kann die Zentralbank durch kreditpolitische Mittel Einfluß auf die inländische Geldmenge ausüben. Zur Geldpolitik gehören übrigens auch die Diskont- und die Offenmarktpolitik, die bereits besprochen wurden.

Das Instrumentarium auf dem Gebiet der Einkommens-, Lohn- und Preispolitik ist seit einer Reihe von Jahren Gegenstand lebhafter Diskussionen. So wurde gelegentlich unter dem Eindruck starker Preisniveausteigerungen ein Lohn- und Preisstopp gefordert, doch aus guten Gründen nicht in die Tat umgesetzt. In den letzten Jahren versuchte man im Rahmen der sogenannten „konzertierten Aktion“ Lohnbewegungen und damit indirekt auch Preisbewegungen durch einen Konsensus der Arbeitgeber- und Arbeitnehmerorganisationen mit den gesamtwirtschaftlichen Erfordernissen zu erreichen.

Zur Außenwirtschaftspolitik kann die Außenhandelspolitik gerechnet werden, die sowohl die Einfuhr als auch die Ausfuhr umfaßt. Außerdem ist die Regulierung der Kapitalströme zwischen den einzelnen Ländern von großer Bedeutung. Die zunehmende wechselseitige Abhängigkeit der Weltwirtschaft führt in immer größerem Maße zu der Notwendigkeit, die Zahlungsbilanzpolitik mit den Wirtschaftspolitiken der europäischen Länder wie auch der übrigen Welt in Übereinstimmung zu bringen.

Die Wachstumspolitik umfaßt u.a. die Investitionspolitik, die Strukturpolitik und die Umweltpolitik. Beim Einsatz der wachstumspolitischen Instrumente liegt das Augenmerk u.a. auf der Raumordnung, d.h. der Verteilung der Industrien auf die einzelnen Regionen, auf der Belastungsfähigkeit der Umwelt und auf der Schaffung von Arbeitsplätzen. Ziel ist es, ein angemessenes und ausgewogenes Wachstum zu erreichen.

Schließlich verbleibt noch die Wettbewerbspolitik, die mit der Zunahme der Unternehmenskonzentration immer mehr Bedeutung erlangt. Mit der größeren Zahl der wirtschaftlichen Machtstellungen nimmt die Gefahr des Machtmißbrauchs zu, sodaß dieses Instrument sowohl im Rahmen der Preispolitik als auch unter dem Aspekt eines gleichgewichtigen und ausgewogenen Wachstums Bedeutung erlangt.

Abschließend weisen wir darauf hin, daß in der Wirtschaftspolitik in der Regel verschiedene Instrumente zu gleicher Zeit eingesetzt werden. Die Politik läßt sich nach Art und Ausmaß des Instrumenteneinsatzes variieren. Für den Erfolg der Wirtschaftspolitik ist allerdings die quantitative und qualitative

Diagnose des gegenwärtigen wirtschaftlichen Geschehens von großer Bedeutung.

Résumé

Die Wirtschaftspolitik ist im Besitz einer Reihe von Instrumenten, die abhängig von der konkreten wirtschaftlichen Situation in wechselnder Dosierung und Zusammenstellung angewendet werden, um die gesetzten wirtschaftspolitischen Ziele zu erreichen.

6. Die Finanzpolitik

Der Staat besitzt vielerlei Aufgaben, wie bereits zum Teil aus dem vorigen Paragraphen deutlich wurde. Neben den dort angeführten Ausgaben für kollektive Bedürfnisse tätigt der Staat noch eine Anzahl anderer Ausgaben, so etwa für Subventionen (z. B. kultureller und gesundheitspolitischer Art) und für soziale Aufgaben.

Die sozialen Aufgaben, die zum guten Teil der sozialen Sicherung dienen, sind insbesondere zum Schutze der sozial schwachen Bevölkerungsschichten gedacht. Die Mittel für die Zahlungen und die Organisation der sozialen Sicherungen werden in der Hauptsache durch Prämienzahlungen der Arbeitnehmer und/oder der Arbeitgeber erbracht. In der Bundesrepublik sorgt eine umfangreiche Sozialgesetzgebung, teils vorbildlicher Art, für zumindest ausreichenden Schutz der auf Unterstützungszahlungen angewiesenen Kreise. Beispiele für derartige Sicherungen sind etwa Arbeitslosenunterstützung, Lohnfortzahlung im Krankheitsfalle, Arbeiter- und Angestelltenrentenversicherung, das System der dynamischen Renten usw. Für alle diese Aufgaben sind sehr viele Mittel erforderlich, die einerseits aus Steuergeldern und andererseits aus dem Ertrag von Staatsanleihen und öffentlichen Anleihen finanziert werden.

Sämtliche Ausgaben des Staates erscheinen im Haushaltsplan oder Staatsbudget. Der Plan wird auf ein Jahr festgestellt und beschlossen. Auf dieser gesetzlichen Grundlage werden die einzelnen Aufgaben abgewickelt.

Die Finanzpolitik, die sich am klassischen Liberalismus orientiert, geht davon aus, daß das kleinste Budget das beste Budget ist, wobei die Ausgaben und Einnahmen ausgeglichen sein müssen. Unter dem Einfluß der keynesianischen Theorie, nach welcher der Staat im Hinblick auf besondere Entwicklungen im privatwirtschaftlichen Sektor eine kompensatorische Aufgabe hat, gewann die sogenannte antizyklische Finanzpolitik an Boden. Dabei kommt dem Staat die Aufgabe zu, Nachfragerückgänge im privaten Sektor durch Staatsausgaben auszugleichen, die durch ein Haushaltsdezifit finanziert werden. Nimmt später die Nachfrage im privaten Sektor wieder zu, dann muß der Staat seine Ausgaben einschränken, was im Haushalt zu einem Überschuß führt. Wird in dieser Situation vom Staat der Kapitalmarkt in Anspruch genommen, dann geschieht dies nicht, um Ausgaben zu finanzieren, sondern zum Abschöpfen des Geld- und Kapitalmarktes, um auf diese Weise die Ausgaben des privaten Sektors zu hemmen. Das Finanzgebaren des Staates wirkt damit auf die effektive Nachfrage des privaten Sektors ein. Die antizyklische Finanzpolitik ist in dieser Hinsicht Teil der Konjunkturpolitik des Staates, aber sie trägt der aktiven Rolle des Staates im Rahmen der strukturellen Entwicklung der Volkswirtschaft nicht Rechnung.

Résumé

Die verschiedenen Möglichkeiten der Finanzpolitik drücken die angesprochenen Auffassungen über die Rolle des Staates im Wirtschaftsleben aus.

7. Die Staatsausgaben

Die Staatsausgaben beschränken sich nicht ausschließlich auf kollektive Güter. Es ist bereits angeklungen, daß sich der Staat ebenfalls mit der Produktion solcher Güter beschäftigt, für die ein Preis bezahlt werden muß. Es dreht sich hierbei um die öffentlichen Betriebe. Wenn es den allgemeinen Erfordernissen dient, können die Preise der Güter, die diese öffentlichen Betriebe herstellen, niedriger sein als die Kostenpreise. Dies hat zur Folge, daß für den Staat Ausgaben entstehen, die aus allgemeinen Einkünften des Staates gedeckt werden müssen.

Weil der Begriff „allgemeines Erfordernis“ sehr vage ist, muß für jedes Produkt dieser Betriebe stets aufs neue und unabhängig geprüft werden, ob wichtige Gründe rechtfertigen, Preise zu verlangen, die unter den Selbstkosten liegen. Ein Beispiel für diesen Sachverhalt bilden die öffentlichen Verkehrsmittel. In vielen Städten arbeiten die öffentlichen Verkehrsbetriebe mit Verlusten, die zum großen Teil aus unterlassenen Tariferhöhungen herrühren. Es wird aber für nicht gerechtfertigt erachtet, von den Benutzern der öffentlichen Verkehrsmittel hohe Preise zu verlangen. Dies führt zu der Notwendigkeit, aus allgemeinen Mitteln einen Teil der Kosten zu tragen.

Neben den Ausgaben für kollektive und individuelle Güter tätigt der Staat auch sogenannte Transferzahlungen. Es handelt sich hierbei vornehmlich um soziale Aufwendungen (meist nicht gedeckt durch Prämienzahlung) und Subventionen.

Aus dem Staatshaushalt ersehen wir die Aufteilung der Staatsausgaben auf die verschiedenen Aufgabenbereiche (vgl. die Übersicht Öffentliche Finanzen).

Résumé

Die Staatsausgaben können unterschieden werden in Ausgaben für kollektive und individuelle Güter und Transferzahlungen.

8. Die Staatseinnahmen

Die Mittel, die der Staat zur Finanzierung seiner Aufgaben zur Verfügung hat, rekrutieren sich aus zwei großen Kategorien, nämlich den ordentlichen Einnahmen und den Anleihen.

Die Aufnahme von Krediten (Anleihen) ist im Laufe der Jahre zu einer normalen Finanzierungsmethode des Staates geworden, auch wenn dies technisch noch über den sogenannten außerordentlichen Haushalt abgewickelt wird. Eine wichtige Bedingung für die Zulässigkeit der Finanzierung durch Anleihen ist aber, daß hierdurch keine Beeinträchtigung des Wirtschaftsprozesses entsteht. Die Einkünfte des Staates können wie folgt unterteilt werden:

(1) Einkünfte aus Staatsbesitz.

Dies sind Einnahmen aus staatlichen Betrieben, staatlichen Monopolen (Branntweinmonopol) und von staatlichen Beteiligungen an Unternehmungen.

(2) Gebühren, Abgaben, Zölle.

Dies sind Einkünfte, die für typische Leistungen des Staates verlangt werden. Beispiele hierfür sind etwa Gerichtskosten, Hafengelder usw.

(3) Steuern.

Dies sind dem Staat auf der Grundlage allgemeiner Normen geschuldete Zwangsabgaben, denen im Einzelfall keine entsprechenden Gegenleistungen gegenüber stehen.

(4) Beiträge zu den Sozialversicherungen.

Abgaben für die Sozialversicherungen.

Die Steuern sind die wichtigste Einnahmequelle des Staates. Durch die große Anzahl verschiedener Steuern kann das Steueraufkommen erhöht werden, ohne daß hierdurch alle Schichten der Bevölkerung gleich betroffen werden. Diese Politik der Steuerlastverteilung ist Gegenstand entsprechender Richtungskämpfe im Parlament. Das Finanzaufkommen setzt sich aus folgenden Posten zusammen:

Vgl. die Übersicht Öffentliche Finanzen.

Die Steuern lassen sich auf mannigfache Weise in Kategorien einteilen. Die wichtigste Unterscheidung ist aber die in direkte und indirekte Steuern. Zu den direkten Steuern gehören z.B. die Einkommens-, Lohn-, Erbschafts-, Kapitalertrags- und Vermögenssteuer. Indirekte Steuern sind etwa die Mehrwertsteuer und die Mineralölsteuer.

Résumé

Die wichtigste Einnahmequelle des Staates ist die Steuererhebung.

Öffentliche Finanzen — Ausgaben

Lfd. Nr.	Ausgaben (in Mill. DM)	Insgesamt		Bund		Lasten-ausgleichs-fonds		ERP-Sonder-vermögen	
		1970	1971[2]	1970	1971[2]	1970	1971[2]	1970	197…
1	Personalausgaben	61484	73470	14614	17118	—	—	—	–
2	Laufender Sachaufwand	31713	35235	13802	14892	35	31	7	
3	dar.: Unterhaltung von unbeweglichem Vermögen	3545	3766	778	796	—	—	—	–
4	Zahlungen an Zweckverbände	1153	1225	7	6	—	—	—	–
	Zinsausgaben								
5	an Verwaltungen	188	183	—	—	—	—	—	–
6	an andere Bereiche	6865	7691	2335	2406	429	409	82	8…
	Laufende Zuweisungen und Zuschüsse								
7	an Verwaltungen	25768	29329	8022	9263	24	87	3	
8	an andere Bereiche	44742	48856	31510	33678	1618	1648	1	
9	dar.: Renten, Unterstützungen u.ä.	18663	21452	9195	10331	1618	1648	1	
10	Zuschüsse an Sozialversicherungsträger	12200	13109	12142	13052	—	—	—	–
	Schuldendiensthilfen								
11	an Verwaltungen	417	351	251	149	—	—	—	–
12	an andere Bereiche	1952	2252	904	1239	—	—	—	–
13	abzüglich Zahlungen von Verwaltungen gleicher Ebene	27535	30890	—	—	—	—	—	–
14	Ausgaben der laufenden Rechnung	145594	166477	71438	78745	2106	2175	93	…
15	Baumaßnahmen	25797	30336	3895	4562	—	—	—	
16	Erwerb von unbeweglichen Sachen	3925	4230	516	712	—	—	—	
17	Erwerb von beweglichen Sachen	2593	3101	539	625	—	—	—	
	Zuweisungen und Zuschüsse für Investitionen, Vermögensübertragungen								
18	an Verwaltungen	9127	10991	4262	4965	—	—	—	
19	an andere Bereiche	9837	11501	3775	4871	1097	1012	—	
	Darlehen								
20	an Verwaltungen	853	847	511	573	—	—	160	
21	an andere Bereiche	6755	7563	2149	2494	133	146	1246	12…
22	Erwerb von Beteiligungen	1276	1670	517	832	—	—	64	
23	Tilgungsausgaben an Verwaltungen	603	599	1	1	—	—	—	
24	abzüglich Zahlungen von Verwaltungen gleicher Ebene	10210	11918	—	—	—	—	—	
25	Ausgaben der Kapitalrechnung	50557	58920	16165	19635	1230	1158	1470	13…
26	Insgesamt (ohne besondere Finanzierungsvorgänge)	196150	225394	87602	98380	3336	3334	1563	14…

[1] Deutsche Gesellschaft für öffentliche Arbeiten AG.

[2] Vorläufiges Ergebnis; Bund ohne Marktordnungsausgaben bzw. Anteil an den Zöllen und Abschöpfunger… Europäischen Gemeinschaften.

Öffa[1]		Länder				Gemeinden (Gv.)						
		zusammen		darunter Stadtstaaten		zusammen		Kreisfreie Städte	Landkreise einschl. Gemeinden			Bezirksverbände
									zusammen	Landkreise	Kreisangehörige Gemeinden und Ämter	
1970	1971[2]	1970	1971[2]	1970	1971[2]	1970	1971[2]	1970				
—	—	31649	38076	5886	7114	15221	18276	7348	7098	2518	4580	774
1	1	7074	8167	1722	1924	10793	12136	4330	6069	1481	4588	393
—	—	757	784	344	347	2010	2186	786	1160	288	932	64
—	—	136	177	1	1	1010	1042	272	720	100	621	17
—	—	188	183	74	79	—	—	—	—	—	—	—
126	174	1487	1817	338	409	2404	2798	1209	1144	163	981	51
—	—	11773	12978	530	487	5947	6998	848	4745	1565	3180	354
—	—	6254	6930	1733	2238	5360	6599	1767	2273	1791	481	1321
—	—	3421	4015	969	1189	4428	5457	1353	1861	1614	248	1213
—	—	57	57	44	40	—	—	—	—	—	—	—
—	—	166	202	0	—	0	0	—	0	0	0	—
—	—	1024	994	221	231	24	19	22	2	1	1	—
—	—	1474	1400	—	—	5158	6105	190	3750	2916	834	1218
28	175	58142	67947	10505	12482	34590	40721	15334	17582	4604	12978	1674
66	558	4930	5274	1430	1559	16207	19942	4643	10867	1913	8955	696
—	—	590	611	193	203	2818	2907	1172	1631	175	1455	16
—	—	876	1074	161	166	1177	1402	448	703	180	524	26
—	—	4508	5507	69	65	357	519	36	320	33	288	1
—	—	4648	5190	338	373	317	428	133	158	44	114	25
—	—	182	193	3	2							
—	—	2042	1868	464	411	1186	1785	644	483	162	320	59
—	—	443	473	275	264	252	357	167	84	15	70	1
—	—	602	598	119	127	—	—	—	—	—	—	—
—	—	49	18	—	—	419	568	20	398	45	353	1
66	558	18772	20770	3052	3170	21896	26771	7223	13850	2477	11373	823
93	733	76914	88716	13557	15652	56486	67492	22557	31432	7081	24351	2497

lle: Statistisches Bundesamt (Hrsg.). Statistisches Jahrbuch für die Bundesrepublik Deutschland 1973, Stuttgart Mainz 1973.

Lfd. Nr.	Ausgaben (in Mill. DM)	Insgesamt		Bund		Lasten-ausgleichs-fonds		ERP-Sonder-vermögen	
		1970	1971[2]	1970	1971[2]	1970	1971[2]	1970	197
27	Steuern	153 850	171 381	83 693	92 226	1 582	1 439	—	-
28	Steuerähnliche Abgaben	975	396	755	168	—	—	—	-
29	Einnahmen aus wirtschaftlicher Tätigkeit	7 203	7 931	1 224	1 683	—	—	4	
30	dar. Mieten und Pachten	1 588	1 697	256	258	—	—	—	-
	Zinseinnahmen								
31	von Verwaltungen	258	228	203	171	—	1	31	
32	von anderen Bereichen	2 631	2 582	447	482	11	9	309	3
	Laufende Zuweisungen und Zuschüsse, Schuldendiensthilfen								
33	von Verwaltungen	27 277	30 662	289	251	1 403	1 468	26	
34	von anderen Bereichen	756	1 290	157	565	6	5	—	
35	Sonstige laufende Einnahmen	16 779	19 920	716	848	2	2	1	
36	dar. Gebühren, sonstige Entgelte .	13 097	15 377	290	289	—	—	—	
37	abzüglich Zahlungen von Verwaltungen gleicher Ebene	27 535	30 890	—	—	—	—	—	
38	Einnahmen der laufenden Rechnung	182 193	203 500	87 485	96 394	3 002	2 924	370	4
39	Veräußerung von Sachvermögen . .	1 753	2 012	117	96	—	—	—	
	Zuweisungen und Zuschüsse für Investitionen, Vermögensübertragungen								
40	von Verwaltungen	8 424	10 089	51	48	—	—	—	
41	von anderen Bereichen	215	332	14	26	—	—	—	
	Darlehensrückflüsse								
42	von Verwaltungen	739	772	355	383	260	247	50	
43	von anderen Bereichen	3 681	3 527	521	385	363	364	1 107	1
44	Veräußerung von Beteiligungen . . .	283	409	81	280	11	18	7	
45	Schuldenaufnahmen bei Verwaltungen	1 047	1 057	—	—	—	—	—	
46	abzüglich Zahlungen von Verwaltungen gleicher Ebene	10 210	11 918	—	—	—	—	—	
47	Einnahmen der Kapitalrechnung . .	5 932	6 280	1 138	1 218	634	629	1 164	1
48	Insgesamt (ohne besondere Finanzierungsvorgänge) . .	188 125	209 780	88 624	97 614	3 636	3 554	1 534	1

[1] Deutsche Gesellschaft für öffentliche Arbeiten AG.

[2] Vorläufiges Ergebnis; Bund ohne Marktordnungsausgaben bzw. Anteil an den Zöllen und Abschöpfunge Europäischen Gemeinschaften.

Öffa[1]		Länder				Gemeinden (Gv.)						
		zusammen		darunter Stadtstaaten		zusammen		Kreisfreie Städte	Landkreise einschl. Gemeinden			Bezirksverbände
									zusammen	Landkreise	Kreisangehörige Gemeinden und Ämter	
970	1971[2]	1970	1971[2]	1970	1971[2]	1970	1971[2]	1970				
—	—	51 978	58 563	6 105	6 789	16 597	19 153	7 887	8 710	386	8 324	—
—	—	142	146	2	2	79	82	10	68	0	68	—
—	—	2 680	2 621	578	473	3 295	3 623	1 184	2 072	178	1 894	39
—	—	325	344	155	163	1 007	1 095	455	540	47	494	11
—	—	24	23	0	0	—	—	—	—	—	—	—
0	0	606	587	142	140	1 258	1 147	674	553	140	413	31
37	201	9 751	10 727	3 471	4 138	15 671	17 990	2 765	10 867	5 970	4 897	2 040
—	—	502	603	188	230	91	117	22	67	20	47	1
—	—	3 950	4 523	1 221	1 461	12 111	14 547	5 250	5 945	1 973	3 972	916
—	—	3 448	3 787	1 156	1 385	9 359	11 301	4 159	4 607	1 486	3 120	593
—	—	1 474	1 400	—	—	5 158	6 105	190	3 750	2 916	834	1 218
37	202	68 158	76 393	11 706	13 258	43 943	50 555	17 603	24 532	5 752	18 780	1 808
—	—	319	299	51	55	1 317	1 617	468	840	28	812	8
52	151	3 259	4 295	342	380	4 961	5 595	1 455	2 981	727	2 255	525
—	—	82	106	48	70	119	200	36	84	9	75	—
—	—	75	79	0	0	—	—	—	—	—	—	—
—	—	1 286	1 365	250	276	405	398	214	171	64	107	20
—	—	155	89	5	17	29	15	20	9	2	7	0
—	—	570	569	225	161	477	488	137	332	96	237	8
—	—	49	18	—	—	419	568	20	398	45	353	1
2	151	5 696	6 629	921	934	6 889	7 745	2 310	4 019	880	3 139	560
9	353	73 854	83 179	12 627	14 193	50 832	58 300	19 913	28 551	6 631	21 919	2 368

le: Statistisches Bundesamt (Hrsg.), Statistisches Jahrbuch für die Bundesrepublik Deutschland 1973, Stuttgart
Mainz 1973.

9. Die makroökonomische Bilanzgleichung

Nun da wir den Staat in unseren makroökonomischen Kreislauf einbezogen haben, können wir den in Kapitel II eingeführten makroökonomischen Größen zwei neue zufügen, nämlich die Staatsausgaben und die Steuern. Nennen wir die Staatsausgaben A_{St}, so stellen wir fest, daß das Sozialprodukt W nun nicht mehr nur allein aus der Summe der erzeugten Konsum- und Kapitalgüter besteht, sondern auch den Gegenwert der staatlichen Aktivität mit einschließt. Wir können folglich für den Wert des Sozialprodukts die folgende Identität anschreiben:

(1) $$W = C + I + A_{St}.$$

Es entsteht also ein Volkseinkommen, von dem ein Teil in Form von Steuern zum Staat zurückfließt; ein Teil wird konsumiert und der Rest gespart. Es gilt also auch:

(2) $$Y = C + S + T.$$

Aus den Gleichungen (1) und (2) sieht man, daß S und I nun ex post nicht mehr gleich zu sein brauchen.

Das Gleichgewicht im Keynesschem Sinne für das Volkseinkommen in einer bestimmten Periode, d. h. bei gegebener Produktionskapazität, ergibt sich aus folgendem Gleichungssystem,

(3) $$Y = C + I + A_{St},$$

(4) $$C = c \cdot (Y - T) + C_0,$$

(5) $$I = I_0,$$

(6) $$A_{St} = A_{St,0}$$

(7) $$T = t \cdot Y.$$

Gleichung (3) ist die Gleichgewichtsbedingung. Wir haben angenommen, daß die Ausgaben des privaten und des öffentlichen Sektors zusammen gleich der gesamtwirtschaftlichen Produktion bzw. dem Volkseinkommen sind. Gleichung (4) ist die neue Konsumfunktion. Neu deshalb, weil in ihr dem Umstand Rechnung getragen ist, daß die Konsumenten ihre Ausgaben aus dem persönlich verfügbaren Einkommen bestreiten, d. h. aus dem um die Steuern verminderten Volkseinkommen. Die Gleichungen (5) und (6) drücken aus, daß wir wieder autonome Investitionen und Staatsausgaben (vgl. Paragraph 6) unterstellen. Die Investitionen belaufen sich auf den Betrag I_0; Staatsausgaben sollen in Höhe von $A_{St,0}$ vorgenommen werden. Gleichung (7) schließlich beschreibt, daß die Steuern einen bestimmten Bruchteil $t_0 (t < 1)$ des Volkseinkommens ausmachen. Der Steuersatz ist Beziehung (7) zufolge als konstant angenommen.

Das aus den Gleichungen (3)–(7) bestehende Modell kann aufgelöst werden, in dem man C, I und A_{St} in Gleichung (3) einsetzt. Wir erhalten dann:

(8) $$Y = c(Y - t \cdot Y) + I_0 + A_{St,0} + C_0.$$

Für den Gleichgewichtswert $\bar{Y}$ ergibt sich demnach:

$$(9) \qquad \bar{Y} = \frac{I_0 + A_{St,0} + C_0}{1 - c(1-t)}.$$

Gesetzt den Fall, daß folgende Werte gegeben seien:

$$c = \tfrac{3}{4},$$
$$b = \tfrac{1}{5},$$
$$I_0 = 40,$$
$$A_{St,0} = 30,$$
$$C_0 = 10,$$

Dann erhalten wir für das Gleichgewichtseinkommen $\bar{Y} = 200$. Der Multiplikator ist nun nicht $\frac{1}{1-c}$ sondern $\frac{1}{1-c(1-t)}$.

Durch die Steuererhebung verkleinert sich also der Multiplikator. Wie in Kapitel XII, Paragraph 6 verdeutlicht wurde, beruht die praktische Anwendung der Multiplikatorwirkung im Falle einer Depression auf der wiederholten Vergrößerung der Staatsausgaben, bis in einer bestimmten Periode die Zunahme des Gleichgewichtseinkommens ein Vielfaches der zusätzlichen Staatsausgaben pro Periode beträgt.

Résumé

In ein Keynessches Modell zur Bestimmung des Gleichgewichtseinkommens kann der Staat einbezogen werden.

10. Schlußbemerkungen

In diesem Kapitel sind wir etwas auf die wichtige Rolle eingegangen, die der Staat im Wirtschaftsleben spielt. Wir haben gesehen, daß die staatliche Aktivität sehr vielseitig ist. Bestimmend für die Rolle des Staates ist die Wirtschaftsordnung, die einer Volkswirtschaft zugrunde liegt. In der gemischten Wirtschaftsordnung deutscher Prägung sind die Ziele der Wirtschaftspolitik von großer Wichtigkeit, weil sie immer den Rahmen bestimmen, innerhalb dessen die Instrumente angewendet werden können. Es darf aber nicht vergessen werden, daß die Wirtschaftspolitik in erster Linie politisch determiniert ist; die Wahl der Ziele und deren Rangordnung, sowie das Ausmaß, in dem die Instrumente eingesetzt werden, sind abhängig von außerökonomischen Werturteilen. Die Instrumente der Wirtschaftspolitik können isoliert eingesetzt werden, besser jedoch koordiniert mit anderen, insbesondere wenn es darum geht, ernste Konflikte etwa zwischen konjunkturellen und strukturellen Aspekten zu vermeiden.

Die Funktion des Staates kommt deutlich in dessen Produktionsspektrum und der Haushaltspolitik im weiteren Sinne zum Ausdruck. Das Güterangebot des Staates besteht zum größten Teil aus kollektiven Gütern, die der gesamten Volkswirtschaft zur Verfügung stehen. Daneben erzeugt der Staat auch individuelle Güter, deren Verbrauch er stimulieren oder hemmen will oder aber versucht er, auf diese Weise eine Ausbeutung der Konsumenten zu verhindern. Die Staatsausgaben wachsen von Jahr zu Jahr, weil die betreffenden Aufgaben immer größere Investitionen erfordern; sie haben zum Teil dieselbe Wachstumsrate wie das Volkseinkommen oder wachsen gar noch schneller.

Die Einkünfte des Staates fließen aus verschiedenen Quellen, von denen das Steueraufkommen die wichtigste ist. Etwaige Haushaltsdefizite können durch öffentliche Anleihen im Rahmen eines außerordentlichen Haushaltes finanziert werden.

Fragen:

1. *Was versteht man unter dem Begriff „Wirtschaftsordnung"?*
2. *Welche zwei grundsätzlichen Organisationsformen des Wirtschaftslebens können unterschieden werden?*
3. *Welche Unterschiede in den Ansichten existieren zwischen den Neoliberalen und den modernen Sozialisten?*
4. *Welche Ziele der Wirtschaftspolitik sind Ihnen bekannt? Beschreiben Sie jedes kurz.*
5. *Nennen Sie die Instrumente der Wirtschaftspolitik und beschreiben Sie sie in wenigen Worten.*
6. *Was sind kollektive Güter?*
7. *Welche sozialen Einrichtungen sind Ihnen bekannt?*
8. *Welches sind die wichtigsten Posten im Haushaltsplan?*
9. *Aus welchen Quellen fließen die Einkünfte des Staates?*
10. *Was ist der Unterschied zwischen den Begriffen Abgaben, Gebühren und Steuern?*
11. *Nennen Sie einige Steuern.*

Aufgaben:

1. *Diskutieren Sie die Äußerung, der Staat brauche sich nicht mit Wirtschaftspolitik zu befassen, da ohne staatliche Eingriffe das Wirtschaftsleben gleichermaßen in geordneten Bahnen ablaufe.*
2. *Seit einigen Jahren hat der Anteil des Staates am Volkseinkommen beträchtlich zugenommen. Wie ist dies zu erklären?*
3. *Gegeben sind die folgenden Verhaltensgleichungen:*

$$S = 0{,}2(Y - T) - 20,$$
$$I = 40,$$
$$T = 0{,}1\,Y,$$
$$A_{St} = 20.$$

a) Bestimmen Sie das gleichgewichtige Volkseinkommen.
b) Berechnen Sie den Multiplikator.

XV. Internationale Wirtschaftsbeziehungen

1. Einleitung

Es gibt nicht nur Arbeitsteilung innerhalb einer Volkswirtschaft, sondern auch zwischen Ländern. Das eine Land verlegt sich auf die Buttererzeugung, das andere auf die Produktion von landwirtschaftlichen Maschinen. Diese Spezialisierung hängt mit natürlichen Umständen und der beträchtlichen Immobilität der Arbeitskräfte über die bestehenden Grenzen zusammen. Jedes Land produziert diejenigen Güter, die es relativ am günstigsten herstellen kann. Das Wort „relativ" ist in dieser Beziehung wichtig, denn es ist möglich, daß Land A zwei Produkte kostengünstiger herstellen kann als z.B. ein Land B. Dies bedeutet aber nicht, daß kein Handel zwischen A und B möglich ist. Ein Zahlenbeispiel möge dies verdeutlichen.

Fall 1:	Land A	Land B
Gut x	3 Einheiten Arbeit	6 Einheiten Arbeit
Gut y	30 Einheiten Arbeit	10 Einheiten Arbeit

Fall 2:	Land A	Land B
Gut x	3 Einheiten Arbeit	9 Einheiten Arbeit
Gut y	30 Einheiten Arbeit	40 Einheiten Arbeit

Wir haben zwei Situationen dargestellt, in denen sowohl Land A als auch Land B zwei Güter *x* und *y* erzeugen. Die aufgeführten Arbeitsmengen sind die Kosten, zu denen die Produktion stattfindet. Im Fall I kann Land A

Gut x und Land B Gut y zu den niedrigsten Kosten produzieren. In diesem Falle liegt ein absoluter Kostenunterschied vor, und es liegt auf der Hand, daß Land A sich auf die Produktion von Gut x und Land B auf die Erzeugung von Gut y verlegen wird.

Weniger einsichtig ist, daß im Fall II dasselbe passieren wird. Land A produziert beide Güter zu den niedrigsten Kosten. Land A hat sogar bei der Erzeugung des Gutes x einen besonders großen Kostenvorsprung, der Unterschied zwischen 3 und 9 Einheiten Arbeit ist verhältnismäßig größer als der Unterschied zwischen 30 und 40 Einheiten Arbeit. Dieser positive relative Kostenunterschied hat zur Folge, daß auch in diesem Fall Land A sich auf die Produktion von Gut x verlegen wird und Land B auf die Produktion des Gutes y.

Resumé

Aus demselben Grunde, aus dem die binnenwirtschaftliche Arbeitsteilung den Handel zur Folge hat, erwächst aus der internationalen Arbeitsteilung der zwischenstaatliche Handel. Nicht allein auf Grund absoluter Kostenunterschiede, sondern auch auf Grund komparativer Kostenunterschiede wird gehandelt.

2. Zahlungsbilanz

Die Wirtschaftsbeziehungen, die ein Land im Laufe eines Jahres mit dem Ausland unterhält, kommen auf systematische Weise in der Zahlungsbilanz zum Ausdruck. Die Zahlungsbilanz ist in fünf Teilbilanzen unterteilt.

Im folgenden geben wir eine schematische Darstellung der wichtigsten Posten der Zahlungsbilanz. Zahlungen des Auslandes an uns sind auf der linken Seite vermerkt, Zahlungen durch uns an das Ausland auf der rechten Seite.

Die Handelsbilanz verzeichnet die Ein- und Ausfuhr von Gütern. In der Bundesrepublik übertrifft die Ausfuhr praktisch zu jeder Zeit die Einfuhr. In der Dienstleistungsbilanz kommen der Tourismus und die Verkehrsleistungen wie Schiffahrt und Luftfahrt zum Ausdruck. Die Übertragungsbilanz spiegelt die aus dem Ausland übertragenen und an das Ausland bezahlten Zinserträge und Dividendenerlöse wider. Diese ersten drei Bilanzen werden zusammen auch die Posten der laufenden Rechnung der Zahlungsbilanz genannt.

Die Kapitalverkehrsbilanz faßt die Kreditleihe vom und an das Ausland zusammen. Der Saldo der laufenden Rechnung zusammen mit dem Saldo der Kapitalverkehrsbilanz ergibt den Überschuß bzw. das Defizit aus den Wirtschaftsbeziehungen mit dem Ausland. Ein Überschuß wird zu einem Zufluß von Gold und Devisen führen; ein Defizit wird eine Abnahme unserer Gold- und Devisenvorräte zur Folge haben. Im internationalen

Schema einer Zahlungsbilanz

1. Handelsbilanz

Warenexporte	Warenimporte Saldo

\+ 2. Dienstleistungsbilanz

Einnahmen aus Dienstleistungs- verkäufen Saldo	Ausgaben für Dienstleistungen des Auslandes

\+ 3. Übertragungsbilanz

Einnahmen aus Zinserträgen, Dividenden usw.	Ausgaben für Zinsen, Dividenden usw. Saldo

= laufende Rechnung

\+ 4. Kapitalverkehrsbilanz

Forderungen des Auslandes	Forderungen an das Ausland Saldo

= Überschuß oder Defizit

\+ 5. Gold- und Devisenbilanz

Abfluß von Devisen Verminderung des Guthabens beim IWF	Zufluß von Devisen Erhöhung des Guthabens beim IWF

= Gesamte Zahlungsbilanz

Verkehr sind immer Gold und Devisen – vor allem die sogenannten harten Valuten – Zahlungsmittel.

Die gesamte Zahlungsbilanz ist formal immer ausgeglichen, weil, wie wir sagen, jeder Transaktion eine entgegengesetzte Transaktion entspricht. Materiell braucht hingegen kein Gleichgewicht zu existieren, weil die laufende Rechnung und der Kapitalverkehr einen Überschuß oder ein Defizit aufweisen können. Wenn ein Überschuß oder ein Defizit sehr lange gegeben ist und damit Anlaß zu fortwährendem Zu- oder Abfluß von Gold und Devisen gibt, sprechen wir von einem Zahlungsbilanzungleichgewicht. Für eine ausgiebigere Beurteilung des Ungleichgewichtes muß die gesamte Zahlungsbilanz in Augenschein genommen werden, unter Berücksichtigung der wirtschaftlichen Strukturverhältnisse des Landes.

Résumé

Die Zahlungsbilanz gibt eine systematische Übersicht über die Transaktionen wirtschaftlicher Art, die ein Land im Laufe eines Jahres mit dem Ausland abwickelt. Die Zahlungsbilanz wird in fünf Teilbilanzen unterteilt, die zusammen im buchhalterischen Sinne immer im Gleichgewicht sind. Da aber das materielle Gleichgewicht von Interesse ist, müssen wir dieses aus dem Stand der laufenden Rechnung und der Kapitalverkehrsbilanz ablesen.

3. Materielles Gleichgewicht und die Grundbilanz

Das materielle Gleichgewicht der Zahlungsbilanz läßt sich anhand des Saldos der laufenden Rechnung in Verbindung mit dem Saldo der Kapitalverkehrsbilanz beurteilen. Auf einfache Weise wird man feststellen können, daß die Zahlungsbilanz materiell im Gleichgewicht ist, wenn sich per Saldo keine Veränderungen der Devisenposition ergeben, d.h. keine Änderung des Gold- und Devisenvorrats und der Position beim Internationalen Währungsfonds. Ein derartiges Ergebnis kann stets erreicht werden, wenn der Saldo der laufenden Rechnung durch einen ebenso großen Saldo der Kapitalverkehrsbilanz kompensiert wird; z.B. ein Überschuß in laufender Rechnung muß genügend groß sein, um ein Defizit im Kapitalverkehr zu decken.

Jedoch scheint auch diese Definition des Gleichgewichtes der Zahlungsbilanz nicht ganz und gar Aufschluß über unsere internationale Zahlungssituation geben zu können. In einer Situation, in der ein beträchtliches Defizit in der laufenden Rechnung mit einstweiligen ausländischen Handelskrediten finanziert wird, werden wir die Zahlungsbilanz in obigem Sinne als ausgeglichen betrachten.

Nichtsdestoweniger besteht dieses Gleichgewicht jedoch auf der Grundlage der Gewährung von einstweiliger Kapitaleinfuhr. Würde diese plötzlich entfallen, dann führt ein Defizit in laufender Rechnung zu einem Angriff des Devisenvorrates. Um die Beurteilung des Zustandes der Zahlungsbilanz weniger abhängig von derartigen zeitweiligen oder zufälligen Faktoren zu machen, ist man übereingekommen, den Begriff „Grundbilanz" einzuführen. Hierbei wird Nachdruck nicht auf inzidentelle, sondern auf strukturelle Faktoren gelegt. Zu diesem Zweck unterscheidet man die Kapitalverkehrstransaktionen struktureller Art von Transaktionen, die einen mehr oder weniger zufälligen Charakter tragen. Wir sprechen dann von „Grundbilanz", wenn der Saldo der laufenden Rechnung durch den Saldo des strukturellen Kapitalverkehrs kompensiert wird. Unter strukturellem Kapitalverkehr verstehen wir die Kapitalverflechtungen und Kapitalvergaben, die auf Grund ihres regelmäßig wiederkehrenden Charakters einen festen Posten in der Zahlungsbilanz darstellen. Auf internationaler Ebene wird eine derartige Zahlungsbilanzanalyse immer mehr allgemeinen Normen angepaßt.

Die Unterscheidung in Kapitaltransaktionen struktureller Natur einerseits und Transaktionen mit überwiegend Zufallscharakter andererseits ist in gewissem Maße willkürlich. Der inzidentelle Kapitalverkehr zeigt zwar einen unstetigen Charakter auf wegen seiner Empfindlichkeit für monetäre und konjunkturelle Einflüsse, aber wo präzise die Grenze zwischen strukturell und inzidentell gezogen werden muß, bleibt den monetären Instanzen vorbehalten. Wenn man von einem Zahlungsbilanzgleichgewicht im Sinne der „Grundbilanz" spricht, kann es wohl vorkommen, daß Gold- und Devisen ins Ausland abfließen, und zwar in Höhe des inzidentellen Kapitalverkehrs.

Résumé

Ein Zahlungsbilanzgleichgewicht läßt sich allein anhand des Saldos einer oder mehrerer Teilbilanzen feststellen. Daneben muß das Spektrum der Transaktionen mit dem Ausland gegen den Hintergrund der wirtschaftlichen Situation eines Landes in Augenschein genommen werden. Wichtig für eine derartige Analyse ist weiter eine Aufgliederung der Zahlungsbilanz in konjunkturelle und strukturelle Faktoren.

4. Einige Ursachen für Störungen des Zahlungsbilanzgleichgewichtes

Im vorhergehenden Paragraphen haben wir festgestellt, daß die Zahlungsbilanz materiell im Ungleichgewicht sein kann. Über die Ursachen eines Zahlungsbilanzdefizits oder -überschusses haben wir noch nicht gesprochen. Wie entstehen nun die Überschüsse oder Defizite? Anhand eines Zweiländerbeispieles gehen wir dieser Frage nach. Dabei werden wir den

Transaktionen der laufenden Rechnung Beachtung schenken und von Kapitalbewegungen absehen. Der offene Charakter der westdeutschen Volkswirtschaft ist aus den hohen Ein- und Ausfuhrquoten ersichtlich. Diese Quoten geben an, welcher Prozentsatz die Einfuhr bzw. die Ausfuhr, am Bruttosozialprodukt gemessen, ausmacht. In Deutschland betragen diese Prozentsätze momentan ungefähr 21,1% und 22,7%. Handelsverkehr und Zahlungsbilanz hängen in hohem Maße von einer günstigen oder ungünstigen Entwicklung der Wirtschaft im Ausland ab. Die Bundesrepublik verdient durch den Handelsverkehr einen beträchtlichen Teil des nationalen Einkommens. Gesetzt den Fall nun, daß in Frankreich etwa eine Lohnentwicklung Platz greift, die die Arbeitsproduktivität übersteigt. Das Einkommen der französischen Arbeitnehmer wird zunehmen und damit deren Kaufkraft. Mit der Steigerung der Einkommen wird auch der Verbrauch deutscher Güter und Dienste zunehmen. Das bedeutet also, daß die Einfuhr aus Deutschland steigt. Auch der französische Export nach Deutschland kann sich ändern. Die Lohnerhöhung ist für die französischen Unternehmer meist Anlaß genug – vor allem wenn die Produktionskapazität ausgelastet ist – die Preise zu erhöhen. Das gestiegene Lohn- und Preisniveau in Frankreich verschlechtert die Konkurrenzsituation der französischen Industrie sowohl auf den Binnen- als auch den ausländischen Märkten. Auf dem inländischen Markt wählt der französische Konsument stets die relativ billigeren ausländischen Produkte, während der deutsche Käufer weniger von den im Preis gestiegenen französischen Waren abnehmen wird. Der Drohung eines Zahlungsbilanzdefizits in Frankreich steht ein Überschuß der deutschen Zahlungsbilanz gegenüber.

Nicht jedes Land erlebt nun im gleichen Ausmaß die Last eines Ungleichgewichtes in seiner Zahlungsbilanz. Für Länder mit einer weniger offenen Volkswirtschaft wie etwa derjenigen der Bundesrepublik hat ein Sinken des Exports und eine Zunahme des Imports keine großen Folgen für eine Auslastung der Produktionskapazität. Für die Niederlande etwa mit ihrer offenen Volkswirtschaft ist die Lage anders. Eine Zunahme der ausländischen Nachfrage, sprich: der niederländischen Ausfuhr, nimmt einen großen Teil der volkswirtschaftlichen Produktionskapazität in Beschlag. Eine Verminderung der Einfuhren aus der Bundesrepublik etwa bedeutet, daß die niederländische Produktion diese Nachfrage wird befriedigen müssen, was den Druck auf das niederländische Produktionspotential noch erhöht.

Soweit haben wir die Auswirkungen der Lohnentwicklung in Deutschland in bezug auf Güter und Dienste besprochen, d.h. die Auswirkungen auf die güterwirtschaftliche Seite. Ein größerer deutscher Export nach und ein verringerter Import aus Frankreich bedeutet, daß per saldo Frankreich an Deutschland Zahlungsverpflichtungen besitzt. Die finanzielle Abwicklung führt zu einem anhaltenden Zustrom von Devisen an die Geschäftsbanken. Die Deutsche Bundesbank kann nicht verhindern, daß auf dem Wege der Konvertierung dieser Valuten die inländische Geldmenge größer wird. Die Expansion der Geldmenge und die Zunahme der Ausgaben hat einen aufwärtsgerichteten Druck auf das deutsche Lohn- und Preisniveau zur Folge, ein Druck, der vor allem dann wirksam wird, wenn die Produktionskapazitäten am Rande ihrer Auslastung stehen. Unser Land importiert also auf dem Wege der Zahlungsbilanzüberschüsse die Preiserhöhungen aus Frankreich (importierte Inflation). Die Schlußfolgerung aus diesem Beispiel ist, daß unser Land durch eine Zunahme der französischen Nachfrage einen Zahlungsbilanzüberschuß erwirbt. Umgekehrt kann durch eine Verringerung der Nachfrage – z.B. verursacht durch einen Rückgang der Konjunktur in Frankreich – ein Zahlungsbilanzdefizit entstehen. In beiden Fällen sind die Ursachen konjunktureller Natur, d.h. eine Folge von Nachfrageschwankungen. Störungen des Zahlungsbilanzgleichgewichtes können auch einen strukturellen Charakter besitzen. Die Ursachen eines Defizits oder eines Überschusses sind dann auf der Angebotsseite zu suchen. Ein Fortschreiten des technischen Wandels ändert die Angebotsverhältnisse zwischen den Ländern. Einige Länder setzen sich dabei an die Spitze, andere bleiben zurück. Auf diese Weise entstehen Verschiebungen im Welthandelsverkehr. Die internationale Arbeitsteilung ändert sich. Für die Bundesrepublik würde ein derartiger Prozeß bedeuten, daß es nicht mehr das geeignete Land für die Kunststoffherstellung wäre. Die Produktion müßte irgendeinem anderen Land überlassen werden.

Neben konjunkturellen und strukturellen Ursachen können zufällige Ereignisse wie Katastrophen, Mißernten, Revolutionen und Kriege bestehenden Handelskontakten großen Schaden zufügen. Auf diese Weise haben wir durch Kriegseinwirkung insbesondere durch den 2. Weltkrieg wichtige Absatzmärkte verloren. Weiter ist in diesem Zusammenhang auf die Bildung von Wirtschaftsblöcken – z.B. die EG – hinzuweisen, was die ökonomische Konfrontation von dem Block angeschlossenen mit nicht angeschlossenen Ländern verschärfen kann. Der Ausweitung des Handelsverkehrs zwischen den Mitgliedsstaaten kann zum Teil ein verringerter Handelsverkehr mit Drittländern einhergehen.

Résumé

Eine Störung des Zahlungsbilanzgleichgewichts kann die Folge konjunktureller, struktureller und auch zufälliger Ursachen sein.

5. Flexible und fixe Wechselkurse

Nahezu jedes Land besitzt eine eigene Währung. Ausländische Zahlungsmittel werden im allgemeinen Devisen genannt. Das Wertverhältnis, das zwischen zwei internationalen Zahlungsmitteln besteht, nennt man den

Wechselkurs. Dieser bringt zum Ausdruck, zu welchem Preis die eigene nationale Geldeinheit gegen andere Valuten gehandelt werden kann.

Bei einem System von flexiblen Wechselkursen überläßt man die Kursbildung dem freien Spiel der Kräfte, sprich: Nachfrage und Angebot. Die Nachfrage nach Dollars kann etwa in Verbindung mit dem Import amerikanischer Lizenzen stehen. Das Angebot an Dollars hängt wiederum teilweise zusammen mit dem Export deutscher Automobile in die Vereinigten Staaten. Ist nun zu einem bestimmten Zeitpunkt die Nachfrage größer als das Angebot, dann wird der Preis für den Dollar steigen, mit anderen Worten: die eigene Valuta wird in Beziehung auf den Dollar im Wert sinken. Man spricht in diesem Zusammenhang von einer Wertminderung der DM. In einem derartigen Fall würden die amerikanischen Lizenzen für uns teurer und die deutschen Automobile für die Amerikaner billiger. Die Einfuhr amerikanischer Güter, d.h. die Nachfrage nach Dollars, würde zurückgehen und mehr deutsche Automobile verkauft werden, d.h. das Angebot an Dollars würde sich verstärken. Eine Wechselkursänderung würde ein Gleichgewicht der Zahlungsbilanz in bezug auf den Handel mit den Vereinigten Staaten herstellen.

Theoretisch ist dieses System ein prächtiger Gleichgewichtsmechanismus. In der Vergangenheit jedoch sind die Erfahrungen mit den faktisch flexiblen Wechselkursen ungünstig gewesen. Vor allem zwischen den beiden Weltkriegen hat der internationale Zahlungsverkehr nur wenige stabile Zeitabschnitte gekannt. Das Fluktuieren der Wechselkurse entmutigte den internationalen Handel. Die Länder mit Zahlungsbilanzdefiziten sahen sich öfters gezwungen, das Gleichgewicht mit Hilfe interventionistischer Maßnahmen herzustellen. Drastische Importbeschränkungen, Devisenrestriktionen und Lohnsenkungen mit dem Ziel einer gleichgewichtigen Zahlungsbilanz verfehlten ihre Wirkung. Jedes Land versuchte auf Kosten seiner Nachbarn eine Besserung zu erreichen. Weltweit wirkte dieses System einer „beggar your neighbour"-Politik genau entgegengesetzt und führte zu einem großen Rückgang des Welthandelsvolumens, zu Einkommensrückgängen und Arbeitslosigkeit.

Die ungünstigen Erfahrungen mit faktisch flexiblen Wechselkursen haben nach dem Zweiten Weltkrieg dazu geführt, daß man anfangs zu fixen Wechselkursen übergegangen ist. Bei diesem System können nationale Valuten zu festen Kursen gehandelt werden. Dies schafft dem internationalen Zahlungsverkehr die nötige Sicherheit. Vor allem bei aufgeschobenen Zahlungen oder Kapitalverflechtungen läuft man nicht Gefahr, später mit Kursänderungen konfrontiert zu werden.

Die Kursverhältnisse wurden im Jahre 1944 auf der Konferenz von Bretton Woods (USA) festgesetzt. Bei dieser Gelegenheit wurde auch der Internationale Währungsfonds (IWF) und die Bank für Internationalen Zahlungsausgleich (BIZ) mit Sitz in Basel gegründet. Die erste Institution wurde ins Leben gerufen, um die Währungen der angeschlossenen Länder nach dem Kriege auf eine dauerhafte Basis, nämlich Gold und Dollar zu gründen. Der IWF kann im Bedarfsfalle die von den Mitgliedern des Fonds eingebrachten Gelder den Ländern mit Zahlungsbilanzschwierigkeiten zur Verfügung stellen. Die zweite Einrichtung hat die Aufgabe, langfristige Kredite zu geben.

Nahezu alle nichtkommunistischen Länder wurden Mitglied des Fonds. Die Grundsätze des Vertrages von Bretton Woods lassen sich in zwei Punkten zusammenfassen, nämlich:

a) das Ziel, einen freien Zahlungsverkehr zuwege zu bringen zu Gunsten der Transaktionen auf laufende Rechnung,
b) das Bestreben, feste Wechselkurse zu etablieren, wobei jedes Land sich verpflichtet, ein festes Verhältnis zum Dollar und damit zum Gold einzuhalten.

Der Ausdruck fixe Wechselkurse bedeutet nicht, daß der Wechselkurs nicht schwanken kann. Der Kurs einer Währung kann sich innerhalb einer gewissen Marge ober- oder unterhalb des abgesprochenen Kurses bewegen, ohne daß die Deutsche Bundesbank die Spielregeln des IWF, dem die Bundesrepublik 1948 beitrat, verletzt. Wohl aber sind die Zentralbanken verpflichtet, bei Erreichen der Ober- oder Untergrenze die Kursbildung dadurch zu beeinflussen, daß sie unbeschränkt Valuten kaufen und verkaufen. Meist warten sie jedoch nicht, bis die Bewegungen des Wechselkurses die Interventionsschranken erreicht haben. Die Zentralbank wird in einem frühen Stadium versuchen, durch Operationen auf dem Devisenmarkt einer Tendenz steigender oder fallender Kurse entgegenzutreten.

Das System fester Wechselkurse legt allen untereinander verbundenen Ländern eine gewisse monetäre Disziplin auf. Ein Land, das eine größere Geldentwertungsrate besitzt als die Länder, mit denen es Handelsbeziehungen unterhält, hat irgendwann mit ernsthaften Zahlungsbilanzdefiziten zu kämpfen. Wenn kein Kapital eingeführt wird, fließen Gold und Devisen ab. Das Vertrauen in die betreffende Währung geht auf die Dauer verloren. Spekulanten flüchten aus dieser Währung und kaufen sogenannte härtere Valuten. Auf Grund dieser Spekulation kommt die überbewertete Währung noch stärker unter Druck und meist bleibt eine Neubewertung der Währungseinheit nicht aus. Wenn der Internationale Währungsfonds die Situation tatsächlich als fundamentales Ungleichgewicht erachtet, kann das Land zu einer Abwertung schreiten. (Bei Abwertungen bzw. Aufwertungen unter 10% kann jedes Land sogar ohne vorherige Genehmigung des IWF handeln). In bezug auf den Dollar wird der Wert der Währung gesenkt. Da ein fester Goldpreis in Dollars besteht, bedeutet eine Abwertung eine Erhöhung des Wertes des Goldvorrates der Zentralbank, in eigener Währung ausgedrückt.

Durch eine derartige Abwertung wird die Einfuhr abgebremst und die Ausfuhr angeregt. Das Ausmaß, in dem dies geschieht, hängt von der Preisempfindlichkeit der Ein- bzw. der Ausfuhr ab. Wenn die betreffenden Preiselastizitäten gering sind, nutzt die Abwertung wenig.

Der Effekt einer Abwertung geht aber auch verloren, wenn das Land, das abwertet, die Nachfrage nicht ausreichend in der Hand zu halten weiß. Die Überbewertung der Währung resultierte aus der Tatsache, daß die Ausgaben die inländische Produktionskapazität überstiegen. Eine Abwertung, die nicht kombiniert wird mit einem Programm einer Nachfragedämpfung, hat denn auch kaum andauernde Wirkung.

Eine Währung kann jedoch auch unterbewertet werden, z.B. wenn das inländische Preisniveau gegenüber der internationalen Preisbewegung hinterherhinkt. Es entstehen dann regelmäßig Überschüsse in der Zahlungsbilanz. Der Gold- und Devisenvorrat nimmt zu, wenn gleichzeitig Kapitalausfuhr stattfindet. Auf die Dauer kommt auch in diesem Fall das Lohn- und Preisniveau in Bewegung, weil die anhaltende Auslandsnachfrage einen Engpaß auf dem Arbeitsmarkt schafft. Eine Steigerung der Arbeitsproduktivität bietet wohl einigen Spielraum, aber wirkt auf lange Sicht einem aufwärts gerichteten Druck auf Löhne und Preise meist nicht ausreichend entgegen. Es ist ersichtlich, daß Länder, die einem Anstieg des Lohn- und Preisniveaus zuvorzukommen wünschen, ihre Währung den neuen Wertrelationen anpassen müssen, d.h. sie müssen aufwerten. Durch eine Aufwertung wird der Export gehemmt und der Import stimuliert.

Im allgemeinen ist das Vertrauen in das System der festen Wechselkurse in den letzten Jahren um einiges zurückgegangen durch die Defizite in der amerikanischen Zahlungsbilanz. Der Dollar ist nicht nur nationales Zahlungsmittel für die Amerikaner, sondern auch internationales Tauschmittel. Wie wir bereits festgestellt haben, ist der Dollar direkt an eine definierte Menge Gold gebunden. Wenn die Amerikaner zuviel Dollars in den internationalen Verkehr bringen, erwerben die Zentralbanken der Länder, denen die Dollars zufließen, in diesem Fall auf Grund einer passiven amerikanischen Zahlungsbilanz Forderungen auf Gold. Die Amerikaner kommen in Schwierigkeiten, wenn die Menge in Umlauf gebrachter Dollars zu groß ist im Hinblick auf ihren Goldvorrat. Wenn die kurzfristigen ausländischen Dollarverbindlichkeiten der Vereinigten Staaten den offiziellen Goldvorrat zu stark übersteigen, ist die Eintauschmöglichkeit der Dollar in Gold für ausländische Gläubiger nicht mehr gegeben. Im Laufe des Jahres 1971 mußte Amerika diese Konvertibilität des Dollars dann auch aufgeben. Auf der internationalen Währungskonferenz von Washington im Dezember 1971 wurde die Konvertibilität noch nicht wiederhergestellt.

Résumé

Das Vertrauen in ein System internationalen Zahlungsverkehrs wird unterhöhlt, wenn die partizipierenden Länder die monetären Spielregeln unzureichend beachten.

6. Internationale Zahlungsmittel

Manche Leute befürchten, daß die wachsende Weltwirtschaft in Zukunft nicht in ausreichendem Maße über Finanzierungsmittel verfügen wird. Die Zunahme des wertmäßigen Welthandels ist bis zu einem gewissen Grade ein brauchbarer Maßstab zur Bestimmung der Menge an Finanzierungsmitteln, die die Länder benötigen, um ihre Zahlungsbilanzdefizite zu finanzieren. Es ist offenbar, daß die Weltgoldproduktion in keiner Weise in der Lage ist, diesem wachsenden Bedürfnis entgegenzukommen. Zusätzlich wird in zunehmendem Maße den monetären Instanzen Gold durch privates spekulatives Horten entzogen. Seit der Konferenz von Bretton Woods bürgerte sich in großem Maßstab die Gewohnheit ein, den Dollar als internationales Zahlungsmittel anstelle von Gold zu verwenden. Das englische Pfund qualifizierte sich bereits vor dem zweiten Weltkrieg in diesem Sinne. Der Dollar und das Pfund werden als Reservewährungen verwendet. Neben Gold halten die europäischen Länder große Teile ihrer Reserven in Form von Reservewährungen; weiter verfügen sie über einige Kreditfazilitäten in Höhe der Regelungen des IWF, des Zehnerklubs und einiger Sonderregelungen. Die Mittel, die den monetären Instanzen momentan als Reserve zur Verfügung stehen im Falle eines eventuellen Zahlungsbilanzdefizits sind Gold, Reservewährungen und Kreditfazilitäten. Bei den Kreditfazilitäten können keine scharfen Grenzen gezogen werden in dem Sinne, ob es sich um internationale Liquidität handelt oder nicht. Die Art der Bedingungen bei der Kreditvergabe ist maßgebend, ob sie zu den Reserven gerechnet werden können. Eine Kreditaufnahme z. B. mit einer langen Laufzeit und einem strengen Tilgungsplan ist weniger geeignet, als Liquidität verstanden zu werden, denn schließlich besteht sie definitionsgemäß aus Aktiva, die man jederzeit zu allen Zwecken in alle Richtungen verwenden kann. Die Sonderziehungsrechte im Rahmen des IWF genügen dieser Bedingung. Der IWF versetzt die angeschlossenen Länder in die Lage, bei Zahlungsschwierigkeiten unmittelbar diese Kreditfazilitäten in Anspruch nehmen zu können.

Im Herbst des Jahres 1967 wurde bei der Jahrestagung des IWF in Rio de Janeiro beschlossen, spezielle Ziehungsrechte zu schaffen, die vorläufig den Bedarf an internationalen Zahlungsmitteln stillen müssen.

Während die normalen IWF-Kredite nach 3–5 Jahren zurückbezahlt werden müssen, muß ein Land, das in vollem Umfange von seinen Ziehungsrechten Gebrauch macht, in je fünf Jahren nur 30% zurückzahlen. Mit anderen Worten: 70% der Sonderziehungsrechte stellen dann eine Nettoerhöhung der Weltliquiditätsreserven dar.

Résumé

Die Diskussion über die internationalen Liquiditäten lehrt, daß das Gold auf die Dauer im internationalen Verkehr an Bedeutung verliert.

7. Die Entwicklungsländer

Die internationalen Beziehungen stehen gegenwärtig in hohem Maße unter dem Einfluß der Probleme, mit denen die Entwicklungsländer zu kämpfen haben. Ein gemeinsames Kennzeichen der Entwicklungsländer ist ihr niedriges Pro-Kopf-Einkommen, wie es am Beispiel Indiens aus folgender Tabelle ersichtlich ist:

Länder	Volkseinkommen pro Kopf	
	1962	1963
BRD	4 775	5 020
USA	9 800	10 160
Indien	274	304

Das niedrige Einkommen bringt es mit sich, daß oft kein Sparprozeß möglich ist, so daß die Investitionen durch Kapitaleinfuhr finanziert werden müssen.

Im übrigen überwiegen die Unterschiede die übereinstimmenden Kennzeichen zwischen den Entwicklungsländern. Was das Pro-Kopf-Einkommen betrifft, gibt es Länder, in denen das Einkommen pro Kopf steigt, gleichbleibt und fällt. Obwohl es Länder gibt, die mit sehr starkem Bevölkerungswachstum zu kämpfen haben, wie Indien, gibt es auch Entwicklungsländer mit einem weniger starken Bevölkerungswachstum, etwa in Afrika und Lateinamerika. Einige Entwicklungsländer sind von Natur aus reich an Grundstoffen, andere verfügen kaum über natürliche Hilfsquellen. Es gibt Entwicklungsgebiete mit einer sehr einseitigen Agrarstruktur und andere, bei denen auch eine gewisse industrielle Produktion vorhanden ist. Die pessimistische Vision von Malthus in bezug auf die Entwicklung der Wirtschaftssysteme mag nicht auf einige westliche Wirtschaften zutreffen; bei einer Anzahl Entwicklungsländer mit einem niederen Pro-Kopf-Einkommen und starkem Bevölkerungswachstum sowie überwiegend agrarischer Struktur trifft sie genau den Kern der Wahrheit.

Durch das ungünstige Verhältnis der Einfuhr zur Ausfuhr, kämpfen einige Entwicklungsländer mit Zahlungsbilanzproblemen. Das Exportgüterpaket ist oft sehr einseitig und ist fortwährend vom technischen Fortschritt bedroht; auch haben die Preise der angebotenen Güter oft die Neigung zu fallen.

Den Entwicklungsgebieten kann allein geholfen werden, indem man ein Welthilfsprogramm aufstellt. Die reichen Länder der westlichen Welt sollten zu diesem Zweck etwas von ihrem Wohlstand abgeben. Auf nationaler Basis sind wir an einen derartigen Prozeß gewöhnt. Der Staat verteilt Einkommen von hohen zu niedrigen Einkommen um. Auf diese Weise wird die nationale Einkommensverteilung einigermaßen nivelliert. Genauso hat man sich eine internationale Einkommensumverteilung vorzustellen. Eine Schwierigkeit bei einem derartigen Prozeß ist die Form, in der die Hilfe gegeben werden soll. Im allgemeinen ist man der Ansicht, daß es zu vermeiden ist, Gelder zu übertragen, die ausschließlich einer kleinen herrschenden Klasse zugute kommen. Die Hilfe muß auf die Erhöhung des Produktionspotentials der Entwicklungsgebiete selbst gerichtet sein, wodurch der Lebensstandard erhöht werden kann. Bedacht muß werden, daß im Rahmen der Hilfe für diese Länder nicht ausschließlich wirtschaftliche, sondern auch politische Überlegungen eine Rolle spielen.

Résumé

Die Organisation der Hilfe für Entwicklungsländer muß genau den Unterschieden zwischen diesen Ländern Rechnung tragen.

8. Internationale Organisationen

In diesem Paragraphen besprechen wir einige internationale Organisationen. Wir beginnen mit dem G.A.T.T. Das General Agreement on Tariffs and Trade stammt aus dem Jahre 1947. Ziel im Rahmen dieses Übereinkommens ist es, Behinderungen des internationalen Handels abzuschaffen. Solche Behinderungen können sein: Zolltarife und Einfuhrbeschränkungen quantitativer Art.

Von großer Wichtigkeit ist die sogenannte Meistbegünstigungsklausel: Gewährt ein Land einem anderen bestimmte Zollermäßigungen, dann können alle anderen Partnerländer dieselben Vorrechte einfordern.

Im Rahmen des G. A. T. T. wurden die sogenannten Kennedy-Gespräche geführt. Die *Kennedy-Runde* entstand aus einer Idee des Präsidenten Kennedy im Jahre 1962, derzufolge eine wesentliche Senkung der Einfuhrgenehmigungen den bilateralen Handel zwischen Europa und Amerika stimulieren sollte. Nachdem auch Japan und viele Entwicklungsländer an den Verhandlungen teilnahmen, erhielt die Kennedy-Runde eine weltumspannende Bedeutung. Im Mai 1967 wurde eine Übereinstimmung erreicht, die zur Folge hatte, daß für 80% des Welthandels in einem Zeitraum von 5 Jahren eine Senkung von durchschnittlich 35% der Einfuhrbeschränkungen erreicht wurde. Obendrein werden die reichen Länder jedes Jahr zusammen 4½ Millionen Tonnen Weizen den Entwicklungsländern kostenlos zur Verfügung stellen; weiterhin wurden spezielle Regelungen getroffen, diesen Ländern bei ihren Bemühungen um erhöhte Ausfuhren behilflich zu sein.

Die O.E.E.C. (Organisation for European Economic Cooperation) ist – der Name sagt es bereits – eine europäische Angelegenheit. Diese Organisation entstand 1947, um die amerikanische Hilfe gemäß des Marshall-Plans in die richtigen Bahnen zu leiten. Siebzehn europäische Länder sind dieser Vereinigung angeschlossen. Im Laufe der Jahre verlegte die O.E.E.C. den Schwerpunkt ihrer Arbeit auf die Liberalisierung des europäischen Handels- und Zahlungsverkehrs. Zu dem letzten Zweck wurde die E.Z.U. (Europäische Zahlungsunion) errichtet. Diese verrechnete die Forderungen und Schulden von Ländern und verliehenen Krediten. Im Jahre 1958 wurde die Konvertibilität hergestellt: Alle Währungen wurden wieder untereinander unbeschränkt einwechselbar. Die E. Z. U. wurde zum E. W. A. (Europäisches Währungsabkommen). Der kraft dieses Übereinkommens errichtete Fonds hat in Europa ungefähr dieselbe Aufgabe wie der I. W. F in der Welt. Im Jahre 1961 wurde die O. E. E. C. zur O. E. C. D. (Organisation for Economic Cooperation and Development). Neben den nichtkommunistischen europäischen Ländern traten auch die Vereinigten Staaten und Kanada bei. Im Jahre 1963 ist sogar Japan Mitglied geworden. Der Akzent in der Zielsetzung ist in Richtung auf Hilfe für in der Entwicklung zurückgebliebene Gebiete und Erweiterung des Welthandelsvolumens verschoben.

Im Jahre 1944 beschlossen Belgien, die Niederlande und Luxemburg die Errichtung einer Zollunion mit Namen Benelux. Von einer Zollunion spricht man, wenn ein freier Handelsverkehr zwischen den betreffenden Ländern möglich ist, weil die Zölle und andere Beschränkungen untereinander abgeschafft sind. Gegenüber Drittländern besteht ein gemeinschaftlicher Außenzoll. Im Jahre 1960 wurde die Benelux zu einer Wirtschaftsunion erweitert und damit ein weiterer Schritt in Richtung auf eine allgemeine wirtschaftliche Integration unternommen. Eine Wirtschaftsunion verfolgt u. a. folgendes:

1. freien Verkehr von Gütern, Diensten, Personen und Kapital;
2. eine gemeinschaftliche Handelspolitik gegenüber Drittländern;
3. gemeinschaftliche Organe;
4. Koordination der Wirtschaftspolitik (Konjunktur-, Struktur- und Landwirtschaftspolitik ebenso wie monetäre, Fiskal- und Sozialpolitik.

Die Zusammenarbeit auf dem Gebiete der Landwirtschaft läßt noch zu wünschen übrig. Belgien z.B. fürchtet die Einfuhr billiger Milchwirtschafts- und Gartenbauprodukte. Beim Integrationsstreben innerhalb der Benelux sind wertvolle Erfahrungen gewonnen worden, die nützlich waren für das Streben nach Integration in einem großräumigeren europäischen Verband.

Die Europäische Gemeinschaft für Kohle und Stahl wurde im Jahre 1952 gegründet. Bereits kurz nach dem Weltkrieg ist man daran gegangen, etwas auf die Beine zu stellen mit dem Ziel, einem neuen Konflikt zwischen Frankreich und Deutschland zuvorzukommen. 1950 führte dieser Gedanke zum Schuman-Plan (Robert Schuman, Frankreich), der beabsichtigte, die französische und die deutsche Kohlen- und Stahlproduktion in einer einzigen Organisation unterzubringen, an der auch die anderen europäischen Länder partizipieren sollten. Der E.G.K.S. gehören Frankreich, die Bundesrepublik, Italien und die Benelux-Staaten an, dieselben Länder, die auch die E.W.G. bildeten (vgl. VI, 7). Die Zielsetzungen der E.G.K.S. sind:

1. Ein gemeinschaftlicher Markt mit freiem Verkehr für Kohle und Stahl,
2. eine gemeinschaftliche Politik zu führen, insbesondere eine gemeinschaftliche Konkurrenzwirtschaft, eine gemeinschaftliche Preis- und Produktionspolitik sowie eine gemeinschaftliche Investitionspolitik.

Die Organisation der E.G.K.S. war absichtlich supranational, d.h. daß die höchste Gewalt bei einer Institution beruhte, die oberhalb der nationalen Regierungen stand. Die Organisationen, die bis dato zur Sprache kamen (IWF, GATT, OECD und Benelux) sind alle auf Regierungsebene organisiert, d.h. daß ihre Gewalt auf sämtlichen nationalen Regierungen beruht.

Die „Regierung" der E.G.K.S. war bis zur Fusion der ausführenden Organe die Hohe Behörde, die in Luxemburg residierte. Die Belange der Partnerländer werden vom Ministerrat, in dem die Minister für Wirtschaft der sechs Länder Sitz und Stimme haben, wahrgenommen. Die demokratische Kontrolle wird vom Europäischen Parlament (142 Abgeordnete), das meist in Straßburg tagt, ausgeübt. Es ist beabsichtigt, daß irgendwann in der Zukunft dieses Parlament durch allgemeine Wahlen in Europa gewählt wird. Die Rechtsprechung ist in Händen des Justizhofes in Luxemburg. Die Einrichtung der E.G.K.S. hat zu einer Zunahme der Konkurrenz und damit zu erhöhter Effizienz geführt, unrentable Bergwerke wurden stillgelegt bei simultaner Berücksichtigung der sozialen Probleme, die hieraus erwachsen.

Eine große Schwierigkeit ist, daß unter den E.G.K.S.-Vertrag keine anderen Energiequellen (Öl, Gas, Kernenergie) fallen.

Im Jahre 1957 wurden in Rom der E.W.G.-Vertrag sowie der Euratom-Vertrag unterzeichnet. Am 1. Januar 1958 traten die Übereinkünfte gemäß diesem Vertrag in Kraft.

Die Europäische Wirtschaftsgemeinschaft, auch Gemeinsamer Markt oder Europäischer Markt genannt, umfaßt die Länder, die auch Mitglied der E.G.K.S. sind: Frankreich, die Bundesrepublik Deutschland, Italien und die Benelux-Staaten (Gesamteinwohnerzahl 180 Mill., vgl. Vereinigte Staaten mit ca. 192 Mill.). Neben diesen gibt es assoziierte Gebiete wie einige Länder Französisch-Afrikas, Surinam und die Niederländischen Antillen, Griechenland und die Türkei. Jedes europäische Land kann beitreten. Im Jahre 1963 ist der Beitritt Großbritaniens durch Frankreichs Veto unmöglich gemacht worden. Im Jahre 1967 hat England einen neuen Versuch unternommen, in die E.W.G. aufgenommen zu werden, wiederum ohne Erfolg. Zu Beginn des Jahres 1972 ist aber der Beitrittsvertrag zur Europäischen Gemeinschaft durch England, Norwegen, Dänemark und Irland unterzeichnet worden. Später in diesem Jahr ergaben Volksbefragungen, daß Dänemark und Norwegen nicht beizutreten wünschten. Die wichtigsten Zielsetzungen des E.W.G.-Vertrages sind:

1. Einen freien Verkehr an Gütern und Diensten, Personen und Kapital zustande zu bringen;
2. Eine gemeinschaftliche Wirtschaftspolitik in ersten Ansätzen, vor allem auf den Gebieten der Landwirtschaft, des Verkehrs, der Wettbewerbs- und Handelspolitik zu schaffen.

Ad 1:

Der freie Verkehr für Güter und Dienste wurde durch Abschaffungen der gegenseitigen Zölle und anderer Handelsbarrieren erreicht. Am 1. Juli 1968 fielen die letzten Zollschranken. In diesem Zusammenhang kann man sich die Frage vorlegen, ob die gegenseitige Bevorrechtigung der EWG-Länder nicht im Widerstreit mit der Meistbegünstigungsklausel des G.A.T.T. liegt. Das G.A.T.T. macht aber u.a. für Zollunionen und Wirtschaftsgemeinschaften eine Ausnahme von dieser Bestimmung.

Der freie Verkehr von Personen und Kapital hat zum Ziel, daß die Produktionsfaktoren dort eingesetzt werden, wo sie den größten Beitrag zur Wohlfahrt leisten. Dies bedeutet, daß die Länder z.B. untereinander Ausbildung, Sozialversicherungen, Niederlassungsfreiheit usw. akzeptieren müssen.

Ad 2:

Die Koordination der Wirtschaftspolitik ist eine sehr schwierige Sache. Dabei werden die nationalen Regierungen einen Teil ihrer Souveränität preisgeben müssen. Die verschiedenen nationalen Beschlüsse und Regelungen auf dem Gebiet der Agrarpolitik, Sozialpolitik, Finanzpolitik, Verkehrspolitik usw. müssen einander angeglichen werden. Auch auf dem Gebiete der Wachstumspolitik, der Geldpolitik, der Haushaltspolitik und der Zahlungsbilanzpolitik wird man zu einer echten Zusammenarbeit kommen müssen.

Am 1. Juli 1967 trat ein Vertrag in Kraft, durch den die ausführenden Organe (Hohe Behörde und die Kommissionen) zusammengefaßt wurden. Jetzt besteht nur noch eine einzige Kommission, deren Mitgliederzahl zeitweise bis zu 14 Mitgliedern beträgt. Dieser Zusammenschluß muß als ein erster Schritt auf dem Wege zu einer Vereinigung der drei Verträge gesehen werden.

Die neue Europäische Kommission tagt in Brüssel. Außerdem gibt es einen Ministerrat, der sich aus Ministern der nationalen Regierungen zusammensetzt. Die demokratische Kontrolle und die Rechtsprechung sind in Händen des bereits genannten Europa-Parlamentes und des Justizhofes. Ein wichtiges Beratungsorgan der Kommission ist das Wirtschafts- und Sozialkomitee, das eine ähnliche Zusammensetzung und Funktion hat wie der niederländische „Social-Economische Raad“.

Die Abschaffung der Zölle hat zu einer großen Zunahme des wechselseitigen Güter- und Dienstleistungsverkehrs geführt. Der Handel zwischen den sechs EWG-Ländern hat sich zwischen 1958 und 1972 versiebenfacht, die Einfuhr von außen nahm um 250% zu, die Ausfuhr um ebenfalls 250%. Auf dem Gebiete der Koordination der Politik sind die Fortschritte noch sehr gering. Unter großen Schwierigkeiten ist z.B. im Mai 1966 die Einigung in den Agrarfragen zustandegekommen.

Die E.F.T.A (European Free Trade Association) wurde im Jahre 1959 durch Großbritannien, Schweden, Norwegen, Dänemark, die Schweiz, Österreich und Portugal errichtet. Die E.F.T.A. entstand als Reaktion auf die Gründung der E.W.G. Ihr Ziel war es, unter den Mitgliedern die Zölle und andere Handelsbeschränkungen abzuschaffen. Die Mitgliedsländer errichten eigene Außenzolltarife gegenüber Drittländern; es gibt keinen gemeinschaftlichen Außenzoll. In Verbindung mit dem Eintritt Englands und Dänemarks zur E.G. sind diese Länder aus der E.F.T.A. ausgeschieden.

Résumé

Auf z.T. sehr unterschiedliche Art und Weise versucht man die internationale Zusammenarbeit zu organisieren.

9. Die makroökonomische Bilanzgleichung

Das Nettosozialprodukt für eine geschlossene Volkswirtschaft mit staatlicher Aktivität beträgt $W=C+I+A_{St}$. Hierdurch entsteht ein Volkseinkommen Y, das gleich W ist und auf C, S und T verteilt wird. Nun, da wir Beziehungen mit dem Ausland in unsere Analyse eingeführt haben, müssen wir unsere Darstellungen in bezug auf Entstehung und Verwendung des Volkseinkommens den neuen Gegebenheiten anpassen. Es geht hierbei um zwei neue makroökonomische Größen, nämlich den Strom der exportierten Güter und Dienste E und den Strom der importierten Güter und Dienste M.

Das Produktionsergebnis besteht nun nicht nur aus den Beträgen von C, I und A_{St}, sondern auch aus dem Export. Zu der Summe aus Konsum, Investition und Staatsausgaben müssen wir deshalb noch den Export addieren. Zur Berechnung des Nettosozialprodukts haben wir aber von diesem Betrag den Wert der Einfuhr abzuziehen, weil in einer offenen Volkswirtschaft die aus dem Ausland eingeführten Güter und Dienste bereits in C, I, A_{St} und E stecken. Die Einfuhr stellt den Teil der Beträge von C, I, A_{St} und E dar, der vom Ausland beigesteuert wird. In einer offenen Volkswirtschaft wird ein Teil der Wertschöpfung vom Ausland erwirtschaftet. Für die Entstehung des Volkseinkommens in einer offenen Wirtschaft erhalten wir also die folgende Gleichung:

(1) $$W=C+I+A_{St}+E-M\,.$$

Das Volkseinkommen Y wird für C, T und S verwendet, so daß auch gilt:

(2) $$Y = C + S + T.$$

Aus diesen beiden Identitäten folgt nun nicht mehr die einfache expost-Identität $S = I$, die für eine geschlossene Volkswirtschaft ohne staatliche Aktivität galt, sondern

(3) $$I + A_{St} + E = S + T + M.$$

Allein wenn die Staatsausgaben gleich den Steuern und obendrein der Wert der Ausfuhr gleich dem Wert der Einfuhr ist, besteht die bisherige $I = S$-Identität noch. Wir fragen uns nun wieder, in welcher Höhe ein Volkseinkommen entsteht, wenn wir von einer gegebenen Produktionskapazität ausgehen und die effektive Nachfrage die Höhe des Volkseinkommens bestimmt. Zu diesem Zweck werden wir annehmen, daß die Investitionen, die Staatsausgaben und der Export autonom bestimmt sind, d.h. unabhängig von der Höhe des Volkseinkommens vorhanden sind. Der Einfachheit halber unterstellen wir also:

(4) $$I = I_0,$$

(5) $$A_{St} = A_{St,0},$$

(6) $$E = E_0.$$

Weiter gehen wir davon aus, daß die Einfuhr einen konstanten Bruchteil des Volkseinkommens ausmacht, mit anderen Worten, daß M proportional mit Y verbunden ist. Der konstante Bruchteil heißt marginale Importquote m, so daß also die Gleichung für die Einfuhr lautet:

(7) $$M = m \cdot Y.$$

Mit Hilfe von bereits im Paragraphen 9 des vorigen Kapitels eingeführten Beziehungen kann nun das ganze Modell angeschrieben werden. Es lautet wie folgt:

(8) $$Y = C + I + A_{St} + E - M,$$

(9) $$C = c(Y - T) + C_0,$$

(10) $$I = I_0,$$

(11) $$A_{St} = A_{St,0},$$

(12) $$E = E_0,$$

(13) $$M = m \cdot Y,$$

(14) $$T = t \cdot Y.$$

(8) stellt die bereits bekannte Gleichgewichtsbedingung in modifizierter Form dar. Für das gleichgewichtige Volkseinkommen $\bar{Y}$ erhalten wir nun:

$$\bar{Y} = \frac{I_0 + A_{st,0} + E_0 + C_0}{1 - c(1 - t) + m}.$$

Setzen wir $A_{St,0}$, E_0, t und m gleich Null, dann erhalten wir den bereits im Kapitel III für $\bar{Y}$ bestimmten Gleichgewichtswert. Wenn die autonomen Investitionen oder die autonomen Staatsausgaben oder der autonome Export oder der autonome Konsum erhöht wird, dann steigt das gleichgewichtige Volkseinkommen $\bar{Y}$ um mehr als die primäre Zunahme. Dies ist der Multiplikatoreffekt. Im einfachen Modell des Kapitels III ist der Multiplikator k gleich $\frac{1}{1-c}$. Der Multiplikator des im vorigen Kapitel besprochenen Modells beträgt $\frac{1}{1-c(1-t)}$ und der Multiplikator des Modells, in dem den Beziehungen mit dem Ausland Rechnung getragen wurde, beläuft sich auf

$$\frac{1}{1-c(1-t)+m}$$

Der Multiplikator ist also immer kleiner geworden.

Résumé

Das Keynes'sche Modell zur Erklärung der Höhe des Volkseinkommens beschreibt nun auch die Beziehungen mit dem Ausland.

10. Schlußbemerkungen

Nacheinander haben wir die Zahlungsbilanz, den Wechselkurs, Auf- und Abwertung, die Ziehungsrechte, internationale Zahlungsmittel und einige internationale Organisationen behandelt.

Im Grunde ging es immer um die Kontrolle der Ausgaben und um die Anregung des Produktionskapazitätenwachstums. Die erste Aufgabe ist ein konjunkturelles, die zweite ein Struktur- und Wachstumsproblem. Wenn man von einem regelmäßigen technischen Wandel ausgeht, ist das Wachstumsproblem letzten Endes die Frage, in welchem Umfang man gewillt ist, heutigen Konsum durch zukünftigen zu ersetzen. Diese Frage ist für jedes Land wieder anders zu beantworten. Für die Bundesrepublik ist vor allem ein weiteres Wachstum von Bedeutung. Wenn wir im internationalen Wettbewerb unsere wirtschaftliche Position erhalten wollen, müssen wir unsere Produktion fortlaufend steigern. Bei den beschränkten natürlichen Ressourcen unseres Landes werden wir gezwungen sein, insbesondere den technischen Wandel durch entsprechende Maßnahmen zu stimulieren sowie die Qualität des Faktors Arbeit durch sogenannte Bildungsinvestitionen zu verbessern.

Für das Konjunkturproblem spielen viele Instrumente und Ziele eine Rolle. Man versucht in dieser Hinsicht ein Ausgaben-, ein monetäres und ein Zahlungsbilanzgleichgewicht zu erreichen. Die staatliche Wirtschaftspolitik kann eine bestimmte Haushaltspolitik verfolgen, Lohnbildung und Preisentwicklung beeinflussen und den Wechselkurs manipulieren. Die Deutsche Bundesbank kann Diskont-, Offenmarkt- und Mindestreservepolitik betreiben und auf diese Weise versuchen, die Kaufkraft unseres Geldes zu erhalten.

Die gesellschaftlichen Bedingungen ändern sich von Tag zu Tag. Die wirtschaftliche Problematik bleibt aber im Kern immer dieselbe. Sowohl mikro- als auch makroökonomisch gilt, daß die Spannungen zwischen Bedürfnissen und den Mitteln zu ihrer Befriedigung, zwischen Nachfrage und Angebot, zwischen Nachfrage und Produktionskapazität zu einer Wahl unter mehreren Alternativen zwingen, um die Spannungen so gut als möglich zu beseitigen.

Fragen:

1. *Was sind komparative Kostenunterschiede?*
2. *Warum ist die Zahlungsbilanz formal immer im Gleichgewicht?*
3. *Was bedeutet eine Aufwertung für unsere Einfuhr?*
4. *Warum ist der Multiplikator in einer offenen Wirtschaft kleiner als in einer geschlossenen?*
5. *Welche Unterschiede gibt es zwischen einer Zollunion. einer Wirtschaftsunion und einer Freihandelszone?*
6. *Was bedeutet die Meistbegünstigungsklausel?*
7. *Was ist eine supranationale Organisationsform?*
8. *Was versteht man unter dem offenen Charakter der E.G.?*
9. *Ist Norwegen der E.G. beigetreten?*
10. *Aufgrund welcher Ursachen kann das materielle Gleichgewicht der Zahlungsbilanz gestört werden?*

Aufgaben:

1. *Welche Posten finden wir in der Zahlungsbilanz in irgendeiner Form?*
   a) Die Ausgaben amerikanischer Touristen beim Oktoberfest in München.
   b) Die Dividenden, die an ausländische Aktienbesitzer bezahlt werden.
   c) Den Abfluß von Kreditmitteln im Rahmen einer dem Ausland eingeräumten Anleihe.
2. *Diskutieren Sie, in welcher Weise eine inländische Lohnerhöhung das Gleichgewicht der Zahlungsbilanz beeinflußt.*
3. *Führen Sie an, welche Vorteile den Konsumenten aus einem weiteren Ausbau der E.G. erwachsen.*
4. *Welchen Einfluß hat die Abschaffung der Ein- und Ausfuhrbeschränkungen auf den Standort der Industrie in den EG-Ländern?*

5. *Führen Sie aus, auf welche Weise der Wettbewerb auf dem europäischen Markt sowohl zu- als auch abnehmen kann.*
6. *Ist es makroökonomisch gesehen richtig, die Löhne in einer Situation der Übernachfrage (bei gleichbleibender Arbeitsproduktivität) zu erhöhen? Wer wird auf eine Lohnerhöhung in dieser Situation drängen? Macht es für die Antwort einen Unterschied, ob das Ausland in die Überlegungen einbezogen wird oder nicht?*
7. *Für eine offene Volkswirtschaft gelten folgende Beziehungen:*

$C = \frac{2}{3}(Y-T)+40,$

$I = 50,$

$A_{St} = 30,$

$M = \frac{1}{10}Y,$

$T = \frac{1}{10}Y,$

$E = 20.$

Das Gleichgewicht wird bestimmt, in dem das Volkseinkommen als Summe der Ausgaben definiert wird.

a) *Bestimmen Sie Y.*

b) *Wie lautet der Multiplikator des Modells?*

c) *Wenn A_{St} von 30 auf 40 ansteigt, folgt eine Wirkung auf Y. Wie groß ist diese, wenn der Ausgabestoß in jeder weiteren Periode anhält?*

8. *Betrachten wir folgendes keynesianisches Modell einer offenen Volkswirtschaft mit staatlicher Aktivität:*

$C = c(Y-T)+C_0$

$I = I_0,$

$M = m(C+E),$

$E = E_0,$

$T = t\cdot Y,$

$A_{St} = A_{St,0},$

$Y = C+I+E-M.$

a) *Bestimmen Sie den Gleichgewichtswert des Volkseinkommens.*

b) *Welche Multiplikatoren können in diesem Modell unterschieden werden?*

c) *Es sei $c=\frac{3}{4}$, $m=\frac{1}{2}$, $t=\frac{1}{2}$. Wie groß ist der Multiplikator in bezug auf eine autonome Zunahme des Exports und wie groß ist er in bezug auf eine Zunahme der Staatsausgaben?*

d) *Erklären Sie, warum in diesem Modell der zweite Multiplikator größer ist als der erste.*

Übersicht über die verwendeten Begriffe und Beziehungen

I. Grundbegriffe

Volkswirtschaftslehre, die Wissenschaft, die sich mit der Erklärung derjenigen Erscheinungen befaßt, die aus der Knappheit erwachsen.
Knappheit, die Spannung, die zwischen Bedürfnissen und Mitteln zu ihrer Befriedigung besteht.
Gut, jedes Mittel, das ein Bedürfnis erzeugen kann.
Nutzen, das Vermögen eines Gutes, Bedürfnisse zu befriedigen.
Wohlfahrt, Niveau der Bedürfnisbefriedigung, vor allem abhängig von der Verwendung knapper Güter.
Konsumieren, Der Kauf von Gütern durch die Haushalte.
Produzieren, Die Kombination von Produktionsfaktoren in den Unternehmungen.
Produktionsfaktoren, Natur, Arbeit und Kapital.
Von diesen dreien ist das Kapital ein abgeleiteter Produktionsfaktor. Natur und Arbeit sind ursprüngliche Produktionsfaktoren.
Arbeitsproduktivität, Produktion je Arbeiterstunde.
Arbeitsteilung, die Tatsache, daß sich jeder Mensch auf einen bestimmten Teil des Produktionsprozesses verlegt.
Tausch, der Austausch von Gütern entweder auf direktem Wege (Naturaltausch) oder mit Hilfe von Geld als Zwischenglied (Gut – Geld – Gut).
Zentralverwaltungswirtschaft, eine zentral gelenkte Wirtschaft, auch Zentralplanwirtschaft genannt.
Freie Marktwirtschaft, eine Wirtschaftsordnung, in der die wirtschaftlichen Entscheidungen von den Individuen in voller Freiheit vorgenommen werden.
Daten, Fakten und Grenzen der Wirtschaftswissenschaft, deren Erklärung anderen Wissenschaften überlassen wird.
Deduktion, die wissenschaftliche Methode, bei der ausgehend von einigen Hypothesen allgemeine Schlüsse auf dem Wege logischer Ableitungen gewonnen werden.
Induktion, die wissenschaftliche Methode, bei der, ausgehend von empirischem Material, allgemeine Schlüsse auf dem Wege logischer Ableitungen gewonnen werden.

II. Makroökonomische Größen

Makroökonomische Theorie, Beschreibung des Wirtschaftsprozesses mit Hilfe aggregierter Größen.

Mikroökonomische Theorie, Beschreibung des Wirtschaftsprozesses bei den Haushalten und Unternehmungen.
Kreislauf, Zusammenfassung der Geld- und Güterströme zwischen Unternehmungen und Haushalten.
Umlaufendes Kapital, Kapitalgüter, die im Verlaufe des Produktionsprozesses in das Produkt eingehen.
Fixes Kapital, Kapitalgüter mit einer Nutzungsdauer, die länger als der Produktionsprozeß ist.
Volkseinkommen, Summe von Löhnen und Gehältern, Zins, Miete, Pacht und Gewinn. Symbol: Y.
Sozialprodukt, der Wert der in einem Jahr produzierten Güter und Dienste. Symbol: W.
Bruttowertschöpfung, Differenz zwischen dem Wert der Produktion und dem Wert der verbrauchten Grund- und Hilfsstoffe.
Nettowertschöpfung, Differenz aus Bruttowertschöpfung und Abschreibungen.
Ersatzinvestitionen, Ersatz der Kapitalgüter auf Grund des Verschleißes im Produktionsprozeß.
Erweiterungsinvestitionen, über die Ersatzinvestitionen hinausgehende Erweiterung des Kapitalstockes.
Nettoinvestitionen, Investitionen, die aus Erweiterungsinvestitionen und Lagerbestandsveränderungen bestehen.
Konsum, der Teil des Volkseinkommens, der von den Haushalten zu Konsumzwecken verwendet wird. Symbol: C.
Sparen, der Teil des Volkseinkommens, der von den Haushalten nicht konsumiert wird. Symbol: S.
Verwendungsgleichung des Volkseinkommens, $Y=C+S$.
Entstehungsgleichung des Sozialprodukts, $W=C+I$.

III. Die Höhe des Volkseinkommens

Konsumfunktion, Beziehung zwischen C und Y (resp. W). Wenn $C=cY+C_0$, wobei $0<c<1$, ist c die marginale Konsumquote. Beispiel: $C=\frac{3}{4}Y+200$, dann ist die marginale Konsumquote gleich $\frac{3}{4}$. Die durchschnittliche Konsumquote ist dann $C/Y=\frac{3}{4}+200/Y$.
Autonome Investitionen, Investitionen, die nicht von W abhängen. I ist also ein konstanter Wert I_0.
Effektive Nachfrage, die Nachfrage, die von Haushalten und Unternehmungen nach Konsum C und Investition I ausgeht. Bestimmung von W (und Y):

$$W=C+I$$
$$C=cW$$
$$I=I_0$$

Also: $$W=cW+I_0$$

oder: $$(1-c)\cdot w=I_0$$

ergibt: $$W=\frac{I_0}{1-c}.$$

Wählen wir $I_0=200$ und $c=\frac{2}{3}$, dann ist $W=600$. W (resp. Y) hängt also von den autonomen Investitionen und der Konsumneigung ab.
Beschäftigungsniveau, die Zahl an Arbeitskräften, die bei gegebenem Produktionsumfang beschäftigt werden kann. Wenn bei gleichbleibendem c, I_0 fällt, ist der Beschäftigungsgrad rückläufig.

Die marginale Konsumquote $c = \dfrac{\Delta C}{\Delta Y}$.

Die marginale Sparquote $s = \dfrac{\Delta S}{\Delta Y}$.

Es gilt: $c+s=1$ oder $s=1-c$

Der Multiplikator $k = \dfrac{1}{1-c} = \dfrac{1}{s}$ (geschlossene Volkswirtschaft ohne staatliche Aktivität).

Beispiel:

Wenn $c=\frac{2}{3}$ und $\Delta I=100$ Milliarden, ist $\Delta Y=300$ Milliarden.
Preisniveau, gewogenes arithmetisches Mittel der Güterpreise.
Keynes, englischer Wirtschaftstheoretiker, der in den Jahren 1883 bis 1946 lebte. Sein wissenschaftliches Schaffen hatte großen Einfluß auf den heutigen Stand der wirtschaftswissenschaftlichen Theorie.

IV. Das Geld

Hauptfunktionen des Geldes, Tauschmittelfunktion und Funktion als Recheneinheit.
Abgeleitete Funktion des Geldes, Wertaufbewahrungsfunktion.
Geldarten, Bank- und Staatsgeld einerseits, chartales und girales Geld andererseits.
Geldschöpfung, Vergrößerung der gesamtwirtschaftlichen Geldmenge.
Liquidität, flüssige Mittel der Geschäftsbanken um den Zahlungsverpflichtungen gegenüber dem Publikum fristgerecht nachkommen zu können.
Solvabilität, die Fähigkeit der Geschäftsbanken, Verluste aus eigenen Mitteln zu decken.
Rentabilität, Gewinnspanne der Geschäftsbanken, die aus dem Unterschied zwischen dem Zins der vergebenen Kredite und dem Zins der aufgenommenen Gelder resultiert.

V. Die Geldtheorie

Aktive Kasse, Geldmenge, die von den Haushaltungen und Unternehmungen gehalten wird, um täglich fällige Zahlungen zu begleichen.
Inaktive Kasse, der Teil der Geldmenge, mit dem keine effektive Nachfrage ausgeübt wird.
Gesamtwirtschaftliche Geldmenge, die von den monetären Instanzen in Umlauf gebrachte Geldmenge. Symbol: M. Es gilt also $M=M_{HH}+M_U$. Die Kassenhaltung der Banken wird nicht zur gesamtwirtschaftlichen Geldmenge M gerechnet.
Horten, Überführen von Geld von den aktiven in die inaktiven Kassen. Die Umlaufgeschwindigkeit des Geldes nimmt ab.

Enthorten, Überführen von Geld von der inaktiven in die aktiven Kasse. Die Umlaufgeschwindigkeit des Geldes nimmt zu.
Deflation, Zustand in dem pro Zeitperiode Geldschöpfung und Enthorten geringer sind als Geldvernichtung und Horten.
Ausgabengleichgewicht, Zustand in dem pro Zeitperiode die effektive Nachfrage genau diejenige Größe erreicht, bei der Vollbeschäftigung herrscht.
Nachfragedefizit, Zustand in dem pro Zeitperiode die effektive Nachfrage in bezug auf die Produktionskapazität zu gering ist. Es herrscht Arbeitslosigkeit.
Übernachfrage, Zustand in dem pro Zeitperiode die effektive Nachfrage die Produktionskapazität übertrifft. Auf dem Arbeitsmarkt zeigen sich Engpaßerscheinungen.
Monetäres Gleichgewicht, Zustand bei dem pro Zeiteinheit Geldschöpfung und Enthorten durch Geldvernichtung und Horten kompensiert wird.
Inflation, Zustand in dem pro Zeitperiode Geldschöpfung und Enthorten Geldvernichtung und Horten übersteigen.

VI. Die Deutsche Bundesbank und das Bankwesen

Schatzwechsel, Schuldscheine des Staates bestehend aus Schatzwechseln und unverzinslichen Schatzanweisungen.
Diskontpolitik, Politik der Zentralbank, bei der mittels Variation des Diskontsatzes versucht wird, die gesamtwirtschaftliche Geldmenge zu beeinflussen.
Offenmarktpolitik, An- und Verkauf von Schatzwechseln bzw. Devisen durch die Zentralbank auf dem Geldmarkt mit dem Ziel, die gesamtwirtschaftliche Geldmenge zu beeinflussen.
Primäre Liquidität, chartales Geld und direkt einforderbare Liquiditätsmittel in Händen der Nichtbanken.
Sekundäre Liquiditäten, sämtliche Forderungen an den Staat oder geldschöpfende Instanzen in Händen der Nichtbanken, die auf kurze Frist ohne große Kosten oder Kursverluste in größerem Umfange in Geld verwandelt oder zu pari für laufende Zahlungen verwendet werden können.
Mindestreserve, der Teil an Liquiditätsmitteln, den die Geschäftsbanken bei der Zentralbank zinslos halten müssen.
Strafzins, Zinssatz, den die Geschäftsbanken bei der Zentralbank entrichten müssen, wenn sie die gesetzliche vorgeschriebene Mindestreserve unterschreiten.
Bundesbankausweis, verkürzte Bilanz der Zentralbank.

VII. Die Theorie des Konsumentenverhaltens

Indifferenzkurve, geometrischer Ort sämtlicher Güterkombinationen, die den Konsumenten denselben Nutzen stiften.
Erstes Gossen'sches Gesetz, der Grenznutzen eines Gutes sinkt umgekehrt proportional zu der Menge des verfügbaren Gutes.
Zweites Gossen'sches Gesetz, es behandelt die optimale Güterkombination (bei gegebenen Preisen und gegebenem Einkommen), bei der die Grenznutzen für alle Verwendungsmöglichkeiten des Einkommens gleich sind.

Haushaltsgleichgewicht, der Nutzen N ist eine Funktion der Gütermengen x und y. Also $N=f(x,y)$. Dieser Nutzen N wird maximiert. Der Konsument kann dies erreichen, indem er soviel Güter x und y kauft wie ihm auf Grund seines Einkommens möglich ist. Diesem Kauf setzen aber sein Einkommen und die Preise der Güter x und y Grenzen. Wenn das Einkommen E ist und die Preise p_1 und p_2, gilt $E=p_1x+p_2y$ unter der Voraussetzung, daß das gesamte Einkommen auf die beiden Güter verteilt wird.
Dann ist $p_1x=E-p_2y$, woraus sich die Gleichung für die Einkommensgerade ergibt:

$$y=-\frac{p_1}{p_2}x+\frac{E}{p_2}.$$

Die für den Konsumenten optimale Situation wird graphisch als Tangentialpunkt der Einkommensgerade mit der höchsten erreichbaren Indifferenzkurve ermittelt.
Individuelle Nachfragekurve, die Funktion, die ausdrückt, auf welche Weise die nachgefragte Menge eines Gutes von den Preisen aller anderen Gütern und dem Einkommen abhängt. Wenn die nachgefragte Menge x genannt wird, die Preise $p_1,p_2 \ldots p_n$ sind und E das Einkommen ist, gilt:

$$x=f(p_1,p_2\ldots,p_n,E).$$

Individuelle Nachfragekurve (ceteris paribus), die vom Konsumenten nachgefragte Menge des Gutes x in Abhängigkeit von den Preisen der anderen Güter und des Einkommens. Wenn die Gütermenge x genannt wird, die Güterpreise $p_1, p_2 \ldots p_n$ und das Einkommen E, dann gilt $x=f(p_1, p_2 \ldots p_n, E)$.
Gesamtnachfragefunktion (ceteris paribus), die Funktion, die zum Ausdruck bringt, in welcher Weise die von den Konsumenten gemeinsam nachgefragte Menge vom Preis des betreffenden Gutes abhängt. Bei der Konstruktion dieser Funktion werden alle anderen Preise und Einkommen der Konsumenten konstant gedacht.
Engel-Kurve, die vom Konsumenten nachgefragte Menge x in Abhängigkeit von seinem Einkommen: $x=f(E)$. Alle Preise werden konstant gehalten.

VIII. Die Produktionstheorie

Symbole, K=totale Kosten, x=Produktionsmenge (resp. Absatz) und p=Preis.
Totale Kostenfunktion, die Funktion, die zum Ausdruck bringt, in welcher Weise die totalen Kosten von der produzierten Menge abhängen, also $K=f(x)$. Die durchschnittlichen totalen Kosten sind also $\frac{f(x)}{x}$.
Individuelle Absatzfunktion, die Funktion, die ausdrückt, welche Mengen vom einzelnen Anbieter bei alternativen Preisen abgesetzt werden können. Also $x=f(p)$.
Individuelle Angebotsfunktion, die Funktion, die widerspiegelt, welche Mengen vom einzelnen Anbieter bei alternativen Preisen angeboten werden. Es handelt sich also um eine andere Beziehung als bei der individuellen Absatzfunktion. Daher $x=F(p)$.
Gesamtangebotsfunktion, die Funktion, die zum Ausdruck bringt, welche Gütermengen von den Produzenten insgesamt von einem bestimmten Gut bei alternativen Preisen angeboten werden.

IX. Das Marktgleichgewicht bei Mengenanpassung

Markt, das zusammenhängende Ganze aus Nachfrage und Angebot nach einem Gut.
Vollkommene Konkurrenz, Marktform, bei der sehr viele Nachfrager und Anbieter auf einem vollkommenen Markt operieren.
Vollkommener Markt, ein Markt, der transparent ist und auf dem ein homogenes Gut gehandelt wird.
Bestimmung des Gleichgewichtspreises, wenn die Gesamtnachfragefunktion $N = dp + b$ heißt, ist ihre graphische Abbildung eine Gerade. Für eine Nachfragefunktion gilt $d < 0$ und $b > 0$. Gesetzt den Fall, die Gesamtangebotsfunktion sei ebenfalls eine Gerade $A = ep + f$, dann sind die Koeffizienten e und f beide positiv. Den Gleichgewichtspreis finden wir, indem wir Angebot und Nachfrage gleichsetzen.

Es ist also: $dp + b = e\bar{p} + f$, so daß $\bar{p} = \dfrac{b-f}{e-d}$.

Preiselastizität der Nachfrage, die Preiselastizität der Nachfrage ist ein Koeffizient, der das Verhältnis einer prozentualen Veränderung der nachgefragten Menge zu einer kleinen prozentualen Veränderung des Preises angibt. Wenn der Koeffizient den Wert -3 annimmt, bedeutet dies, daß die nachgefragte Menge um 3 % abnimmt,wenn der Preis um 1 % steigt.

X. Das Marktgleichgewicht bei Preisstrategie

Monopol, Marktform, bei dem der Absatz eines Anbieters ausschließlich von dessen eigenem Preis abhängt.
Verhältnis zwischen Preis und Grenzerlös, wir nennen den Preis p und den Absatz x. Die Gleichung einer linearen Absatzfunktion lautet dann: $p = ax + b$. Der Gesamterlös ist dann: $E = px = ax^2 + bx$. Graphisch ist dies eine Parabel, deren Hochpunkt genau oberhalb des Punktes liegt, bei dem der Grenzerlös 0 ist. Wenn der Gesamterlös ein Maximum erreicht, ist der Grenzerlös gleich Null. Die Gleichung für den Grenzerlös lautet dann: $E' = 2ax + b$.
Oligopol, Marktform, bei dem der Absatz eines jeden Anbieters nicht ausschließlich von seinem eigenen Preis abhängt, sondern auch von dem seiner Konkurrenten.
Kartell, Übereinkunft zwischen selbständigen Unternehmungen auf einem bestimmten Sektor gemeinsam die Konkurrenz zu regulieren oder zu beschränken.
Vertikale Preisbindung, der Erzeuger setzt den Endverkaufspreis fest.
Horizontale Preisbindung, Absprache zwischen Unternehmern, die zum Inhalt hat, daß für alle Produkte, die sie in ihrem Wirtschaftsbereich erzeugen, feste Preise gelten sollen.

XI. Die Preisbildung bei Arbeit und Kapital

Geldmarkt, der Teil des Kapitalmarktes, auf dem Gelder mit einer Laufzeit von maximal einem Jahr gehandelt werden.
Eigentlicher Kapitalmarkt, der Teil des Kapitalmarktes, auf dem Gelder mit einer Laufzeit von länger als einem Jahr gehandelt werden.

Institutionelle Anleger, Institutionen, die größere Summen auf dem Kapitalmarkt anlegen (z. B. Lebensversicherungsgesellschaften, staatliche Rentenversicherungen).
Liquiditätsvorliebe, Präferenz, das Geld in der inaktiven Kasse zu halten.
Kategoriale Einkommensverteilung, Verteilung des Volkseinkommens auf Löhne und Gehälter, Miete und Pacht, Zins und Gewinn.
Personelle Einkommensverteilung, die Verteilung des Volkseinkommens auf die Einzelpersonen.

XII. KEYNES und die Klassiker

XIII. Das Volkseinkommen in der Zeit

Volkseinkommen zu Marktpreisen, Volkseinkommen einschließlich der indirekten Steuern, doch abzüglich der preisverzerrenden Subventionen.
Volkseinkommen zu Faktorkosten, Volkseinkommen ausschließlich indirekter Steuern. einschließlich preisverzerrender Subventionen.
Konjunktur, Bewegung des Volkseinkommens in der Zeit unter dem Einfluß der schwankenden effektiven Nachfrage.
Wachstum, Zunahme des Volkseinkommens zugunsten einer Erweiterung der Produktionskapazität.

XIV. Der Staat

Kollektive Güter, Güter, die auf Grund ihrer Eigenart nicht geeignet sind, in einzelne Einheiten aufgeteilt zu werden und deshalb ausschließlich der gesamten Gesellschaft zur Verfügung stehen.
Steuern, dem Staat zufolge allgemeiner Normen geschuldete Zwangsabgaben, denen im allgemeinen keine direkten Gegenleistungen gegenüberstehen.

Grenzsteuersatz $t = \frac{\Delta T}{\Delta Y}$.

Wenn die Konsumfunktion $C = c(Y-T) + d$ *ist*, lautet der Multiplikator

$$k = \frac{1}{1-c(1-t)}.$$

Konjunkturelle Arbeitslosigkeit, Arbeitslosigkeit, die durch mangelnde effektive Nachfrage entsteht.
Strukturelle Arbeitslosigkeit, Arbeitslosigkeit, die durch Störungen auf der Angebotsseite des Wirtschaftsprozesses entsteht.

XV. Internationale Wirtschaftsbeziehungen

Zahlungsbilanz, schematische Übersicht über die Wirtschaftsbeziehungen, die ein Land im Laufe eines Jahres mit dem Ausland unterhält.

Für diesen Fall lautet der Multiplikator:

$$k = \frac{1}{1 - c(1-t) + m}.$$

Ausgeglichene Zahlungsbilanz, Gleichgewichtssituation der Zahlungsbilanz, bei der sich per saldo keine Veränderung der Devisenposition ergibt.

Grundbilanzgleichgewicht, Gleichgewicht der Zahlungsbilanz, bei dem der Saldo der laufenden Rechnung durch einen Saldo im strukturellen Kapitalverkehr kompensiert wird.

Flexible Wechselkurse, System, bei dem die Kursbildung auf dem Wege eines freien Spiels von Nachfrage und Angebot zustande kommt.

Fixe Wechselkurse, System, bei dem die nationalen Währungen auf Grund internationaler Abkommen nach fixen Kursen getauscht werden.

Abwertung, das Kursverhältnis der nationalen Währung wird im Hinblick auf den Wert des Dollars verringert.

Aufwertung, das Kursverhältnis der nationalen Währung wird in bezug auf den Dollar erhöht.

Internationale Liquidität, Mittel, die den monetären Instanzen zur Verfügung stehen, um Zahlungsbilanzdefizite zu finanzieren.

Namenverzeichnis

Sachverzeichnis

Heidelberger Taschenbücher

Wirtschaftwissenschaften

14 A. Stobbe: Volkswirtschaftslehre I. 6. Auflage. DM 29,80
38 R. Henn/H. P. Künzi: Einführung in die Unternehmensforschung I. DM 12,80
39 R. Henn/H. P. Künzi: Einführung in die Unternehmensforschung II. DM 14,80
40 M. Neumann: Kapitalbildung. Wettbewerb und ökonomisches Wachstum. DM 12,80
56 M. J. Beckmann:H. P. Künzi: Mathematik für Ökonomen I. 2. Auflage. DM 29,-
62 K. W. Rothschild: Wirtschaftsprognose. Methoden und Probleme. DM 16,80
78 A. Heertje: Grundbegriffe der Volkswirtschaftslehre. 2 Auflage. DM 25,-
92 J. Schumann: Grundzüge der mikroökonomischen Theorie. 4. Auflage. DM 28,-
117 M. J. Beckmann/H. P. Künzi: Mathematik für Ökonomen II. DM 26,50
123 R. Maleri: Grundzüge der Dienstleistungsproduktion. DM 25,-
156 W. Busse von Colbe/G. Laßmann: Betriebswirtschaftstheorie I. 3. Auflage. DM 32,80

Mathematik - Informatik

26 H. Grauert/I. Lieb: Differential- und Integralrechnung I. 4. Auflage. DM 26,50
36 H. Grauert/W. Fischer: Differential- und Integralrechnung II. 3. Auflage. DM 28,50
38 R. Henn/H. P. Künzi: Einführung in die Unternehmensforschung I. DM 12,80
39 R. Henn/H. P. Künzi: Einführung in die Unternehmensforschung II. DM 14,80
43 H. Grauert/I. Lieb: Differential- und Integralrechnung III. DM 28,50
50 H. Rademacher/O. Toeplitz: Von Zahlen und Figuren. DM 21,80
51 E. B. Dynkin/A. A. Juschkewitz: Sätze und Aufgaben über Markoffsche Prozesse. DM 24,-
64 F. Rehbock: Darstellende Geometrie. 3. Auflage. DM 28,50
65 H. Schubert: Kategorien I. DM 18,80
66 H. Schubert: Kategorien II. DM 16,80
73 G. Pólya/G. Szegö: Aufgaben und Lehrsätze aus der Analysis I. 4. Auflage. DM 28,50
74 G. Pólya/G. Szegö: Aufgaben und Lehrsätze aus der Analysis II. 4. Auflage. DM 28,50
80 F. L. Bauer/G. Goos: Informatik I. 3. Auflage. DM 35,50
85 W. Hahn: Elektronik-Praktikum für Informatiker. DM 24,-
87 H. Hermes: Aufzählbarkeit. Entscheidbarkeit. Berechenbarkeit. 3. Auflage. DM 33,-
91 F. L. Bauer/G. Goos: Informatik II. 3. Auflage. DM 14,80
93 O. Komarnicki: Programmiermethodik. DM 21,-
99 P. Deussen: Halbgruppen und Automaten. DM 14,80
103 K. Diederich/R. Remmert: Funktionentheorie I. DM 28,50
105 J. Stoer: Einführung in die Numerische Mathematik I. 4. Auflage. DM 28,50
107 W. Klingenberg: Eine Vorlesung über Differentialgeometrie. DM 28,50
108 F. W. Schäfke/D. Schmidt: Gewöhnliche Differentialgleichungen. DM 24,-
110 W. Walter: Gewöhnliche Differentialgleichungen. DM 29,50
114 J. Stoer/R. Bulirsch: Einführung in die Numerische Mathematik II. DM 31,50